Son et Sens

Troisième Edition

Scott, Foresman French Program

Level One

Albert Valdman
Guy MacMillin
Marcel LaVergne
Estella Gahala

Scott, Foresman and Company
Editorial Offices: Glenview, Illinois

Regional Offices: Palo Alto, California
Tucker, Georgia · Glenview, Illinois
Oakland, New Jersey · Dallas, Texas

The authors and publisher wish to thank Madame Marie-Paul Claveyrolas, La Couronne, France, for her help in checking the manuscript.

"Page d'écriture" and "Déjeuner du matin" from *Paroles* by Jacques Prévert.
"Refrains enfantins" from *Spectacle* by Jacques Prévert.
"Mea Culpa" from *Histoires* by Jacques Prévert.
All © Editions Gallimard. Used by permission.
"Ronde," "Le vieux piano," "Le soleil descend," "Le chat et le soleil" by Maurice Carême. Used by permission from La Fondation Maurice Carême.

ISBN: 0-673-13660-4

5678910 –VHJ– 9291908988878685

About the Authors

Albert Valdman's interest in languages dates back to World War II, when, after leaving his native Paris, he worked as a shepherd in a village in southwestern France. With his schooling interrupted, the only books available to him were a mail-order catalog and his older sister's beginning English textbook. So, while his animals strayed into neighboring fields, he immersed himself in the study of English. In 1944, Valdman crossed into Spain and eventually arrived in America. He did undergraduate work at the University of Pennsylvania and received his Ph.D. from Cornell University. Internationally known, Professor Valdman is a specialist in Creole French and is a leading scholar in the fields of applied linguistics and foreign-language methodology. He has done extensive fieldwork in Haiti and is involved in bilingual education for Haitian children in the U.S. He is Professor of French and Italian and Professor of Linguistics at Indiana University.

For Guy MacMillin, it was an inspiring high-school teacher who made French come alive. MacMillin spent a semester at the University of Caen before completing his B.A. at Dartmouth. He served briefly as a free-lance contributor to L'Express, and then returned to France, where he earned a diploma from the University of Paris. He taught high school in Vermont for eleven years and has been a language coordinator for the foreign-student exchange program of the Experiment in International Living. He holds a Master's degree from the School of International Training in Brattleboro, Vermont. More recently, MacMillin has taught courses at Keene State and Franklin Pierce Colleges in New Hampshire, and he writes a syndicated newspaper column.

Marcel LaVergne is a Franco-American whose grandparents emigrated from Québec to the U.S. He grew up in New Bedford, Massachusetts, speaking French before he spoke English. He attended high school at Le Séminaire de Joliette in Québec and earned his B.A. at St. Mary's Seminary in Baltimore. To his Joliette classmates he was le bloke who taught them basketball in exchange for hockey lessons, and in Baltimore he was known as "Frenchy"—friendly tributes to his bilingual talents. He has taught every level from junior high to graduate school. He holds Master's degrees in Education and French and an Ed. D. in Foreign Language Education from Boston University. LaVergne is chairman of the Foreign Language Department at Natick (Mass.) High School.

Estella Gahala's love for languages began with Latin and Spanish in a small Oklahoma high school and continued in college, where her French professor called her la petite à la grande voix. After graduating from Wichita State University, she studied German, Italian, and Japanese, and has taught in Kansas, Texas, and Illinois. She received an M.A. from Middlebury College and a Ph.D. from Northwestern University. In 1976 the French government recognized her contribution to French education in the U.S. by naming her a Chevalier de l'Ordre des Palmes Académiques. Under her leadership the Department of Foreign Languages at Lyons Township High School (La Grange, Il.) was rated among the top fifty schools in the country by a study committee of the American Conference on the Teaching of Foreign Languages (1981). Gahala is presently Director of Curriculum and Instruction for that district.

Prélude

Welcome to SON ET SENS,
and to a world where 75,000,000 people
speak French every day . . .

in Paris, city of sound and light . . .

on the Riviera, which the French call the "Blue Coast"—*la Côte d'Azur . . .*

and in the beautiful Loire Valley . . .

in the French Alps . . .

and in Brittany.

They speak French in Belgium,

and in Switzerland . . .

in North Africa: Algeria, Tunisia, and Morocco . . .

and in many nations of West Africa.

You will hear French spoken on far-off islands
like Tahiti . . .

and on nearby islands in the Caribbean . . .

and closer still, in Canada: Québec,
la belle province . . .

and in New England and Louisiana.

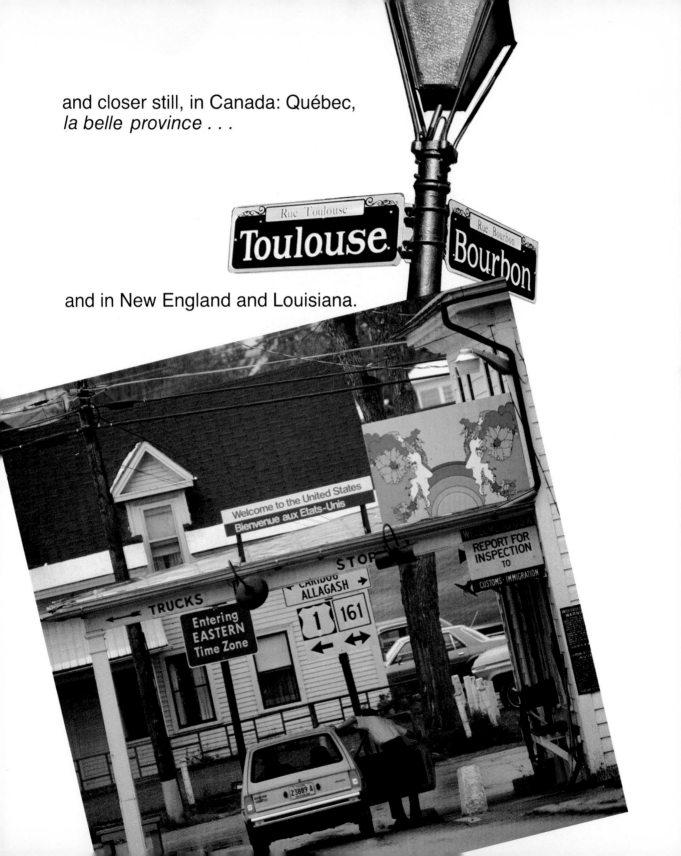

Look carefully at the photographs in this book. They'll tell you a lot about the French-speaking world. *But there's one thing no photograph can do: It can't teach you French or how to communicate with French-speaking people. The rest of this book can.*

Oh, yes, a photograph can give you important information. One thing you have learned already: All French-speaking people are not alike. French women don't all wear designer clothes and take their poodles out for walks. And the men in France don't all wear bérets and spend their time at outdoor cafés. Sure, some do . . .

But for the most part those ideas, which we call stereotypes, are usually quite false.

To really understand and appreciate any group of people, you have to know what makes them tick—what they consider to be important and enjoyable in life. And one thing that the French believe is important is language, their own and other people's. Did you know that *every* French student must take at least three years of a foreign language?

So let us try to share in the French belief that a people's language—how they speak—is the clearest reflection of how they think and live.

Here's how you will learn French. There won't be any great surprises. You will always know what is expected of you.

We suppose that your main goal is to be able to speak French, and we will give you the tools to do that. The most important tool, of course, is the words themselves, so each chapter begins with some new words *(Mots Nouveaux).* You will find these in labeled pictures and in short, model conversations *(mini-dialogues).* The words in dark type are the new words.

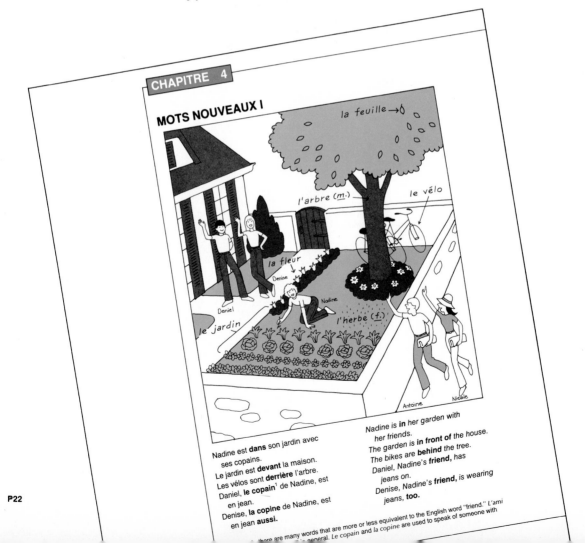

CHAPITRE 4

MOTS NOUVEAUX I

la feuille→

l'arbre (*m.*)

le vélo

la fleur

Denise

Daniel

Nadine

le jardin

l'herbe (*f.*)

Antoine   Nicole

Nadine est **dans** son jardin avec ses copains.
Le jardin est **devant** la maison.
Les vélos sont **derrière** l'arbre.
Daniel, **le copain**[1] de Nadine, est en jean.
Denise, **la copine** de Nadine, est en jean **aussi.**

Nadine is **in** her garden with her friends.
The garden is **in front of** the house.
The bikes are **behind** the tree.
Daniel, Nadine's **friend,** has jeans on.
Denise, Nadine's **friend,** is wearing jeans, **too.**

There are many words that are more or less equivalent to the English word "friend." *L'ami* ... general. *Le copain* and *la copine* are used to speak of someone with ...

The *Mots Nouveaux* are one of the two most important parts of each chapter. The other major part is called *Explications,* which means "explanations." Here you will learn how to put the words together in sentences that will sound right to a French speaker.

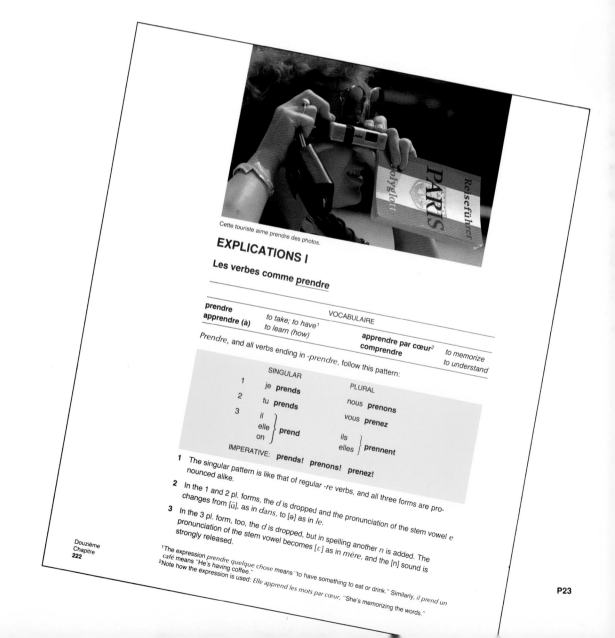

Cette touriste aime prendre des photos.

EXPLICATIONS I

Les verbes comme p̲r̲e̲ndre

prendre	VOCABULAIRE		
apprendre (à)	to take; to have[1] to learn (how)	apprendre par cœur[2] comprendre	to memorize to understand

Prendre, and all verbs ending in -prendre, follow this pattern:

	SINGULAR	PLURAL	
1	je **prends**		
2	tu **prends**	nous **prenons**	
3	il elle on } **prend**	vous **prenez** ils elles } **prennent**	

IMPERATIVE: **prends! prenons! prenez!**

1 The singular pattern is like that of regular -re verbs, and all three forms are pronounced alike.

2 In the 1 and 2 pl. forms, the *d* is dropped and the pronunciation of the stem vowel e changes from [ɑ̃], as in *dans*, to [ə] as in *le*.

3 In the 3 pl. form, too, the *d* is dropped, but in spelling another *n* is added. The pronunciation of the stem vowel becomes [ɛ] as in *mère*, and the [n] sound is strongly released.

[1]The expression *prendre quelque chose* means "to have something to eat or drink." Similarly, *il prend un café* means "He's having coffee."
[2]Note how the expression is used: *Elle apprend les mots par cœur,* "She's memorizing the words."

These sections—*Mots Nouveaux I* and *II* and *Explications I* and *II*—are the heart of each chapter and your key to learning the French language. But of course there's more. There is a dialogue after the *Mots Nouveaux* that will help you begin to get a feeling for what a conversation in French is like. If you listen carefully to your teacher or to a tape of the dialogue and then practice speaking aloud with your classmates, you should begin to feel at home with the sounds and rhythms of the language.

DIALOGUE

A la montagne

Monsieur et Mme Pelletier et leurs enfants habitent Sherbrooke.* Aujourd'hui les Pelletier sont au Mont Tremblant,* où ils font du ski.

	MME PELLETIER	Tu n'as pas ton anorak, Julien?
	M. PELLETIER	Non, il est à la maison.
5	MME PELLETIER	Tu n'as pas froid?
	M. PELLETIER	Si, j'ai froid, mais mon anorak est trop laid.
	MME PELLETIER	Mais non, tu as tort. Il est beau, ton anorak . . . et toi aussi!
	M. PELLETIER	Bof . . .
	MME PELLETIER	Mais ne rougis pas!

*Sherbrooke is a French-speaking university city in Québec, located approximately 120 kilometers east of Montréal and just over the border between Québec and New Hampshire.
*Mont Tremblant is the highest peak in the Laurentian Mountains *(les Laurentides).* The Laurentians extend from the St. Lawrence River to Hudson Bay.

Questionnaire

1. Où habitent les Pelletier?   2. Où est-ce qu'ils sont maintenant? Qu'est-ce qu'ils font là?   3. Est-ce que M. Pelletier a son anorak? Où est l'anorak?   4. Est-ce que M. Pelletier n'a pas froid?   5. Est-ce qu'il aime son anorak? Pourquoi?   6. Est-ce que Mme Pelletier aime l'anorak de M. Pelletier?   7. D'après ("according to") Mme Pelletier est-ce que M. Pelletier est beau?

Au Mont Tremblant

In every chapter, between the two *Explications,* there is also a *Conversation* section. Here you will find extra pronunciation practice and a set of questions— *Parlons de vous* ("Let's Talk About You"). These questions will give you a chance to talk about yourself and your interests. Then, in twelve of the eighteen chapters, this section will include a cartoon to give you practice in saying what you can about the situation pictured. You and your classmates can put yourselves into that situation and carry on a conversation. You can really "be" French for a few minutes.

In the other six chapters, and in a special section at the back of the *WORKBOOK AND TAPE MANUAL,* there are reading passages. Sometimes your teacher will want to use these cartoons and readings; other times not. But even when you don't do them in class, you might enjoy looking at them and perhaps doing them with a friend for extra credit.

Qu'est-ce qui se passe?

Nous sommes au restaurant. Quelles sont les spécialités ("specialties") ce soir?

Now order your dinner from a waiter, asking for substitutions if you wish.

Toward the end of every chapter you will find a review section *(Révision)* and a writing exercise *(Thème).* To do the *Révision,* all you will have to do is put some words and phrases, and occasionally whole sentences, into French, based on some models. Just follow the word order in the model and, if you have learned the *Mots Nouveaux* and *Explications,* you shouldn't have too much trouble. Then, if your teacher wants you to write the *Thème,* you should find that it won't be too hard, because each sentence has the same type of word order that the review sentences had.

RÉVISION ET THÈME

Consultez les phrases modèles. Trouvez les expressions françaises qui correspondent à l'anglais et formez des phrases complètes d'après le modèle.

1. Elles sont à la plage. Il fait nuit.
   (at the lake) (It's daytime.)
   (near the sea) (It's windy.)

2. Il y a des étoiles, mais pas de lune.
   (There are rivers, but no mountains.)
   (There are lakes, but no sand.)

3. La terre est jaune et laide.
   (The sky is blue and beautiful.)
   (The cars are old and white.)

4. Martin est à la maison, mais il n'a pas faim.
   (We're inside, but we're not sleepy.)
   (I'm outside, but I'm not afraid.)

5. Il fait ses achats.
   (They're doing the dishes.)
   (We're hitchhiking.)

Thème: Trouvez les expressions françaises qui correspondent à l'anglais et rédigez un paragraphe.

We're in the mountains. It's daytime.

There are clouds, but no sun.

At the very end of the chapter you will find an *Auto-Test,* where you can *test yourself* on how much you have learned. The answers are in the back of the book. When you do the *Auto-Test,* if you find that you are having some problems or that there is something you just don't understand, review the appropriate part of the chapter or talk it over with your teacher. That way, when your teacher gives a test, you can be well prepared.

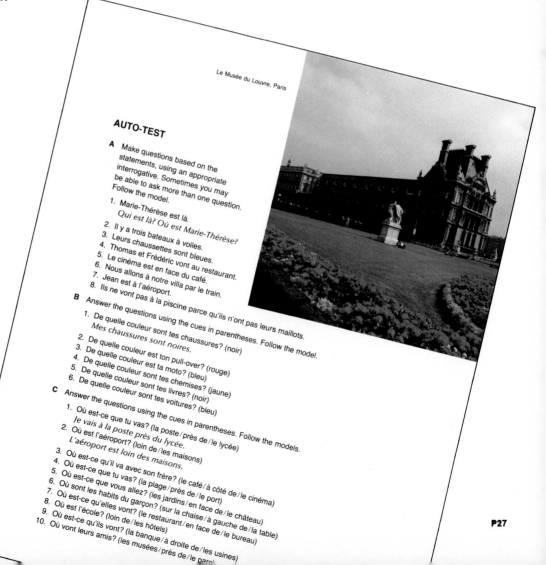

Le Musée du Louvre, Paris

AUTO-TEST

A Make questions based on the statements, using an appropriate interrogative. Sometimes you may be able to ask more than one question. Follow the model.

1. Marie-Thérèse est là.
    Qui est là? Où est Marie-Thérèse?
2. Il y a trois bateaux à voiles.
3. Leurs chaussettes sont bleues.
4. Thomas et Frédéric vont au restaurant.
5. Le cinéma est en face du café.
6. Nous allons à notre villa par le train.
7. Jean est à l'aéroport.
8. Ils ne vont pas à la piscine parce qu'ils n'ont pas leurs maillots.

B Answer the questions using the cues in parentheses. Follow the model.

1. De quelle couleur sont tes chaussures? (noir)
    Mes chaussures sont noires.
2. De quelle couleur est ton pull-over? (rouge)
3. De quelle couleur est ta moto? (bleu)
4. De quelle couleur sont tes chemises? (jaune)
5. De quelle couleur sont tes livres? (noir)
6. De quelle couleur sont tes voitures? (bleu)

C Answer the questions using the cues in parentheses. Follow the models.

1. Où est-ce que tu vas? (la poste/près de/le lycée)
    Je vais à la poste près du lycée.
2. Où est l'aéroport? (loin de/les maisons)
    L'aéroport est loin des maisons.
3. Où est-ce qu'il va avec son frère? (le café/à côté de/le cinéma)
4. Où est-ce que tu vas? (la plage/près de/le port)
5. Où sont les habits du garçon? (les jardins/en face de/le château)
6. Où est-ce que vous allez? (la chaise/à gauche de/la table)
7. Où est l'école? (loin de/les hôtels)
8. Où est-ce qu'elles vont? (le restaurant/en face de/le bureau)
9. Où est-ce qu'ils vont? (la banque/à droite de/les usines)
10. Où vont leurs amis? (les musées/près de/le parc)

As you work with *SON ET SENS,* learning the language, looking at the photos and illustrations, and participating in class discussions, you should start to get a good idea of what many French-speaking people do from day to day. Along the way, you will notice some definite differences between the ways in which the people who speak French do things and the ways in which you do them. The *Interlude* sections between chapters will point some of these out. Keep in mind, though, that "different" doesn't mean "wrong," "right," or even "peculiar." It just means . . . *different.*

Interlude

Noël

If you were to hang a stocking in front of the fireplace in France, it might still be empty on Christmas morning. You would probably have better luck if you left your shoes there, because that's where le Père Noël likes to leave presents. Le Père Noël is an old man in a very long coat— something like our Santa Claus, though without any flying reindeer. The French celebration of Christmas has many traditions, some of them very old. The Christmas tree is a fairly recent addition to the holiday there, so not every family puts one up. On the other hand, la crèche (literally, "the crib") is a very ancient custom, and almost every family has one. La crèche is a manger scene with tiny statues, not only to represent Mary, Joseph, and the shepherds, but also the townspeople of Bethlehem—the baker, the tailor, the woodsman, and so on. Most of the figurines (called santons) are made in the Provence region of southern France, where the custom of displaying a crèche originated over 800 years ago.

On Christmas Eve, the younger children are sent off to bed, and the rest of the family usually goes to church. Most churches have a midnight service, which may include a candlelight procession with choirs singing carols. Imagine the awe you would feel if you could be there, knowing that the church you were in might have been standing for a thousand Christmases!

After the service, ever...

réveillon. The...

But don't look only for the differences. Look for the similarities, too. You will soon discover that the French—particularly French-speaking teenagers—aren't really so very different from you, after all. And once you have begun to learn their language and to understand how they think and why they do what they do, you will find that, like most people, they are really very special.

So . . . *commençons!* Let's begin!

Table des Matières

		MOTS NOUVEAUX I–II avec Exercices de vocabulaire	DIALOGUE*	EXPLICATIONS I avec Exercices	CONVERSATION Prononciation avec Exercices
PRÉLUDE **P2-P27**	1	**2** I **5** II	**6** Bonjour	**8** Les pronoms <u>toi</u>, <u>vous</u>	**10** [a], [i], [u]
INTERLUDE **15** La France	2	**16** I **19** II	**21** On va à la plage?	**21** Les pronoms et le verbe <u>aller</u>	**24** Rythme, intonation **25** Les accents
INTERLUDE **33** La famille	3	**34** I **37** II	**39** A la plage	**40** Les pronoms **41** Le verbe <u>être</u>	**43** [ɔ̃] 

*Followed by a *Questionnaire* beginning in Chapter 3.

CONVERSATION	EXPLICATIONS	RÉVISION	AUTO-TEST
Qu'est-ce qui se passe?	II avec Exercices	et THÈME	

10

11
Je m'appelle

12

13

26

27
Le pluriel des noms

29
De possessif

30

31

44

45
Les déterminants possessifs singuliers

48

49

	MOTS NOUVEAUX I–II avec Exercices de vocabulaire	DIALOGUE avec Questionnaire	EXPLICATIONS I avec Exercices	CONVERSATION Prononciation avec Exercices Parlons de vous
INTERLUDE 4 51 Les parcs	52 I 54 II	57 Dans le parc	58 Les déterminants possessifs pluriels	62 Consonnes finales
INTERLUDE 5 71 Les loisirs des jeunes	72 I 75 II	76 A Cannes	77 Les phrases inter-rogatives 80 Les adjectifs comme rouge, noir et joli	82 Les nombres
INTERLUDE 6 89 La télévision	90 I 93 II	95 Au lycée	96 Qu'est-ce qui/ Qu'est-ce que 98 Les verbes réguliers en -er	102 [e]
INTERLUDE 7 111 Noël	112 I 115 II	117 Mercredi matin	118 Les verbes en -ir/ -iss- 119 Les nombres 21–69	120 Liaison [n], [z]
INTERLUDE 8 129 Au Québec	130 I 133 II	136 A la montagne	137 Le verbe faire 140 Trois adjectifs irré-guliers	141 [y]

CONVERSATION Qu'est-ce qui se passe? OU LECTURE avec Questionnaire	EXPLICATIONS II avec Exercices	RÉVISION et THÈME	AUTO-TEST	POÈME	PROVERBE
63 Qu'est-ce qui se passe?	**64** Les nombres 1 à 20 **65** Le verbe <u>avoir</u> **67** Les phrases négatives	**68**	**69**		
83 Qu'est-ce qui se passe?	**84** <u>A</u> et <u>de</u>	**86**	**87**		
103 Qu'est-ce qui se passe?	**104** Les adjectifs comme <u>petit</u>, <u>heureux</u>, <u>blanc</u> **107** Quelle heure est-il?	**108**	**109**		
121 Qu'est-ce qui se passe?	**122** Les déterminants indéfinis <u>un</u>, <u>une</u>, <u>des</u>	**126**	**127**		
142 A Sainte-Agathe-des-Monts	**144** Phrases et questions négatives	**147**	**148**	**149** Refrains enfantins, *J. Prévert*	**149**

	MOTS NOUVEAUX I–II avec Exercices de vocabulaire	DIALOGUE avec Questionnaire	EXPLICATIONS I avec Exercices	CONVERSATION Prononciation avec Exercices Parlons de vous
INTERLUDE 9 **151** Les Champs-Elysées	**152** I **154** II	**157** Le choix d'un film	**158** Les verbes en -ir **160** Les adjectifs	**162** [ɛ̃], [in], [ɛn]
INTERLUDE 10 **171** Les cafés	**172** I **176** II	**178** A la terrasse d'un café	**179** Les verbes réguliers en -re **180** Les adjectifs singuliers placés avant le nom	**182** [r]
INTERLUDE 11 **191** L'éducation	**192** I **194** II	**197** A la librairie	**198** Les verbes pouvoir et vouloir **202** Le passé composé des verbes réguliers en -er	**205** [ɔ], [o]
INTERLUDE 12 **213** Les appartements	**214** I **217** II	**221** Le gros chien méchant	**222** Les verbes comme prendre **224** Les adjectifs bon, premier, dernier; beau, nouveau, vieux	**226** [œ], [ø]
INTERLUDE 13 **237** La Guadeloupe	**238** I **241** II	**243** A Boston	**244** Les verbes voir et croire **246** Les pronoms interrogatifs **249** Les adjectifs pluriels placés avant le nom	**250** [j]

CONVERSATION Qu'est-ce qui se passe? OU LECTURE avec Questionnaire	EXPLICATIONS II avec Exercices	RÉVISION et THÈME	AUTO-TEST	POÈME	PROVERBE
163 Au cinéma	**165** Le futur formé avec <u>aller</u> **167** Quelle heure est-il?	**168**	**169**		**169**
183 Qu'est-ce qui se passe?	**185** Les déterminants démonstratifs: <u>ce</u>, <u>cet</u>, <u>cette</u>, <u>ces</u>	**187**	**188**	**189** Ronde, *M. Carême*	**189**
206 Qu'est-ce qui se passe?	**208** Le passé composé des verbes en <u>-ir</u>/<u>-iss-</u>, <u>-ir</u> et <u>re</u>	**210**	**211**		**211**
227 Qu'est-ce qui se passe?	**229** L'inversion du sujet et du verbe/L'adjectif <u>quel</u>	**233**	**234**	**235** Mea Culpa, *J. Prévert*	**235**
250 Les amis sénégalais	**252** Les pronoms compléments d'objet direct: <u>le</u>, <u>la</u>, <u>l'</u>, <u>les</u> **255** Les nombres et les dates	**257**	**258**	**259** Page d'écriture, *J. Prévert*	**259**

		MOTS NOUVEAUX I–II avec Exercices de vocabulaire	DIALOGUE avec Questionnaire	EXPLICATIONS I avec Exercices	CONVERSATION Prononciation avec Exercices Parlons de vous
INTERLUDE 14 **261** Les surprises-parties		**262** I **265** II	**267** Une surprise-party	**268** Les verbes dire, écrire, lire **271** Les pronoms compléments d'objet indirect: lui, leur	**273** [ə]
INTERLUDE 15 **283** Le dîner		**284** I **287** II	**289** Au restaurant	**290** Les verbes en -cer et -ger **292** Le partitif	**296** [ã]
INTERLUDE 16 **305** La cuisine française		**306** I **309** II	**311** La bouilla-baisse	**312** Le verbe mettre **314** Participes passés irréguliers	**316** [ɥ]
INTERLUDE 17 **327** Les voyages		**328** I **330** II	**332** Un voyage en voiture	**333** Le verbe venir **336** Le passé composé avec être	**338** [ɛ]
INTERLUDE 18 **349** Les vacances		**350** I **353** II	**355** Les vacances d'été	**356** Les verbes connaître et savoir **358** Quelques expressions négatives	**360** [w]

CONVERSATION Qu'est-ce qui se passe? OU LECTURE avec Questionnaire	EXPLICATIONS II avec Exercices	RÉVISION et THÈME	AUTO-TEST	POÈME	PROVERBE
274 Pourquoi les langues étrangères?	**276** Les pronoms compléments d'objet direct et indirect: <u>me</u>, <u>te</u>, <u>nous</u>, <u>vous</u>	**279**	**280** 	**281** Le vieux piano, *M. Carême*	**281**
297 Qu'est-ce qui se passe?	**298** Les pronoms compléments d'objet: <u>y</u>, <u>en</u>	**302**	**303**	**303** 	
317 Qu'est-ce qui se passe?	**319** Les pronoms compléments d'objet au passé composé	**323**	**324**	**325** Déjeuner du matin, *J. Prévert*	**325**
340 En panne en Espagne	**343** Continents, pays et villes	**345**	**346** 	**346** Au clair de la lune	**347**
361 Une lettre de la Louisiane	**363** Quelques expressions de quantité	**365**	**366**	**367** Le soleil descend/ Le chat et le soleil, *M. Carême*	**367**

368 Answers to *Auto-Tests*

375 Vocabulaire Français-Anglais

391 English-French Vocabulary

404 Index

407 Cartes

Acknowledgments

Cover and title page: Dorka Raynor

Any photographs not credited are the property of Scott, Foresman and Company.

ANIMALS ANIMALS/Bradley Smith: 235 *(left, right)*; Mark Antman: 166, 263, 267, 272, 278, 314 *(right)*, 321, 335, 338, 351, 355; Dave Bartruff: P19 *(top right)*, 150; J.P. Bonnotti/Gamma/Liaison: P11; Bowater Canadienne Ltée: 25, 341; Nancy Deffebach Breslow: 147; Fred Bruemmer: 145; Kip Brundage: 135 *(bottom)*, 274; Cameramann International: P16 *(top, bottom right)*, 22, 228 *(bottom)*, 240, 318 *(top, bottom)*, 326, 348, 354 *(left)*; Candee and Associates: 28, 140; Walter S. Clark: 39, 61 *(top left)*, 66, 79 *(bottom)*, 120, 219, 224 *(right)*, 296; Stuart Cohen: 3, 88, 97 *(bottom)*, 99, 109, 175 *(bottom)*, 182, 243, 288 *(top)*, 292; Eileen Coursey: 36 *(bottom left)*, 157 *(top)*, 299; Serge de Sazo/Kay Reese & Associates: 188; Documentation Française: 228 *(top)*; Robert Doisneau/Kay Reese & Associates: 203; Suzanne J. Engelmann: 64; Ellen Flo: 270 *(bottom left)*, 291 *(bottom)*; Bruce Flynn/Picture Group: 134 *(top)*; Focus on Sports: 155; Folco/Gamma/Liaison: 161; Owen Franken: P4, P15 *(top right)*, P17, P20; Owen Franken/Stock Boston: 32; Robert Frerck/Odyssey Productions: P15 *(left)*; Beryl Goldberg: 143 *(top)*, 165 *(left)*, 251; Lesly Hamilton: 303; Charles Harbutt/Archive Pictures Inc: 14; Bernard Hermann/Gamma/Liaison: 61 *(bottom right)*; Karen I. Hirsch: 352; Onnik Hovanesian: P29, 7 *(bottom)*, 105, 158, 163 *(left)*, 189 *(center left)*, 220 *(center left, bottom left)*, 224 *(left)*, 225, 231, 232 *(left, right)*, 316, 366; Jaulnes/Kay Reese & Associates: 289; Richard Jeffery: 360 *(left, right)*; Brent Jones: P14; Gea Koenig: 236; Helena Kolda: 4, 5, 11, 12, 19, 21, 40 *(bottom)*, 61 *(top right)*, 70, 77, 94 *(right)*, 114, 115, 117, 153 *(right)*, 157 *(bottom)*, 175 *(top right)*, 186, 201 *(top right)*, 204 *(bottom)*, 245, 252, 258, 269, 270 *(right)*, 295, 313, 315, 322; Eric Kroll/Taurus: 36 *(bottom right)*; Ledru/Sygma: 304; Jean-Claude Lejeune: 18, 36 *(top left)*, 193, 199, 260, 287, 291 *(top)*; Lochon/Gamma/Liaison: 201 *(bottom right)*; Courtesy of Louisiana Office of Tourism: 361; Michael Philip Manheim: P7 *(right)*, 143 *(bottom)*, 288; Don Marvine: 40 *(top)*, 181 *(right)*, 264 *(left)*; Wm. Franklin McMahon: 139 *(right)*, 146 *(top)*; Peter Menzel: P21, 31, 94 *(left)*, 95, 113, 162, 167, 190, 194, 200, 201 *(left)*, 269 *(left)*, 311, 320, 332, 341 *(top, bottom)*; Peter Menzel/Stock Boston: P9; Alan Moss: 56, 69 *(bottom)*, 80, 122, 270 *(top left)*, 312; National Film Board of Canada PHOTOTHEQUE: 141 *(right)*; Mario Pagliai: 27; Richard Phelps/Kay Reese & Associates: 244; Postes et Télécommunications, Service de l'information et des relations publiques, Paris: 163 *(right)*; Bruce Quist: P6-7 *(left, center)*, 50, 75, 76 *(right)*, 97 *(top left, top right)*, 212, 222, 259, 265, 347 *(bottom)*, 367; Document RATP: 69 *(top)*, 81; Jonathan Rawle: 128, 131, 136, 146 *(bottom)*; Dorka Raynor: P5 *(right)*, P12 *(bottom)*, P30 *(top left, bottom right)*, P31 *(top left, top right, bottom)*, P32 *(top left, right)*, P33 *(top right, left, bottom)*, P34 *(top left, bottom right)*, P35 *(top, bottom)*, P36 *(top left, center right, bottom right)*, P37 *(top, right, bottom)*, 6, 13, 20, 24, 30, 35, 41, 45, 53, 62, 78, 79 *(top)*, 84, 153 *(left)*, 160, 164, 170, 175 *(top left)*, 178, 184, 189 *(right)*, 197, 204 *(top)*, 205, 211, 220 *(right)*, 223, 226 *(top)*, 247, 248, 254, 264 *(right)*, 310, 314 *(left)*, 325, 333 *(right)*, 334, 337, 342, 343, 346 *(top, bottom)*, 347 *(top)*, 354 *(right)*; Larry Reynolds: 9, 48, 149, 209, 330, 344; Jeffrey Ruth: 133, 139 *(left)*, 141 *(left)*, 333 *(left)*, 357; Chuck Rydlewski: 92; Uldis Saule: 23, 59, 61 *(bottom left)*, 76 *(left)*, 159, 177, 207 *(top, bottom)*, 220 *(top left)*, 226 *(bottom)*, 230, 242, 277, 282; Otto Senz: 239; Serraillier/Kay Reese & Associates: 57 *(right)*; Peter Tatiner/Liaison: 181 *(left)*; Hilde Valdman: 362; R.E. Vander Werff: 7 *(top)*; Joseph F. Viesti: P10, P12 *(top)*, P13, P18, 36 *(top right)*, 42, 87, 106, 110, 123, 127, 134 *(bottom)*, 135 *(top)*, 202, 301, 309; Vioujard/Gamma/Liaison: 57 *(left)*; Cary Wolinsky/Stock Boston: P19 *(bottom)*.
Carte, "Thoiry," p. 232; Photos pp. *276, 280:* staff.

Illustrations for the text by John Everds; *Qu'est-ce qui se passe?* and p. 81 by Linda Rothberg; maps, pp. 408 – 410 by Joe Rogers.

Son et Sens

CHAPITRE 1

MOTS NOUVEAUX I

la salle de classe

l'élève (*f.*)   l'élève (*m.*)   le professeur   le professeur

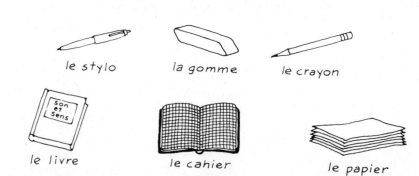

le stylo   la gomme   le crayon

le livre   le cahier   le papier

Salle de classe en France

In French, nouns have gender; they are either masculine or feminine. There is a group of words called "determiners" that come before nouns. They usually indicate the gender.

1   What do the following have in common?

   la porte   la fenêtre   la corbeille

   They all have the determiner *la*. *La* is called a "definite determiner" and indicates a feminine noun. Its English equivalent is "the."

2   How can you tell that these are masculine nouns?

   le stylo   le cahier   le crayon

   They all have the definite determiner *le,* which indicates a masculine noun. Its English equivalent is also "the."

3   When a noun begins with a vowel sound, the determiner *l'* is used for both masculine and feminine nouns. *L'affiche* is a feminine noun; *l'élève* can be either masculine or feminine.

4   Note that *le professeur,* a masculine noun, is used to refer to both male and female teachers.

Fenêtres à Nice

Exercices de vocabulaire

A Identifiez les objets d'après les images. Suivez les modèles. *(Identify the objects according to the pictures. Follow the models.)*

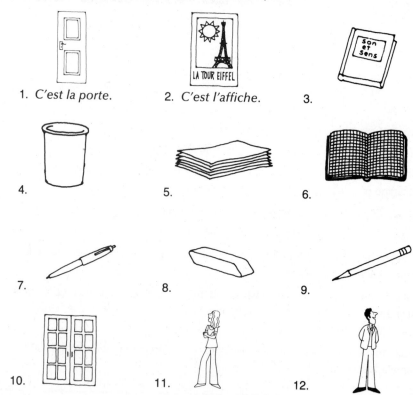

1. *C'est la porte.*

2. *C'est l'affiche.*

3.

4.

5.

6.

7.

8.

9.

10.

11.

12.

B **Où est** is the French equivalent of "where is." Your teacher will now ask where certain objects are. For example: *Où est la porte?* If the door is across the room, point to it and say:

Voilà la porte.   ***There's*** the door.

If it is near you, touch it and say:

Voici la porte.   ***Here's*** the door.

C A vous. *(It's your turn. You are Student A. Ask a classmate, Student B, where some of the classroom objects are. Student B will answer using* voici *or* voilà. *Follow the model.)*

—Où est la porte?
—Voici la porte.   OR   Voilà la porte.

MOTS NOUVEAUX II

—Bonjour, Paul. Ça va?   *Hello, Paul. How are things?*
—Oui, ça va.   *OK.*
  Non, ça ne va pas.   ***Not so good.***
  Pas mal.   ***Not bad.***
  Comme ci, comme ça.   ***So-so.***
  Bien, merci.[1]   ***Fine, thanks.***
  Très bien, merci.   ***Very well, thank you.***
—**Eh bien, au revoir,** Paul.   ***Well, so long,*** *Paul.*
—**Au revoir.**   ***Good-by.***

[1] Polite expressions are very important in the French language. Though you might say *pas mal* or *comme ci, comme ça* to a friend, a more polite response to an adult or someone you don't know well is *bien, merci* or *ça va bien, merci.*

C'est Michel?	**Is that** Michel?
Oui, **c'est** Michel.	Yes, **it's** Michel.
C'est Alice?	Is that Alice?
Non, c'est Sylvie.	**No,** it's Sylvie.
C'est **M.** Brel.[2]	That's **Mr.** Brel.
C'est **Mme** Lenoir.	That's **Mrs.** Lenoir.
C'est **Mlle** Caron.	That's **Miss** Caron.

[1] The French often use the person's first name or *monsieur, madame,* or *mademoiselle* when saying hello. By themselves, these terms are like our polite forms of address: "sir," "ma'am," and "miss." Before a name they mean "Mr.," "Mrs.," and "Miss." When speaking directly to someone, the French rarely use the last name.

[2] *M., Mme,* and *Mlle* are the abbreviations for *Monsieur, Madame,* and *Mademoiselle.* In general, if the abbreviation ends in the same letter as the complete word (Madame → *Mme*), the French do not put a period after it.

Exercice de vocabulaire

A vous. (*You are Student A. Greet Student B and ask how things are going. End the dialogue by saying good-by to each other.*)

–Bonjour, B. _____?
–_____. Et toi?
–_____. Eh bien, _____.
–_____.

DIALOGUE

Bonjour

	SYLVIE	Bonjour, Lise. Ça va?
	LISE	Oui, ça va. Et toi?
	SYLVIE	Bien, merci.
	LISE	Eh bien, au revoir, Sylvie.
5	SYLVIE	Au revoir.

EXPLICATIONS I

Les pronoms <u>toi</u>, <u>vous</u>

The pronouns *toi* and *vous* both mean "you." In the three pictures below, note how Alice uses them.

Use *toi* when addressing a friend, a relative, a small child, or a pet. Use *vous* when addressing anyone else or more than one person. A good general rule is to use *toi* only with people whom you would call by their first names or by even more familiar names, such as "mom" or "dad."

Exercices

A Complétez les dialogues en employant *toi* ou *vous*. Suivez les modèles.
(*Complete the dialogues with the appropriate pronoun* toi *or* vous. *Follow the models.*)

1. –Bonjour, Guy. Ça va?
   –Oui, Michel. Et _toi_ ?

2. –Bonjour, Alice. Ça va?
   –Bien, merci, madame. Et _vous_ ?

3. –Bonjour, Philippe. Ça va?
   –Oui, Alice et Guy. Et ___?

4. –Bonjour, Michel. Ça va?
   –Oui, Marie. Et ___?

5. –Bonjour, Marie. Ça va?
   –Bien, merci, mademoiselle. Et ___?

6. –Bonjour, Anne. Ça va?
   –Oui, Sylvie et Michel. Et ___?

B A vous. (*You are Student A. Take the role of the person indicated and ask Student B:* Bonjour, ça va? *Student B will answer, using the cues given. Follow the model.*)

1. (the postman)   —Bonjour, B. Ça va?
   (you feel fine)   —Bien, merci, monsieur. Et vous?

2. (your father)
   (you feel so-so)

3. (your teacher)
   (you feel very well)

4. (your grandmother's friend)
   (you feel fine)

5. (a gentleman you just met)
   (you feel very well)

6. (your cousin)
   (you feel "not so good")

7. (two classmates)
   (you feel "not bad")

Bon anniversaire! (Au Québec)

CONVERSATION

Prononciation

In pronouncing French vowel sounds, the jaw, lips, and tongue muscles are held more tense than in English. For that reason, French vowels sound more precise. For the [a] sound, as in the English word "pop," the lips are spread and held tense. Try saying *pas mal*. For the [i] sound, as in the English word "me," the lips are held in a smiling position. Smile and say *Philippe*. For the [u] sound, as in the English "do," the lips are rounded. Round your lips firmly and say *jour*.

A Listen carefully to the pronunciation of the following words, then say them aloud. Try to imitate what you hear, and don't worry about sounding funny. You won't. You may even sound like a French person.

[a] madame	ça va	pas mal	Annie
[i] Philippe	Michel	Alice	Sylvie
[u] où	vous	jour	bonjour

B Listen to the following greetings, then say them aloud.

Bonjour, Michel.   Bonjour, Marie.
Bonjour, Philippe.   Bonjour, David.

C Listen carefully, then repeat.

Ça va, Marianne?
Bonjour, Philippe. Ça va?

Pas mal, Alice.
Pas mal, Michel.

Qu'est-ce qui se passe?

What's happening? When customers enter a shop in France, they usually greet the owner. Pretend that you are Michel and greet the lady and her dog.

Michel has come to pick up his school supplies. Pretend that you are the owner and when he asks you where they are, answer using *voici* and *voilà*.

EXPLICATIONS II

Je m'appelle

For "my name is," the French say *je m'appelle*.

Here is a list of common French names. If your name is not included, your teacher may know its closest equivalent in French. Or, if you like, here is your chance to choose your own name.

BOYS			
Adam	Denis	Guy	Pascal
Alain	Didier	Henri	Patrice
Albert	Dominique	Hervé	Patrick
Alexandre	Edouard	Hugues	Paul
Alfred	Eric	Jacques	Philippe
André	Etienne	Jean	Pierre
Antoine	Eugène	Jérôme	Raoul
Arnaud	Fabrice	Joseph	Raymond
Arthur	François	Julien	Rémi
Benoît	Frédéric	Laurent	René
Bernard	Gaël	Léon	Richard
Bertrand	Gauthier	Louis	Robert
Bruno	Georges	Luc	Roger
Charles	Gérard	Marc	Serge
Christian	Gilbert	Marcel	Thierry
Christophe	Gilles	Mathieu	Thomas
Claude	Grégoire	Michel	Vincent
Daniel	Guillaume	Nicolas	Xavier
David	Gustave	Olivier	Yves

Devant le lycée

GIRLS			
Adèle	Bernadette	Claudine	Emilie
Agnès	Blanche	Colette	Estelle
Alice	Brigitte	Danielle	Eve
Andrée	Caroline	Delphine	Florence
Anne	Catherine	Denise	France
Annick	Cécile	Diane	Françoise
Annie	Chantal	Dominique	Gabrielle
Antoinette	Christiane	Dorothée	Geneviève
Aude	Christine	Edith	Gisèle
Béatrice	Claire	Elisabeth	Hélène
Bénédicte	Claude	Elise	Huguette

Isabelle	Marianne	Nathalie	Solange
Jacqueline	Marie	Nicole	Sophie
Jeanne	Marion	Odile	Suzanne
Julie	Marlène	Pascale	Suzette
Laure	Marthe	Patricia	Sylvie
Lise	Martine	Paule	Thérèse
Lisette	Maryse	Pauline	Véronique
Louise	Michèle	Renée	Virginie
Lydie	Mireille	Sabine	Viviane
Madeleine	Monique	Sara	Yolande
Marguerite	Nadine	Simone	Yvette

Hyphenated first names are also very common in France. They are most often formed with Jean and Marie: Jean-Paul, Jean-Jacques; Marie-France, Jeanne-Marie.

Exercice

A vous. (*Again you are Student A. Introduce yourself to Student B and ask his or her name. Student B will then answer.*)

— Bonjour! Je m'appelle _____. Et toi?
— Je m'appelle _____.

RÉVISION ET THÈME

Consult the model sentences, then put the English cues into French and use them to form new sentences based on the models.

1. C'est *la corbeille.* Et *voici l'affiche.*
      (the window)   *(there's the door)*
      (the student)   *(here's the teacher)*

2. Bonjour, Henri. Ça va? *Très bien, merci, monsieur.*
                     (Fine, thanks, ma'am.)
                     (Yes, very well, thank you.)

3. Et *toi, Jacqueline?*   *Oui, ça va.*
     (you, sir)   *(So-so.)*
     (you, Luc and Eric) *(Not so good.)*

Thème: Now put the English captions describing each cartoon panel into French to form a paragraph.

This is the classroom.

And here's the teacher.

"Hello, Eve and Guy. How are things?"

"Fine thanks, ma'am. And you?"

"Very well, thank you."

AUTO-TEST

At the end of every chapter you will find a self-test, called an *auto-test*. This is for you and will help you find out how well you have understood the lesson. Always write the answers on a sheet of paper. When you have finished, turn to the section entitled "Answers to *Auto-Tests*" in the back of the book to check your answers.

A Look at the pictures and tell what the objects are. Follow the model.

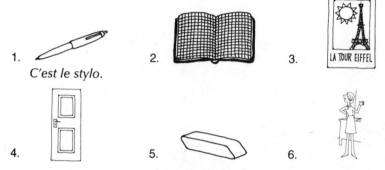

1.
   C'est le stylo.
2.
3.

4.
5.
6.

B Look at the pictures and tell where the objects are. Remember to use *voici* to mean "here is" and *voilà* to mean "there is." Follow the model.

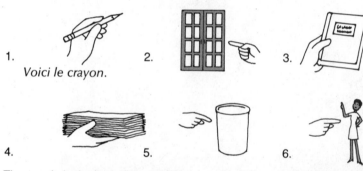

1.
   Voici le crayon.
2.
3.

4.
5.
6.

C The people in the list below say *Bonjour. Ça va?* Answer according to the cues given and ask how they are. Follow the models.

1. a teacher/thank him and say you feel fine
   Bien, merci, monsieur. Et vous?
2. your brother/you feel fine
   Bien. Et toi?
3. your aunt/you feel so-so
4. two friends/just say "yes, and you"
5. your grandfather/you feel "not so good"
6. a woman visiting from another country/thank her and say you're feeling very well

Interlude

La France

What is France like? Well, it is many things, all in a six-sided area smaller than the state of Texas. (The French often refer to their country as l'Hexagone because of its shape.) It is rolling fields of wheat stretching as far as the eye can see. Off in the distance, rising above the fields, may be the bell tower of a church built 800 years ago. Or it is green pastures, where cows and goats are grazing in the shadow of high mountains, with cars whizzing past on a nearby superhighway.

France is vineyards, neat rows of grapevines clinging to the side of a hill. And it is enormous factories turning out cars, tires, and airplanes to be sold throughout the world. France is Paris, and Lyon, and Marseille, big cities crowded with cars and people and an appealing mixture of modern and ancient buildings. And it is tiny villages of fewer than a hundred inhabitants who prefer to ride their bicycles down the narrow streets that their families have known for generations.

France has mountains, and it has plains; it has hundreds of tiny streams and four major rivers: la Seine, la Loire, la Garonne, and le Rhône. Even the mountains are different from one another: The Alps in the southeast and the Pyrenees on the Spanish border, tall and rugged, offer some of the best skiing in the world, while the Vosges and the Jura in the east and the Massif Central in the center of the country are older and worn down.

The beaches offer variety, too. In the south, along the Mediterranean, many of the beaches are covered with pebbles. In the west, along the Atlantic Ocean, white sand stretches for miles. The further north you go, the more rugged and rocky the coast becomes, until you reach the English Channel with its great white chalk cliffs.

So you see, you can't describe in just a few words what France looks like. As the conductor on a French train once said, "If you don't like the scenery, wait fifteen minutes . . . ."

Près de la Cathédrale de Chartres

CHAPITRE 2

MOTS NOUVEAUX I

la villa

la maison

la plage

la banque

l'appartement (m.)

l'hôtel (m.)

la piscine

l'école (f.)

- – **Salut, on va** à la plage? — *Hi, are we going to the beach?*
- – **Mais non, allons** à la montagne. — *No, let's go to the mountains.*
  - à la maison **de** Sara. — *to Sara's house.*
  - à la villa[1] **d'**Henri. — *to Henri's villa.*
- – **Qui** va à l'église? — *Who's going to (the) church?*
- – André. Et toi? — *André. And you?*
- – Non, **je vais** à l'hôtel.[2] — *No, I'm going to the hotel.*

[1] A *villa* is any house in the suburbs or the country.
[2] In French, an *h* at the beginning of a word is not pronounced, so the word *hôtel* begins with the vowel sound [o] and the determiner *l'* is used.

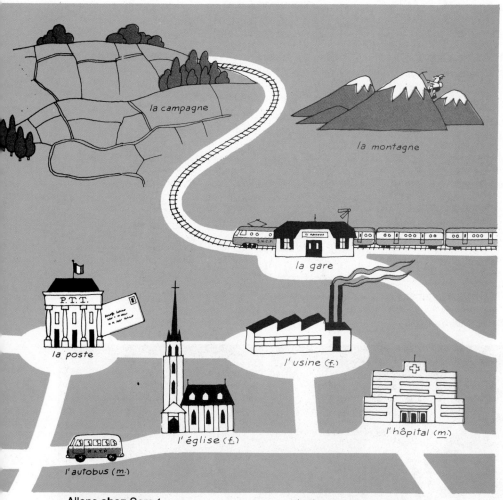

la campagne

la montagne

la gare

la poste

l'usine (f.)

l'hôpital (m.)

l'église (f.)

l'autobus (m.)

– Allons **chez** Sara.[1]	*Let's go to Sara's **(house)**.*
– **Qui est** Sara?	***Who's** Sara?*
– C'est **l'amie** *(f.)* d'Henri.	*She's Henri's **friend**.*
– Qui est Henri?	*Who's Henri?*
– C'est **l'ami** *(m.)* de Sara.	*He's Sara's **friend**.*

[1]*Chez* is used only with people; *à* is used with places.

Exercice de vocabulaire

Répondez aux questions d'après les images. Suivez le modèle. *(Answer the questions according to the pictures. Follow the model.)*

1. On va à la plage?
   Non, on va à la piscine.

2. On va à la gare?
   Oui, on va à la gare.

3. On va à la campagne?

4. On va à la poste?

5. On va à l'église?

6. On va à l'école?

7. On va à la fenêtre?

8. On va à l'usine?

9. On va à la plage?

Dans une usine à Créteil

MOTS NOUVEAUX II

le pupitre

la chaise

le drapeau français

le drapeau américain

la table

le drapeau canadien

la page

l'image (f.)

le magnétophone

la bande

le magnétophone à cassettes

la cassette

le calendrier

SEPTEMBRE						
L	M	M	J	V	S	D
		1	2	3	4	5
6	7	8	9	10	11	12
13	14	15	16	17	18	19
20	21	22	23	24	25	26
27	28	29	30			

musicassettes

le tableau

Où est ... ?
Voici
Voilà

La France

la carte

la craie

le bureau

Exercices de vocabulaire

A Répondez d'après les images. Suivez les modèles. *(Answer according to the pictures. Follow the models.)*

1. C'est la chaise?
   Oui, c'est la chaise.
2. C'est l'image?
   Non, c'est le calendrier.
3. C'est le magnétophone?

4. C'est la carte?
5. C'est le drapeau canadien?
6. C'est le tableau?

7. C'est le bureau?
8. C'est le cahier?
9. C'est le crayon?

10. C'est le pupitre?
11. C'est la page?
12. C'est la bande?

B Give the French equivalents of the following pairs of English words. Say them aloud very distinctly. You will note that each pair has certain similarities of spelling and pronunciation. Follow the model.

1. page / beach   *la page / la plage*

2. mountain / countryside
3. window / student desk
4. house / pencil
5. door / post office

6. flag / blackboard
7. notebook / paper
8. factory / swimming pool
9. bank / tape

DIALOGUE

On va à la plage?

MICHEL	Salut, Jean-Pierre. On va à la plage?
JEAN-PIERRE	Non, allons chez Suzanne.
MICHEL	Chez qui?
JEAN-PIERRE	Chez Suzanne, l'amie d'Annette.
5 MICHEL	Mais non, allons à la plage!

Sur la Côte d'Azur

EXPLICATIONS I

Les pronoms et le verbe <u>aller</u>

Look at the present tense of the verb *aller,* "to go":

	SINGULAR		PLURAL	
1	**je vais**	*I go; I'm going*	**nous allons** [z]	*we go; we're going*
2	**tu vas**	*you go; you're going*	**vous allez** [z]	*you go; you're going*
3	**il** **elle** } **va** **on**	*he goes, it goes; he's going, it's going* *she goes, it goes; she's going, it's going* *we go, they go; we're going, they're going*	**ils** **elles** } **vont**	*they go; they're going*

IMPERATIVE: **va! allons! allez!**

Dans les Pyrénées

1 The subject pronouns are:

je	*I*	**nous**	*we*
tu	*you*	**vous**	*you*
il	*he, it*	**ils**	*they (m.)*
elle	*she, it*	**elles**	*they (f.)*
on	*we, they*		

2 Like *toi, tu* is used only in speaking to *one* member of your family, *one* person with whom you are on a first-name basis, *one* child, or *one* pet. *Vous* is used in all other instances.

3 *Nous* means "we." In informal conversation, *on* often means "we."

4 The *s* of *nous* and *vous* is usually not pronounced. However, when these words appear before a verb form beginning with a vowel sound, the *s* is pronounced [z]. For example: nous‿allons, vous‿allez.
     [z]   [z]

5 Note the following:

Raymond et Léon vont à Paris.   **Ils** vont à Paris.
Caroline et Jacqueline vont à Paris.   **Elles** vont à Paris.
Léon et Jacqueline vont à Paris.   **Ils** vont à Paris.

Use *elles* when two or more girls are the subject. Use *ils* if boys—or a combination of girls and boys—are the subject.

6 In English we have different ways of expressing the present tense. In French, there is only one way. So, for example:

Je vais à la campagne.   { *I **go** to the country.*
                          { *I'm **going** to the country.*

7 When the second singular (2 sing.) and first and second plural (1 and 2 pl.) forms are used without the pronouns *tu, nous,* and *vous,* they are commands. In writing, the *s* is dropped from the word *vas* when it is a command. These are called imperative forms.

Va!	*Go!*
Allons!	*Let's go!*
Allez!	*Go!*

Exercices

A Tout en rond. Suivez les modèles. *(Answer the questions using pronouns instead of nouns as the subject. Follow the models.)*

1. Jacqueline va à la gare?   *Oui, elle va à la gare.*
2. Annette et toi, vous allez à la poste?   *Oui, nous allons à la poste.*

3. Raymond va à l'école?
4. Georges et Denis vont à la montagne?
5. Léon et Alice vont à l'usine?
6. Denise et Nicole vont à la banque?
7. Caroline et vous, vous allez à la villa?
8. Pierre, Paul et Marie vont à la plage?

B A vous. *(Ask Student B a question:* Qui va à . . . ? *Student B will answer using the cue in parentheses.)*

1. la plage / (vous)   –Qui va à la plage?
                   –Vous allez à la plage.

2. la campagne / (ils)   6. la gare / (tu)
3. l'église / (nous)   7. l'hôpital / (vous)
4. l'hôtel / (je)   8. la piscine / (elle)
5. la poste / (Annie et Eve)   9. la banque / (on)

C A Paris. *(Tell the people in parentheses to go to the following places.)*

1. la Tour Eiffel (invite a classmate to go with you)
   Allons à la Tour Eiffel.

2. l'Arc de Triomphe (tell your parents to go there)
3. l'Hôtel de la Gare (tell your brother to go there)
4. la Banque de France (tell your uncle to go there)
5. la Maison de Victor Hugo (invite your teacher to go with you)
6. la Gare de Lyon (tell two classmates to go there)
7. l'Eglise Saint-Paul (invite your parents to go with you)
8. l'Ecole Militaire (tell your grandparents to go there)
9. la Piscine Deligny (tell a friend to go there)

A la Martinique

CONVERSATION

Prononciation

French words of more than one syllable have a fairly even rhythm. All syllables are pronounced at the same pitch and with the same amount of stress. They sound like a series of short, sharp bursts.

voi-ci   bon-jour   al-lons   sa-lut

If you raise the pitch of your voice on the last syllable of a sentence, it turns a statement into a question.

STATEMENT   Ça va, Michel.   QUESTION   Ça va, Michel?
            On va à la plage.   On va à la plage?

A   Listen carefully, then say the following words aloud.

madame	l'amie	papa	le papier
voici	Michel	merci	l'affiche

B   Say the following statements aloud, then change them to questions by raising the pitch of your voice on the last syllable.

C'est Philippe.	Ça va bien.	Chez Suzanne.
Chez Michel.	C'est Jacqueline.	C'est Sylvie.

C   Repeat the following questions aloud, then change them to statements.

Ça va bien?	Chez Philippe?	C'est papa?
C'est le livre?	C'est le cahier?	C'est le professeur?

Les accents

There are five marks that occur with letters in French. All are important for spelling; most are important for pronunciation.

1 *La cédille* (¸) appears only under the letter *c*. When the letter *c* comes before the vowel letters *a, o,* and *u,* it has the [k] sound, as in "car." The cedilla changes that sound to [s], as in "see." Compare: le cahier, ça; la corbeille, la leçon.

2 *L'accent aigu* (´) is used only over the letter *e:* américain, l'école, l'église.

3 *L'accent grave* (`) is used over the letters *a, e* and *u:* voilà, l'élève, où.

4 *L'accent circonflexe* (^) may be used over any vowel: le théâtre, la fenêtre, l'hôtel.

5 *Le tréma* (¨) shows that two vowels next to each other are pronounced separately: Noël, naïve.

6 An accent mark can also change the meaning of a word. For example, you know that the word *où* means "where." *Ou*—without the accent—means "or."

Qu'est-ce qui se passe?

Où vont les amis d'Henri?

EXPLICATIONS II

Le pluriel des noms

VOCABULAIRE

ce sont   *these are, those are*   **où sont?**   *where are?*

---

1   Look at the following:

le crayon   *pencil*   **la** table   *table*
les crayons   *pencils*   **les** tables   *tables*

There is no difference in pronunciation between the singular and plural forms of most nouns. In speaking, the only difference is in the sound of the determiner, which becomes *les*.

2   *Le, la,* and *l'* all become *les* before plural nouns. Before a noun beginning with a vowel sound, however, the *s* of *les* is pronounced [z]. This is called *liaison*. For example:

l'élève   les élèves   l'hôtel   les hôtels
       [z]   [z]

3   The plural of nouns is usually formed by adding *s* to the singular form. However, if the singular form ends in *s*, the singular and plural forms are the same:

l'autobus   les autobus

4   Singular nouns ending in *eu, au,* or *eau* form their plural by adding *x*:

le tableau   les tableaux

5   Singular nouns ending in *al* usually form their plural by changing the *al* to *aux*:

l'hôpital   les hôpitaux

6   Nouns that are made up of two separate nouns are called "compound nouns." Note how their plurals are formed:

la salle de classe   les salles de classe

A Montmartre, Paris

Exercice

A vous. (*Tell Student B that the first set of objects is nearby. When Student B asks where the second set is, say that both sets are nearby.*)

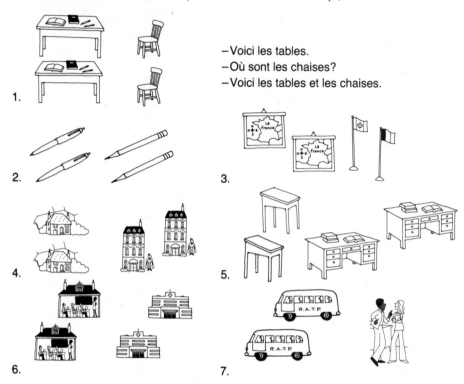

—Voici les tables.
—Où sont les chaises?
—Voici les tables et les chaises.

1.

2.

3.

4.

5.

6.

7.

A Montréal

ALLEZ-Y TOUT SCHUSS AVEC LE TRAIN

De possessif

Look at the following:

C'est la piscine **de** Raymond.   *It's Raymond's swimming pool.*
C'est l'amie **de** Jean et **d'**Hélène.   *It's Jean and Hélène's friend.*

The word *de* often indicates possession. When used before a noun beginning with a vowel sound, the *de* becomes *d'*. Note that the *de* (or *d'*) must be repeated if more than one person is mentioned as the possessor.

Exercice

Identifiez l'objet. Suivez le modèle. (*Make a complete sentence identifying the object. Follow the model.*)

1. Marie
   C'est la chaise de Marie.

2. M. Lenoir

3. Guillaume

4. Eve et Claude

5. Henri

6. Pierre et Paul

7. Mlle Monet

8. Mme Labelle

RÉVISION ET THÈME

Consult the model sentences, then put the English cues into French and use them to form new sentences based on the models.

1. Voici *M. Lenoir. Il va à la poste.*
    (the students) (They're going to the country.)
    (Mrs. Leblanc) (She's going to church.)

2. Ce sont *les bandes et les magnétophones de M. Lenoir.*
    (Suzanne's maps and pictures)
    (Henri's flags and posters)

3. Voilà *Jacques, l'ami d'Hélène et de Georges.*
    (Alice, André and Brigitte's friend)
    (Jeanne and Raymond, Paul and Guy's friends)

4. *Vous allez à la piscine.*
    (We're going to the factory.)
    (I'm going to the hospital.)

Thème: Now put the English captions describing each cartoon panel into French to form a paragraph.

Here are Xavier and Sara. They're going to school.

These are Xavier and Sara's books and notebooks.

There's Jacques, Xavier and Sara's friend.

He's going to the train station.

A la Gare de Lyon

AUTO-TEST

A Tell where each person is going according to the pictures. Follow the model.

1. Denise
   Denise va à l'école.

2. vous

3. nous

4. tu

5. Jean-Claude et Roger

6. je

B Put the following questions into the plural.

1. Où est le drapeau?
2. Où est l'hôpital?
3. Où est le stylo?

4. Où est l'autobus?
5. Où est la salle de classe?
6. Où est la carte?

C Below each picture is the name of the person to whom the object or objects belong. Give complete sentences telling what the object is and to whom it belongs. Follow the model.

1. Georges et Philippe
   Ce sont les pupitres de Georges et de Philippe.

2. M. Lenoir et Mme Dupont

3. Isabelle

4. Mme Thomas, Mlle Monet et
   M. Jeanson

Au Lycée Jeanne d'Arc, Rouen

Interlude

La famille

When we talk about families, we usually mean only parents and their children. But when the French talk about their famille, they are probably including their grandparents, aunts, uncles, and cousins. In large families, this may add up to forty or fifty people, or even more. Holidays and vacations are often spent with these relatives. Occasions such as weddings and baptisms are family times, and everyone makes a special effort to attend.

The smaller famille of parents and their children tends to spend a lot of time together, too. If you ask a teenager what he or she did on the weekend, there's a good chance that the answer will be "I went to the country with my family," or "I spent time with my family." Of course, not all leisure time is spent with parents—young people also go out with their friends. But in general, quite a bit of time is set aside for activities with the family.

Partly because of the importance that the French place on the family, homes tend to be very private spots. Close friends are invited over for dinner or coffee, of course, but not as often as they might be here. It is more likely that they will be invited to a neighborhood café or restaurant. It is a special honor to be invited into a French home for an evening. (Visitors to France sometimes think that the French are unfriendly for this reason, but that's not really a correct idea.)

In spite of the fact that French families are very private, they often show their affection openly. When leaving the house or going to bed, both fathers and mothers embrace their children, no matter how old the children may be. Brothers and sisters kiss one another on the cheeks, too. And it would not be unusual to see a family walking along, each holding another's hand.

The French family is changing, as are families in all modern societies. Not all French families are close-knit, but the sort of family described here is still quite common.

Mariage à la campagne

MOTS NOUVEAUX I

ma famille

mon grand-père
Bertrand

ma grand-mère
Sylvie

mon père
Robert

ma mère
Yvonne

mon oncle
Gauthier

ma tante
Pauline

Joseph
mon frère

MOI

Margot
ma soeur

Yves
mon cousin

Paul
mon cousin

Colette
ma cousine

—Voici ma famille.
—Qui **est** Paul?
—C'est **le fils** de Gauthier.
     le neveu de **mes parents.**
—**Alors,** Paul et Yves **sont les fils** de
  Pauline et **les neveux** de **tes** parents.
—**C'est ça.**

—Qui est Colette?
—C'est **la fille** de Pauline.
    la nièce de mes parents.
—Yves, Paul et Colette sont **les
  enfants** de **ton** oncle et de **ta** tante?
—C'est ça.
—Et Bertrand et Sylvie?
—Ce sont mes **grands-parents.**

Here's my family.
Who is Paul?
He's Gauthier's son.
    my parents' nephew.
So Paul and Yves are Pauline's sons
  and your parents' nephews.
That's right.

Who's Colette?
She's Pauline's daughter.
    my parents' niece.
Yves, Paul, and Colette are the
  children of your aunt and uncle?
That's right.
And Bertrand and Sylvie?
They're my grandparents.

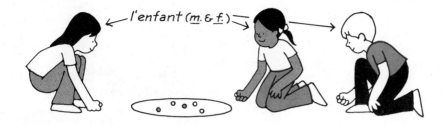

l'enfant (*m. & f.*)

Exercice de vocabulaire

Complétez les phrases d'après l'image à gauche. *(Complete the sentences according to the family tree at the left.)*

1. Colette est ＿＿ de ma tante. *(la mère, la sœur, la fille)*
2. Gauthier est ＿＿ de ma cousine. *(l'oncle, le père, le frère)*
3. Paul est ＿＿ de ma tante. *(le fils, la fille, le frère)*
4. Gauthier est ＿＿ de ma mère. *(l'oncle, le frère, le cousin)*
5. Margot est ＿＿ de mon oncle. *(la fille, la cousine, la nièce)*
6. Yves est ＿＿ de mon père. *(le fils, le neveu, le frère)*
7. Pauline est ＿＿ de Paul. *(la mère, la sœur, la cousine)*
8. Colette est ＿＿ de Paul. *(la tante, la mère, la sœur)*
9. Yves, Colette et Paul sont ＿＿ de Gauthier et de Pauline. *(les parents, les grands-parents, les enfants)*
10. Ma grand-mère est ＿＿ de mon oncle Gauthier et de ma mère. *(l'oncle, la mère, la tante)*

Dans le Jardin du Luxembourg, Paris

Les enfants apportent le pain chez eux.

Chalet en Suisse

Aujourd'hui on va au Musée du Louvre.

MOTS NOUVEAUX II

les habits (m. pl.)

la blouse

le jean

le pull-over

la robe

le maillot

le bas

la jupe

la chemise

le pantalon

le tee-shirt

le maillot

la chaussette

la chaussure

les chaussures de sport

le chapeau

Le garçon et **la jeune fille sont là-bas.**
Le garçon **est en maillot, mais**
les jeunes filles sont **en jean**
et **en tee-shirt.**[1]
Les chapeaux de la jeune fille sont
sur la chaise. **Son** pull-over est
sous la chaise.

—On va à la piscine?
—**D'accord.**

Il est **à la piscine avec sa** sœur.

On est **à** l'école.

The boy and *girl* are over there.
The boy's *wearing a bathing suit, but*
the girls are *in jeans*
and *T-shirts.*
The girl's hats are
on the chair. *Her* sweater is
under the chair.

Are we going to the pool?
OK.

He's at the pool *with his* sister.
{ *We're* in school.
{ *We're* at school.

[1]Note that there is no determiner when *en* is used to describe what a person is wearing.

Exercices de vocabulaire

A Identifiez les habits en employant *c'est* ou *ce sont*. Suivez le modèle. (*Identify the clothing using* c'est *or* ce sont *as needed.*)

1. *C'est la chemise de M. Thomas.*

M. Thomas

Pierre

Mme Thomas

Hélène

B Pour chaque mot à gauche, choisissez un mot à droite. (*For each word in the list at the left, choose an appropriate word from the list at the right.*)

1. la bande
2. le bas
3. la chemise
4. la craie
5. le crayon
6. la cassette
7. le fils
8. le frère
9. le garçon
10. la table
11. la tante

a. la chaise
b. la chaussure
c. la fille
d. la jeune fille
e. le magnétophone
f. l'oncle
g. le pantalon
h. le papier
i. la sœur
j. le tableau
k. le magnétophone à cassettes

Plage à Biarritz

DIALOGUE

A la plage

Laure Broussard est à la plage avec son frère, sa sœur et ses cousins Raymond et Marie.*

LAURE	Où est mon frère?
RAYMOND	Là-bas, avec Marie.
5 LAURE	Et qui sont les jeunes filles en chapeau?
RAYMOND	Jeanne et Colette Dumont, les amies de ma sœur.
LAURE	Alors, on va là-bas?
RAYMOND	D'accord.

*French teenagers usually go out in groups, rather than on dates as couples. It is not uncommon for brothers, sisters, and cousins to go out together as part of a group.

Questionnaire

1. Où est Laure Broussard?   2. Qui est avec Laure?   3. Où est le frère de Laure?
4. Qui sont les jeunes filles en chapeau?

EXPLICATIONS I

Les pronoms

Review the list of subject pronouns on page 22. These pronouns are used only with verbs. There is another group of pronouns that you will need to know. They are called "disjunctive pronouns." Here is a list of the subject and disjunctive pronouns:

SINGULAR				PLURAL			
je	moi	*I*	*me*	nous	nous	*we*	*us*
tu	toi	*you*	*you*	vous	vous	*you*	*you*
il	lui	*he*	*him*	ils	eux	*they*	*them (m.)*
elle	elle	*she*	*her*	elles	elles	*they*	*them (f.)*

1 Disjunctive pronouns are used after prepositions such as *chez* and *avec*:

Il va **chez lui**.	*He's going **home**.*
Je vais **chez lui**.	*I'm going **to his house**.*
Je vais à la plage **avec lui**.	*I'm going to the beach **with him**.*

If both males and females are included, use **eux**:

Laure et son frère vont **chez eux**.	*Laure and her brother are going **to their house**.*

2 Note how disjunctive pronouns are used in the following sentences.

Lui, il va à l'hôtel.	*He's going to the hotel.*
Moi, je m'appelle Michel.	*My name is Michel.*
Tu vas à l'école, **toi?**	{ *Are **you** going to school?* { *Do **you** go to school?*
Ils vont chez Paul, **eux?**	*Are **they** going to Paul's?*

Individual words are not usually given stress in a French sentence. To emphasize the subject pronoun, the French add the disjunctive pronoun at the beginning or end of the sentence.

3 Note how disjunctive and subject pronouns are used together in these sentences:

Elle et lui, ils vont à l'usine.	***They** are going to the factory.*
Toi et moi, nous allons à la poste.	***You and I** are going to the post office.*
Claire et toi, vous allez à la banque?	*Are **you and Claire** going to the bank?*

Dans un magasin à Paris

Exercices

A Complétez les phrases en employant *chez*. Suivez le modèle.

1. Je vais . . .   *Je vais chez moi.*
2. Il va . . .
3. Tu vas . . .
4. Elles vont . . .

5. Nous allons . . .
6. Ils vont . . .
7. Vous allez . . .
8. Elle va . . .

B Complétez les phrases. *(How many combinations of pronouns can you suggest for these sentences?)*

1. _____ et _____, nous allons à la plage.
2. _____ et _____, vous allez à la campagne.

Le verbe <u>être</u>

Look at the present tense of the verb *être*, "to be."

	SINGULAR		PLURAL	
1	je **suis**	*I am*	nous **sommes**	*we are*
2	tu **es**	*you are*	vous **êtes** [z]	*you are*
3	il elle on } **est**	*he is, it is* *she is, it is* *we are, they are* [n]	ils elles } **sont**	*they are*

1 *Il* means both "he" and "it"; *elle* means both "she" and "it." Use *il* or *ils* in place of a masculine noun and *elle* or *elles* in place of a feminine noun:

La corbeille est sous le bureau?   Oui, **elle** est sous le bureau.
Les crayons sont sur la table?   Oui, **ils** sont sur la table.

Use *ils* in place of a combination of masculine and feminine nouns:

La blouse et **le maillot** sont là-bas?   Oui, **ils** sont là-bas.

2 *C'est* is used before singular nouns and *ce sont* before plural nouns:

C'est la jupe de Marie.   ***That's*** *Marie's skirt.*
Ce sont les jupes de Marie.   ***Those are*** *Marie's skirts.*

Sometimes *c'est* and *ce sont* are used to refer to people:

C'est Henri?   ***Is that*** *Henri?*
Mais non, **c'est** Guy.   *No.* ***It's*** *Guy.*

Exercices

A A vous. *(Ask Student B where the people or things are. Student B will answer using a pronoun as subject.)*

1. la chemise / sur la chaise   —Où est la chemise?
                                               —Elle est sur la chaise.

2. le garçon / à l'hôpital
3. les habits / à la maison
4. les parents de Jacques / à Nice
5. la tante de Marie / chez elle
6. les chaussettes et les chaussures de sport / sous la table
7. les grands-parents de Claire / chez eux
8. Jeanne et Georges / à la plage

B Tout en rond. Suivez le modèle. *(Where is everybody? Say that they are at home.)*

1. Je suis chez moi. Et lui?
   Il est chez lui.

2. Et eux?
3. Et David?
4. Et ma tante et ma cousine?
5. Et ma tante Louise?
6. Et nous?

7. Et toi et moi?
8. Et mon père et moi?
9. Et moi?
10. Et toi?
11. Et Alice et lui?

Madame Henri Marg...
le Docteur et Madame Jacques Dadu
ont l'honneur de vous faire part du mariage de
leur petit-fils et fils Jean-Paul avec Mademoiselle
Christiane Escoubet.

Et vous prient d'assister à la Messe de Mariage q...
célébrée le Vendredi 26 Septembre 1980 à 16
en l'Eglise Saint-Vigor de Marly-le-Roi, par
l'Abbé Jacques Pontis, ami de la famille.

7 bis, Rue d'Elbe
76100 Rouen

Monsieur et Madame Jean Escoubet
ont l'honneur de vous faire part du mariage de
leur fille Christiane avec Monsieur Jean-Paul
Dadu.

Et vous prient d'assister à la Messe de Mariage qui sera
célébrée le Vendredi 26 Septembre 1980 à 16 heures
en l'Eglise Saint-Vigor de Marly-le-Roi, par Monsieur
l'Abbé Jacques Pontis.

52, Rue de M...
78160 Marly...

CONVERSATION

Prononciation

The vowel sound [õ] is a nasal vowel. It is pronounced with the lips firmly rounded and, like all French vowels, with the jaws and lips held steady.

A Listen to the following words, then say them aloud.

on	mon	vont
Léon	crayon	maison

B Listen carefully to the following sentences, then say them aloud. Remember to round your lips and to hold your jaws steady as you pronounce the [õ] sound.

Allons chez Léon. Allons chez Raymond.
Où est mon crayon? Où sont les crayons?

C Listen carefully, then say the following questions and answers aloud.

On va chez Léon? Non, allons chez Raymond.
On va à la maison? Non, allons à la montagne.

Qu'est-ce qui se passe?

Décrivez ("describe") les habits de Mademoiselle Sophie et de Mademoiselle Annie.

Now pretend that you are Monsieur Brunot and give a fashion commentary.

EXPLICATIONS II

Les déterminants possessifs singuliers

1 Note how to say *my, your, his, her,* and *its:*

(my)	**mon** frère	**ma** sœur	**mes** parents
(your)	**ton** frère	**ta** sœur	**tes** parents
(his) *(her)* *(its)*	**son** frère	**sa** sœur	**ses** parents

2 These words are called possessive determiners. They agree in gender and number with the thing possessed, not with the possessor:

> **ma** fenêtre = *my window*
> **mon** bureau = *my desk*
> **mes** chaussures = *my shoes*

3 Notice that *son, sa, ses* may have one of three meanings:

C'est la piscine d'Albert?	Oui, c'est sa piscine. *(his)*
C'est la piscine de Claire?	Oui, c'est sa piscine. *(her)*
C'est la piscine de l'hôtel?	Oui, c'est sa piscine. *(its)*

4 Look at the following:

mon **ton** **son** }	ami	**mon** **ton** **son** }	amie

Pique-nique à la campagne

Mon, ton, and *son* are used before both masculine and feminine nouns beginning with a vowel. Compare the pronunciation of the possessive determiners in the following words:

mon crayon   mon hôtel   ton père   ton oncle
                 [n]   [n]

Hôtel and *oncle* begin with a vowel sound. Thus there is liaison, and the *n* of the possessive determiner is pronounced.

*M. et Mme Jean-Paul Dadu
ont la joie de vous annoncer la naissance de
Anne-Sophie
le 8 Novembre 1981*

5 Like the plural definite determiner *(les)*, plural possessive determiners do not have different feminine and masculine forms:

ma sœur	**mes** sœurs	} the letter *m* gives the meaning "my"
mon frère	**mes** frères	
ta cousine	**tes** cousines	} the letter *t* gives the meaning "your"
ton cousin	**tes** cousins	
sa nièce	**ses** nièces	} the letter *s* gives the meaning "his," "her," or "its"
son neveu	**ses** neveux	

6 Note how these plurals are formed:

monsieur (mon + sieur)   **mes**sieurs (mes + sieurs)
madame (ma + dame)   **mes**dames (mes + dames)
mademoiselle (ma + demoiselle)[1]   **mes**demoiselles (mes + demoiselles)

[1] These words literally mean "my lord," "my lady," and "my damsel." The plurals are formed just as if they were still two separate words.

Exercices

A Complétez les phrases. Suivez les modèles. *(Look at the pictures in each column. For the first column, say they are "mine." For the second column, say they are "yours." For the third column, say they are "his" or "hers.")*

1. C'est *mon affiche.*

2. Ce sont *tes gommes.*

3. Où est *son drapeau?*

4. Voilà _____.

5. C'est _____.

6. Il va à _____.

7. Voilà _____.

8. Où sont _____?

9. On va à _____.

10. Où est _____?

11. Voici _____.

12. Voilà _____.

B Répondez aux questions d'après les modèles.

1. C'est *la grand-mère de Philippe?*
   Oui, c'est sa grand-mère.
2. C'est *le neveu de Mme Deschamps?*
   Oui, c'est son neveu.

3. C'est *la nièce de Mme Dubonnet?*
4. C'est *le père d'Annick?*
5. C'est *la tante de Jérôme?*
6. C'est *le grand-père d'Isabelle?*

7. C'est *le frère de Marianne?*
8. C'est *la fille de Mme Thomas?*
9. C'est *la mère de ton ami?*
10. C'est *le fils de ton professeur?*

C A vous. *(Working with Student B, point to one of the items below and ask if it is his or hers. Student B will accept the item, or refuse it because it belongs to someone else.)*

–C'est ton maillot?
–Oui, c'est mon maillot.
    OR
Non, c'est le maillot de _____.

A Montréal

RÉVISION ET THÈME

Consult the model sentences, then put the English cues into French and use them to form new sentences based on the models.

1. *Nous sommes chez nous.*
   (I'm at Martin's house.)
   (He's at home.)

2. Monsieur et Mme Lafont sont *mes cousins.* Raymond est *mon frère.*

   (her grandparents)   (her father)
   (his friends)   (his grandfather)

3. Je vais *à la campagne* avec *ma sœur.*
   (to church)   (his aunt)
   (to the bank)   (your mother)

4. *Je suis en jupe et en blouse.*
   (She has a dress on.)
   (The boys are in pants and sweaters.)

Thème: Now put the English captions describing each cartoon panel into French to form a paragraph.

Nadine is at home. ①

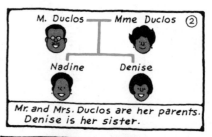

M. Duclos — Mme Duclos ②
Nadine   Denise
Mr. and Mrs. Duclos are her parents. Denise is her sister.

Nadine is going to the beach with her family. ③

The girls are in bathing suits. ④

AUTO-TEST

A Answer the questions using the cues in parentheses. Follow the model.

1. Jean est à la banque. Et toi? (la poste)
   Moi, je suis à la poste.

2. Vous êtes à l'église. Et lui? (l'école)
3. Etienne est à l'hôtel. Et nous? (l'appartement)
4. Marie et Pierre sont à la piscine. Et elles? (la plage)
5. Je suis à la campagne. Et vous? (la montagne)
6. Tu es à l'usine. Et eux? (l'hôpital)
7. Paul est à la gare. Et elle? (la maison)

B Identify the articles of clothing. Use *c'est* or *ce sont* and the possessive determiner *sa*, *son*, or *ses*. Follow the model.

1. *C'est sa blouse.*

C Answer the questions and then ask where the items mentioned in parentheses are. Be sure to use the appropriate form of the possessive determiner *ma*, *mon*, or *mes*. Follow the model.

1. C'est ton crayon? (les stylos)
   Oui, c'est mon crayon, mais où sont mes stylos?

2. C'est ton frère? (la sœur)
3. Ce sont tes gommes? (le cahier)
4. C'est ta robe? (les chaussures)
5. Ce sont tes bandes? (le magnéto-phone)
6. C'est ton oncle? (la tante)
7. C'est ton chapeau? (le pull-over)
8. C'est ta table? (les chaises)

La Piscine Deligny, Paris

Interlude

Les parcs

Most French people are great lovers of nature. Many of them dream of a small home in the country with trees and a vegetable garden, where they could go on weekends. But in the city, it is sometimes difficult to stay close to nature. For this reason, just about every French city and town has set aside a sizable amount of land for parks.

City-dwellers look on les parcs *(also called* les jardins publics*) as their backyards, in a way, and they go there often to relax. There are different sorts of parks. One kind —which the French call* à l'anglaise *("English-style")—is wooded, and often has a pond or lake. Another kind—à la française—also has trees, but they are planted in perfectly straight rows. Shrubs and flowers are arranged geometrically to create designs. These* parcs à la française *usually have fountains, statues, and gravel paths beside neatly clipped lawns.*

The larger parks offer many activities. Sometimes there are pony rides for children. Some parks have outdoor puppet shows, too, where people of all ages stop to watch the antics of Guignol, the most famous French puppet character. (The show itself is called le Guignol.*) Occasionally there are booths where collectors can buy stamps and coins.*

Even if there are no such special activities available, the park is still a favorite place to go. Parents wheel baby carriages along the paths, while students sit on the benches to read, talk, or play the guitar. Older people often play boules, *a form of lawn bowling which is popular throughout France. Children play with toy boats in the ponds and fountains. The toy-sailboat vendor is a common sight in many of the larger parks.*

There is another major pastime in French parks—people-watching. For many, it is the main reason for going there. They sit outdoors, surrounded by nature, watching the world go by. The parks help them forget that they are in the middle of the city, with all its noise and pressures.

Dans le Jardin du Luxembourg, Paris

CHAPITRE 4

MOTS NOUVEAUX I

Nadine est **dans** son jardin avec ses copains.
Le jardin est **devant** la maison.
Les vélos sont **derrière** l'arbre.
Daniel, **le copain**[1] de Nadine, est en jean.
Denise, **la copine** de Nadine, est en jean **aussi.**

Nadine is **in** her garden with her friends.
The garden is **in front of** the house.
The bikes are **behind** the tree.
Daniel, Nadine's **friend,** has jeans on.
Denise, Nadine's **friend,** is wearing jeans, **too.**

[1]In French, there are many words that are more or less equivalent to the English word "friend." *L'ami* and *l'amie* mean "friend" in general. *Le copain* and *la copine* are used to speak of someone with whom you spend a lot of time.

Voici **les voisins** de Nadine.	*Here are Nadine's **neighbors**.*
Antoine est son **voisin**.	*Antoine is her **neighbor**.*
Nicole est sa **voisine**.	*Nicole is her **neighbor**.*
Alors, Nadine est **leur** voisine.	*So Nadine is **their** neighbor.*
–**Vous avez vos** maillots! **Pourquoi?**	*You have your bathing suits! **Why?***
–**Parce que** nous allons chez les Martin.[1] **Ils ont deux** piscines.	*Because we're going to the Martins' house. **They have two** pools.*
–**Chouette!**	***Great!***
–Tu **ne** vas **pas** avec nous?	*You are**n't** going with us?*
–Non, **j'ai du travail.**	*No, **I have work to do.***
–**C'est dommage.** Voilà l'autobus! **Vite,** Nicole! **Allons-y!**	***That's too bad.** There's the bus! **Hurry,** Nicole! **Let's get going!***

[1] The French do not add an *s* to make a family name plural. "The Martins" is *les Martin*; "the Martins' villa" would be *la villa des Martin*.

En banlieue

Exercice de vocabulaire

Répondez d'après les images. Suivez le modèle.

1. Ton voisin est devant sa maison?
   Non, il est dans sa maison.

2. Les chaussures sont sur la chaise?

3. Le livre est sous le pupitre?

4. Le professeur est sur son bureau?

5. Les copains sont dans la banque?

6. Sa copine est devant lui?

7. Le chapeau est sous la table?

8. Le drapeau est derrière le tableau?

9. Ton vélo est derrière la fenêtre?

MOTS NOUVEAUX II

Nous allons **de** Cannes à Nice
    en voiture.
    en bateau.
    en bateau à voiles.
    en autobus.
    en camion.
    en vélo.
    en moto.
    en avion.
    par le train.
    à pied.

*We're going **from** Cannes to Nice*
    by car.
    by boat.
    by sailboat.
    by bus.
    by truck.
    by bike.
    by motorcycle (motorbike).
    by plane.
    by train.
    on foot.

l' avion (m.)

le garage

le bateau à voiles

le bateau

la moto

le camion

la voiture

le parc

le train

Exercice de vocabulaire

Répondez d'après les images. Suivez le modèle.

1. Tu vas à l'usine
   à pied?
   *Non, je vais à
   l'usine en camion.*

2. Tu vas à Paris
   par le train?

3. Tu vas à l'école
   à pied?

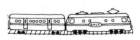

4. Tu vas à la cam-
   pagne en avion?

5. Tu vas à la plage
   en autobus?

6. Tu vas à Nice
   en bateau?

7. Tu vas à Cannes
   en bateau à voiles?

8. Tu vas à la villa
   en camion?

9. Tu vas chez toi
   en voiture?

Dans le Jardin du Luxembourg

Le Théâtre Guignol au Jardin des Tuileries, Paris

DIALOGUE

Dans le parc

Trois copains—Antoine et sa sœur Nicole et leur amie Chantal—sont dans le parc.

CHANTAL Vous n'avez pas vos vélos?
NICOLE Non, nous sommes à pied. Pourquoi?
CHANTAL Parce que moi, j'ai mon vélo là-bas, devant le Guignol.*
5 ANTOINE Oh, c'est chouette, le Guignol.
NICOLE Oui, allons-y!
CHANTAL D'accord, mais vite!
*(Pan! pan! pan!)**

*Guignol wears the costume of an eighteenth-century silkworker from Lyon: a solid color coat and an old three-cornered hat. A long pigtail hangs down his back. Children love to participate in the performances. They know Guignol well and can answer back when he speaks to them. The show is a happy, fast-paced one.

*Traditionally, theatrical performances in France begin with three loud knocks *(les trois coups)* from backstage.

Questionnaire

1. Où sont les trois amis?   2. Qui est Chantal?   3. Nicole et Antoine sont à pied?
4. Où est le vélo de Chantal?   5. Le Guignol est chouette?

EXPLICATIONS I

Les déterminants possessifs pluriels

1 Note how to say *our, your,* and *their:*

(our)	**notre** frère	**nos** frères
(your)	**votre** sœur	**vos** sœurs
(their) {	**leur** frère	**leurs** frères
	leur sœur	**leurs** sœurs

2 You have learned that the possessive determiners agree in gender and number with the things possessed. Note that the possessives above are the same before both masculine and feminine nouns.

3 The *e* of *notre* and *votre* is pronounced before a word beginning with a consonant sound, but not before a word beginning with a vowel sound:

notre tante   notrҽ oncle   votre maison   votrҽ appartement

4 When *nos, vos,* and *leurs* appear before a word beginning with a vowel sound, there is liaison and the *s* is pronounced [z]:

noṣ copains   voṣ villas   leurṣ cartes
but: nos‿amis   vos‿hôtels   leurs‿images

5 Now review all the possessive determiners:

PERSON POSSESSING

je	mon frère	ma sœur	mes frères	mes sœurs
	mon ami	mon amie	mes amis	mes amies
tu	ton frère	ta sœur	tes frères	tes sœurs
	ton ami	ton amie	tes amis	tes amies
il, elle	son frère	sa sœur	ses frères	ses sœurs
	son ami	son amie	ses amis	ses amies
nous	notre frère	notre sœur	nos frères	nos sœurs
	notre ami	notre amie	nos amis	nos amies
vous	votre frère	votre sœur	vos frères	vos sœurs
	votre ami	votre amie	vos amis	vos amies
ils, elles	leur frère	leur sœur	leurs frères	leurs sœurs
	leur ami	leur amie	leurs amis	leurs amies

Exercices

A Répondez en employant *notre* ou *nos*. Suivez les modèles. *(Answer using the appropriate form of the determiner* notre *or* nos.)

1. C'est votre voisin?   *Oui, c'est notre voisin.*
2. Ce sont vos bateaux?   *Oui, ce sont nos bateaux.*

3. C'est votre voiture?
4. Ce sont vos parents?
5. C'est votre appartement?
6. C'est votre ami?

7. Ce sont vos copines?
8. Ce sont vos images?
9. C'est votre jardin?
10. Ce sont vos habits?

B A vous. *(Ask a clairvoyant Student B where your family's things are. Student B will answer using* dans votre maison, dans votre bureau, *or* dans votre garage.)

1. chaussures   —Où sont nos chaussures?
                  —Vos chaussures sont dans votre maison.

2. images
3. vélos
4. bateau à voiles

5. amis
6. livres
7. voiture

8. table et chaises
9. papier
10. magnétophone à cassettes

Début du Tour de France, Nice, 1981

C Substitution. Suivez les modèles. (*Replace the word in italics with the appropriate form of the determiner* leur *or* leurs.)

1. C'est l'appartement *de ses parents.*
   C'est *leur* appartement.
2. Ce sont *les* chapeaux *de Jean et de Guy.*
   Ce sont *leurs* chapeaux.

3. Voici *les* cahiers *de Sylvie et d'Yvette.*
4. Je vais à *la* villa *de M. Lafont et de sa sœur.*
5. Où est *l'*hôtel *d'Annie et de Marie-France?*
6. Où sont *les* affiches *de Serge et de Marie?*
7. Voilà *le* jardin *de mon oncle et de ma tante.*
8. Nous allons à *l'*usine *de M. Dupont et de son frère.*
9. Ce sont *les* habits *de Benoît et de Philippe.*

D Complétez les phrases. Suivez les modèles. (*Look at the pictures in each column. For the first column, say they are "ours." For the second column, say they are "yours." For the third column, say they are "theirs."*)

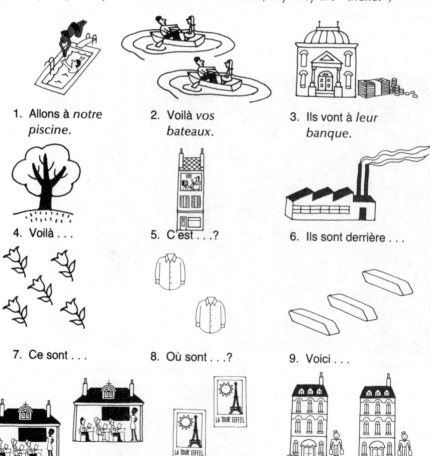

1. Allons à *notre* piscine.
2. Voilà *vos* bateaux.
3. Ils vont à *leur* banque.

4. Voilà . . .
5. C'est . . .?
6. Ils sont derrière . . .

7. Ce sont . . .
8. Où sont . . .?
9. Voici . . .

10. Voilà . . .
11. Où sont . . .?
12. Mes amis vont à . . .

Le Palais du Luxembourg

Dans un parc

On joue aux boules dans le Jardin des Tuileries.

Les Jardins de la Bagatelle, Paris

CONVERSATION

Prononciation

1 In French, a consonant at the very end of a word is usually not pronounced. Listen to the following words.

je vais   tu vas   ils vont
chez nous   chez vous   chez Raymond

2 Three consonants that very often are pronounced when they come at the end of a word are *c*, *l*, and *r*.

avec   parc   mal   il   bonjour   professeur

3 When certain very common words are followed by a word which begins with a vowel sound and with which they are closely linked, their final consonant is always pronounced. This is called "liaison."

allons!   nous   nous allons   allons-y!
                         [z]   [z]

allez!   vous   vous allez   allez-y!
                         [z]   [z]

4 When a word ends in the letter *e*, the consonant before it is always pronounced. Compare: Louis, Louise; port, porte.

Practice saying the final consonant sound in the following sentences.

Michèle est ma cousine.   La carte est dans la salle de classe.
Suzanne est ma voisine.   Madame Lafontaine va à la banque.
Vous allez à la campagne?   Vite, Daniel! Voilà le Guignol.
Nadine est ma voisine.   Nous allons dans le parc avec Luc.

Parlons de vous

1. Vous allez à l'école en autobus?
2. Vos amis sont dans votre classe de français? C'est chouette, votre classe?
3. Où sont vos livres? Où est le bureau de votre prof?

Qu'est-ce qui se passe?

Voilà Jeanne et Jacques qui vont à la campagne en vélo avec Claude. Où sont leurs vélos? Où est leur carte?

Pretend that you are Claude. Ask if the twins have their things and tell them to hurry.

EXPLICATIONS II

Les nombres 1 à 20

In French, the numbers 1 to 20 are as follows:

1	un	6	six	11	onze	16	seize
2	deux	7	sept	12	douze	17	dix-sept
3	trois	8	huit	13	treize	18	dix-huit
4	quatre	9	neuf	14	quatorze	19	dix-neuf
5	cinq	10	dix	15	quinze	20	vingt

Un is used only with masculine nouns: *un vélo*. Before feminine nouns, an *e* is added: *une moto*. The nasal sound [œ̃] changes and the n is pronounced: [yn].

Exercice

Determine the pattern in the following series of numbers, then continue them as far as you can.

1. un, trois, cinq, sept . . .
2. deux, quatre, six . . .
3. cinq, dix . . .
4. vingt, dix-neuf, dix-huit . . .

Les Jardins du Château de Villandry

Le verbe <u>avoir</u>

Look at the present tense of the verb *avoir*, "to have":

	SINGULAR		PLURAL	
1	j'**ai**	I have	nous **avons** [z]	we have
2	tu **as**	you have	vous **avez** [z]	you have
3	il ⎫ elle ⎬ **a** on ⎭ [n]	he has, it has / she has, it has / we have, they have	ils [z] ⎫ ⎬ **ont** elles ⎭ [z]	they have

1 When *je* comes before a verb form beginning with a vowel sound, the e is dropped. This is called "elision." In spelling, an apostrophe is used in place of the e. Thus, *je + ai → j'ai.*

2 In all of the plural forms of *avoir,* there is liaison between the pronoun and the verb. Remember that liaison *s* is pronounced [z]. The *n* of *on* also represents a liaison consonant here: *on a.*

Exercices

A Complétez les réponses. Suivez le modèle. *(Complete the answers using the appropriate form of the verb* avoir.)

1. Qui a l'image? Tu . . .
 Tu as l'image.

2. Qui a la voiture? Nous . . .
3. Qui a les bandes? Vous . . .
4. Qui a les chemises? Jeanne . . .

5. Qui a la moto? Paul . . . .
6. Qui a la cassette? J' . . .
7. Qui a la carte? Nous . . .

B Refaites les phrases d'après le modèle. *(Redo the sentences using the pronoun and the form of* avoir *that corresponds to the determiner in italics.)*

1. Ce sont *leurs* bateaux à voiles.
 Ils ont leurs bateaux à voiles.   OR   *Elles ont leurs bateaux à voiles.*

2. C'est *mon* maillot.
 J'ai mon maillot.

3. C'est *son* jean.
4. Ce sont *nos* bas.
5. C'est *votre* magnétophone.
6. C'est *ton* stylo.
7. Ce sont *mes* chaussettes.
8. Ce sont *vos* cahiers.
9. C'est *leur* livre.
10. Ce sont *ses* habits.
11. Ce sont *tes* crayons.
12. C'est *notre* craie.

C A vous. *(Tell Student B that you or your family has the items mentioned. Student B has something better.)*

1. sœur / vélo —Ma sœur a un vélo.
   —Et ma sœur, elle a deux vélos.
   OR
   Et ma sœur, elle a une moto.

2. frère / deux chemises
3. famille / maison
4. mère / deux voitures
5. cousins / bateau à voiles
6. je / trois cassettes
7. grands-parents / voiture
8. nous / garage
9. père / camion
10. nous / bateau

A Saint-Tropez

Les phrases négatives

Look at the following:

Je suis dans le parc.
La voiture est dans le garage.

Je **ne** suis **pas** chez moi.
Elle **n'est pas** devant la maison.

To make a French sentence negative, put *ne* before the verb and *pas* after it. *Ne* becomes *n'* before a word beginning with a vowel sound.

Exercices

A Répondez aux questions à la forme négative. Suivez le modèle. *(Answer the questions in the negative.)*

1. Vos parents ont trois bateaux?
   Non, nos parents n'ont pas trois bateaux.

2. Thomas va à l'école à pied?
3. La moto est dans le garage?
4. Tu as cinq frères?
5. J'ai son livre?
6. Il est dans le parc?
7. Claire et Jeanne sont en pantalon?
8. Ils vont de Nice à Cannes en moto?
9. Nous avons nos maillots?
10. Elles vont dans le jardin?

B Répondez d'après l'image. Suivez le modèle. *(If your answer is negative, tell where the person or object is located.)*

1. La voiture est dans le parc?
   Non, la voiture n'est pas dans le parc. Elle est dans le garage.

2. Les feuilles sont sur l'arbre?
3. La moto est derrière la maison?
4. Le jardin est devant la maison?
5. L'arbre est dans le jardin?
6. Le garçon est avec la jeune fille?
7. Leur mère est dans la maison?
8. La jeune fille est devant la maison?
9. Son frère est dans la voiture?
10. Les fleurs sont dans la maison?

RÉVISION ET THÈME

Consult the model sentences, then put the English cues into French and use them to form new sentences based on the models.

1. *Notre oncle et notre tante* sont devant leur garage.
   (Your (pl.) *bike and motorbike)*
   (Their shoes and shirts)

2. *Nous avons nos chapeaux.*
   (You (sing.) *have your boats.)*
   (They (f.) *have their sailboats.)*

3. *Son camion n'est pas* dans le garage. *Il est dans le parc.*
   (My car isn't)   *(It's under the tree.)*
   (Our bikes aren't)   *(They're on the grass.)*

4. *Il est chez lui, derrière son jardin.*
           (in front of his house)
           (with his neighbors (f.)*)*

5. *Nous avons deux copines.*
   (The tree has nine leaves.)
   (I have five trucks.)

6. *Ils vont à la campagne en avion* avec mes parents.
   (We're going to church by bus)
   (I'm going to the mountains by train)

Thème: Now put the English captions describing each cartoon panel into French to form a paragraph.

Marc and Chantal are in front of their house.

They have their bikes.

Their mother isn't in the house. She's in the garage.

Their father is behind the house, in his garden.

He has four flowers.

Marc and Chantal are going to the post office with their friends.

AUTO-TEST

A Replace the words in italics with the cues in parentheses. Be sure to change the possessive determiner to agree with the cue. Follow the model.

1. Anne est avec *son frère*. (copines)
   Anne est avec ses copines.

BONJOUR RAPIDITÉ.

Ma deuxième voiture : la RATP.

2. Nous allons à Cannes avec *notre tante*. (oncles)
3. Vous avez *vos jupes*. (robe)
4. Tu vas à la gare avec *ton voisin?* (voisine)
5. Ils ont *leurs motos*. (voiture)
6. Nous sommes avec *notre ami*. (amies)
7. Vous avez *votre vélo*. (motos)
8. Voilà *leur garage*. (jardins)

B Redo the sentences, spelling out each number.

1. Georges a 3 sœurs, 2 frères, 10 cousins, 13 cousines, 4 oncles et 5 tantes.
2. Dans la salle de classe, nous avons 19 élèves et 20 pupitres.
3. Monsieur Dupont a 16 crayons, 8 stylos, 3 gommes et 11 cahiers sur son bureau.

C Redo the sentences in the negative, using the correct form of the appropriate verb *aller, être,* or *avoir*. Follow the model.

1. Le drapeau . . . devant la poste.
   Le drapeau n'est pas devant la poste.

2. Vous . . . vos motos.
3. Je . . . à l'école à pied.
4. Nous . . . nos pull-overs.
5. Tu . . . à Nice en vélo.
6. Ce . . . mes cousines.
7. Tu . . . ma voiture.

8. Ils . . . à Paris par le train.
9. Elles . . . leurs bateaux à voiles.
10. Les feuilles . . . sur l'herbe.
11. Nous . . . en jean.
12. Vous . . . en pantalon et en blouse.

A l'entrée du métro

Interlude

Les loisirs des jeunes

How good are you at thinking up enjoyable things to do that don't cost much money? French teenagers have lots of experience at this. There are very few jobs for high-school students, so they must depend on a small weekly allowance. They must watch carefully every franc *spent on a paperback book or at a* café.

When they want to go somewhere, they seldom jump into the family car, because the minimum age for driving is eighteen. Instead, they walk, ride their bikes, or use public transportation.

French teens often go out en bande *(in a mixed group of boys and girls), each person paying his or her own way. This doesn't mean that they never pair off. In fact, young people usually have a boyfriend* (un petit ami) *or a girlfriend* (une petite amie) *within the group. Where do they go? They enjoy very much going to movies, especially to see American and Italian "westerns" and classic films. Most movie theaters have special student discounts. In some cities there are free youth centers* (Maisons des Jeunes et de la Culture), *where teenagers can dance or play games such as ping-pong and Foosball* (le babyfoot). *On the weekend, a group may decide early in the day to go somewhere special: to the beach, to a sports event, to museums, or to a place of historical interest. In the evening, on the way home, they may stop at one of their homes to listen to records and dance.*

Because of the long hours they spend at school and on homework, French young people often use their free time (sometimes only Sundays) to be outdoors. Many of them belong to clubs that sponsor skiing, tennis, or basketball. The most popular sport, of course, is soccer. Picnicking, camping, and hiking are also favorite pastimes.

What do French teens do at home besides study? Just about the same things as you. They like to read, watch television, and listen to the radio. They may have hobbies or collections. And those who play musical instruments have to practice. One thing they don't do, though, is talk on the phone for hours. Phone service can be rather expensive, so maman *and* papa *keep a sharp eye on how often it is used.*

On parle aux amis.

CHAPITRE 5

MOTS NOUVEAUX I

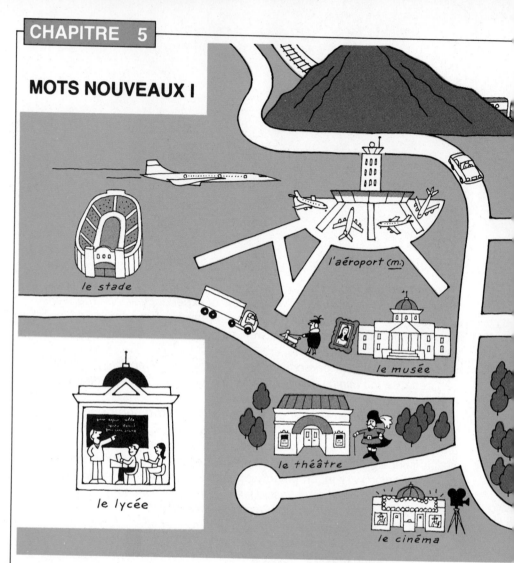

le stade

l'aéroport (m.)

le musée

le lycée

le théâtre

le cinéma

Nous sommes **au** lycée.[1]
—Où **est-ce que** tu vas**?**
—Je vais à la gare.
—Moi, aussi. Allons-y **ensemble!**
Ils vont à la gare.
à l'aéroport.
au stade.
aux château**x**.

We're **at the** high school.
Where are you going**?**
I'm going to the train station.
Me too. Let's go **together!**
They're going to the train station.
to the airport.
to the stadium.
to the castles.

[1] *L'école* means "school" in general; *le lycée* is roughly equivalent to an American high school.
Au = à + le; aux = à + les

le château

le port

l'opéra (*m.*)

le restaurant

l'agent (*m.*)

la rue

le bureau

le café

Où est le stade, **s'il vous plaît?**	*Where's the stadium, **please**?*
Il est **loin de** l'opéra.	*It's **far** from the opera house.*
près de l'aéroport.	***near** the airport.*
à côté de l'aéroport.	***next to** the airport.*
à gauche de l'aéroport.	***to the left** of the airport.*
Et le restaurant?	*And the restaurant?*
Il est à côté de l'opéra.	*It's next to the opera house.*
à droite de l'opéra.	***to the right of** the opera house.*
en face de la gare.	***opposite** the train station.*
Qu'est-ce qui est **au coin de la rue,**	***What's on the corner,** the restaurant*
le restaurant **ou** l'opéra?	*or the opera house?*
Le restaurant.	*The restaurant.*
L'autobus est au coin de la rue.	*The bus is at the corner.*

Exercices de vocabulaire

A Dites où vous allez d'après les images. Suivez le modèle. *(Tell where you are going according to the pictures.)*

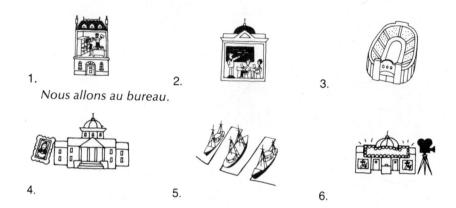

1. *Nous allons au bureau.*

2.

3.

4.

5.

6.

B Répondez d'après l'image. Suivez le modèle.

1. Qu'est-ce qui est à gauche du théâtre?[1]
   Le restaurant est à gauche du théâtre.

2. Qu'est-ce qui est à côté du cinéma?
3. Qu'est-ce qui est en face du café?
4. Qu'est-ce qui est au coin de la rue?
5. Qu'est-ce qui est près de l'aéroport?
6. Qu'est-ce qui est à droite du bureau?

7. Qu'est-ce qui est loin du restaurant?
8. Qu'est-ce qui est en face du théâtre?
9. Qu'est-ce qui est près du stade?
10. Qu'est-ce qui est à gauche du lycée?

[1]Du = de + le

MOTS NOUVEAUX II

–**Pardon,** madame. Est-ce que le
  restaurant est près d'**ici?**
–Oui, mademoiselle. Le restaurant
  est **là,** à côté de l'opéra.
–Merci **beaucoup,** madame.
–**Je vous en prie.**

Excuse me, ma'am. Is the restaurant
  *near **here?***
*Yes, miss. The restaurant is **there,***
  next to the opera house.
*Thank you **very much.***
You're welcome.

–Pardon, monsieur l'agent.
–**A votre service,**[1] mademoiselle.
–**Combien de** restaurants et **de**
  cinémas **est-ce qu'il y a** ici?[2]
–**Il y a** un cinéma et un restaurant.
–Le cinéma est loin d'ici?
–**Pas du tout,** mademoiselle. Il est
  là-bas.
–Ah oui! Il est en face de l'hôtel,
  n'est-ce pas?
–Oui, mademoiselle.

Excuse me, officer.
***At your service,** miss.*
***How many** restaurants and movie*
  *theaters **are there** here?*
***There's** one theater and one restaurant.*
Is the theater far from here?
***Not at all.** It's over there.*

Oh, yes! It's opposite the hotel,
  isn't it?
Yes, miss.

–Où est-ce que tu vas **maintenant?**
–Au parc, **maman (papa).**
–**Avec qui,** mon enfant?
–Avec Robert.
–Et **comment** est-ce que vous allez
  au parc?
–En vélo, maman (papa.)
–**Bon,** d'accord.

*Where are you going **now?***
*To the park, **Mom (Dad).***
***With whom,** dear?*
With Robert.
*And **how** are you getting to the park?*

On our bikes.
***Good.** OK.*

Exercice de vocabulaire

A vous. *(Ask Student B where a certain place is. Student B will answer, using the
map on p. 74).*

    –Pardon, _____. Où est _____?
    –Il est _____.
    –Merci beaucoup, _____.
    –Je vous en prie.

[1]Here *A* = *à*. When a letter that has an accent mark is capitalized, the accent mark is usually dropped.
[2]*Il y a* and *voilà* both mean "there is" and "there are." However, they are not interchangeable. Look at
these examples:

Voilà le camion.
Il y a un camion dans le garage.
Voilà les deux voitures.
Il y a aussi deux voitures dans le garage.

There's *the truck.*
There's *one truck in the garage.*
There are *the two cars.*
There are *also two cars in the garage.*

Use *voilà* to point something out. Otherwise use *il y a* to mean "there is" or "there are."

DIALOGUE

A Cannes

Michèle est à Cannes,* sur la Côte d'Azur, avec sa sœur Françoise. Elles vont au Palais des Festivals.* Maintenant elles sont au coin de la rue, près de l'hôtel Carlton.

MICHÈLE   Pardon, monsieur l'agent. Le Palais des Festivals, s'il vous plaît? Est-ce qu'il est loin d'ici?

5   L'AGENT   Pas du tout, mademoiselle. Il est là, en face de l'hôtel.

MICHÈLE   Merci beaucoup, monsieur.

L'AGENT   Je vous en prie, mademoiselle. A votre service.

*Cannes is a resort city on the Mediterranean in southeastern France. The Mediterranean is warm, and the area is ideal for swimming and boating. The sea is noted for its color, a deep blue known as azure. The French name for the Riviera—la Côte d'Azur—means "the Azure Coast."

*The Palais des Festivals is a convention hall where, among other events, the Cannes Film Festival is held.

la Côte d'Azur   *Cannes*

Questionnaire

1. Qui est avec Françoise?   2. Où sont Michèle et Françoise?   3. Où est-ce qu'elles vont?   4. Est-ce que le Palais des Festivals est loin ou près de l'hôtel?   5. Où est-ce qu'il est?

L'Hôtel Carlton

EXPLICATIONS I

Les phrases interrogatives

Il y a trois aéroports et dix gares à Paris. Marianne est
à l'aéroport Charles de Gaulle parce qu'elle va à Cannes
en avion. Sa famille est à Cannes. Son ami, René, va à
Cannes aussi. Voilà René, là-bas, devant l'avion.

1   There are several ways to ask questions in French. As you know, one way is simply
to raise the pitch of your voice on the last syllable of a sentence:

Marianne va à Cannes?   Oui, elle va à Cannes.

Another common way is to use *est-ce que:*

Est-ce que Marianne va à Cannes?   Oui, elle va à Cannes.

Note that before a word beginning with a vowel sound, *est-ce que* becomes
est-ce qu':

Est-ce qu'elle va à Cannes?   Oui, elle va à Cannes.

2   Note how the question words are used:

QUESTION	RESPONSE
Où est Marianne?	Elle est à Paris.
Où est-ce qu'elle va?	Elle va à Cannes.
Comment est-ce qu'elle va à Cannes?	Elle va à Cannes en avion.
Avec qui est-ce qu'elle va à Cannes?	Elle va à Cannes avec René.
Qui[1] est à Cannes?	La famille de Marianne est à Cannes.
Qu'est-ce qui est derrière René?	L'avion est derrière René.
Combien d'aéroports et **de** gares est-ce qu'il y a à Paris?	Il y a trois aéroports et dix gares à Paris.

3   *N'est-ce pas* is used at the end of a sentence and implies a "yes" answer. It has
several English equivalents:

Marianne va à Cannes, **n'est-ce pas?**   *Marianne is going to Cannes, **isn't she?***
Marianne et René vont à Cannes,   *Marianne and René are going to*
 n'est-ce pas?   *Cannes, **aren't they?***
Et moi, je vais à Cannes aussi,   *And I'm going to Cannes too, **aren't I?***
 n'est-ce pas?

4   One other question word that you know is *pourquoi,* "why":

Pourquoi est-ce qu'elle va à Cannes?   **Parce que** sa famille est là.
Je ne vais pas à Cannes.   **Pourquoi pas?**

[1]Like "who," *qui* is followed by a singular form of the verb unless people are mentioned:

    Qui est à l'aéroport?   *Who's at the airport?*
but: Qui sont Marianne et René?   *Who are Marianne and René?*

Exercices

A Formez des questions en employant *est-ce que*. Suivez le modèle. *(Make questions using* est-ce que.)

1. Etienne et son frère vont au cinéma.
   Est-ce qu'Etienne et son frère vont au cinéma?

2. La maison de leurs amis est près de la banque.
3. Les agents vont dans le parc.
4. Le camion est dans le garage.
5. Il y a deux restaurants au coin de la rue.
6. Votre bureau est en face de la gare.
7. Il y a deux arbres à côté de l'école.
8. Ses parents vont à Nice en bateau.

B Refaites l'Exercice A en employant *n'est-ce pas*. Suivez le modèle. *(Redo Exercise A using* n'est-ce pas.)

1. Etienne et son frère vont au cinéma.
   Etienne et son frère vont au cinéma, n'est-ce pas?

C A vous. *(Ask Student B as many questions as you can about the statement. Student B will answer according to the statement.)*

1. Georges va à Nice en voiture avec ses trois sœurs.
   Est-ce que Georges va à Paris?
   Où . . . ?
   Qui . . . ?
   Avec qui . . . ?
   Comment . . . ?
   Combien de . . . ?

2. Le théâtre est au coin de la rue, en face de la banque.
3. Ils vont à la plage en autobus parce qu'ils n'ont pas leur voiture.
4. Ses amis vont à New York avec leurs deux enfants.
5. Le musée est à droite de l'hôtel et à gauche de l'église.

D Formez des questions en employant *qui, qu'est-ce qui, où, comment, avec qui,* ou *combien*. Suivez le modèle.

1. _____? L'autobus.
   Qu'est-ce qui est au coin de la rue?
   L'autobus.

2. _____? Trois.
3. _____? En moto.
4. _____? Avec lui.
5. _____? A Chicago.
6. _____? Mon vélo.
7. _____? Moi.

Le Château de Chantilly

Les adjectifs comme <u>rouge</u>, <u>noir</u> et <u>joli</u>

VOCABULAIRE

---

de quelle couleur?	*what color?*	**jeune**	*young*
bleu, -e	*blue*	**joli, -e**	*pretty*
jaune	*yellow*	**facile / difficile**	*easy / difficult*
noir, -e	*black*	**possible / impossible**	*possible / impossible*
rouge	*red*	**riche / pauvre**	*rich / poor*

---

1 In French, adjectives have different forms and must agree with the person or thing they are describing. The forms are masculine and feminine, singular and plural. Look at the adjectives in the following sentences:

Le maillot est	**rouge.**	La robe est	**rouge.**
Les maillots sont	**rouges.**	Les robes sont	**rouges.**

An adjective whose masculine form ends in the letter *e* has identical masculine and feminine forms. In the plural, an *s* is added. All four forms are pronounced the same.

2 Now look at the adjectives *noir* and *joli:*

Le maillot est	**noir.**	Le chapeau est	**joli.**
Les maillots sont	**noirs.**	Les chapeaux sont	**jolis.**
La robe est	**noire.**	La jupe est	**jolie.**
Les robes sont	**noires.**	Les jupes sont	**jolies.**

Certain adjectives that end in a pronounced consonant or in a vowel other than *e* also have only one pronunciation. But they have four different written forms.

3 Look at the following:

Voilà ma robe bleue.	*There's my blue dress.*
but: Voilà ma jolie robe.	*There's my pretty dress.*
Voilà ma jolie robe bleue.	*There's my pretty blue dress.*

Most adjectives follow the noun. A few very common ones, such as *jeune* and *joli,* come before. For the moment, we will deal mostly with adjectives that follow the noun.

Exercices

A Substitution. Suivez le modèle. *(Replace the words in italics with the cues in parentheses.)*

1. *Le vélo* de Jean est rouge. (la moto)
   La moto de Jean est rouge.

2. *Le fils* de M. Lenoir est riche. (la fille)
3. *Le crayon* d'Hélène est jaune. (la gomme)
4. *L'oncle* de ma copine est jeune. (la tante)
5. *Le maillot* de mon amie est rouge. (la robe)
6. *L'ami* de Marie est pauvre. (la voisine)

B Tout en rond. Suivez le modèle. *(Ask Student B a question. Student B will answer, using the cue in parentheses and the possessive determiner* sa.)

1. Le chapeau de M. Leveau est noir, n'est-ce pas? (la chemise)
   Oui, et sa chemise est noire aussi.

2. Le maillot de mon amie est joli, n'est-ce pas? (la jupe)
3. Le pull-over d'Hélène est bleu, n'est-ce pas? (la blouse)
4. Le vélo de ton voisin est noir, n'est-ce pas? (la moto)
5. Le bureau de leur grand-père est jaune, n'est-ce pas? (la chaise)
6. Le camion de votre frère est bleu, n'est-ce pas? (la voiture)

C A vous. *(Ask Student B a question using* de quelle couleur? *Student B will answer according to the picture.)*

—De quelle couleur est la robe?
—Elle est jaune, n'est-ce pas?
—C'est ça. Elle est jaune.

CONVERSATION

Prononciation

You have learned the numbers from 1 to 20. When some of these numbers appear with other words, their pronunciation changes. Pronounce the numbers 1 through 10 in the following examples:

1. un un frère un oncle [n]

   une une gare une église

2. deux deux camions deux autobus [z]

3. trois trois cartes trois affiches [z]

4. quatre {quatre lycées *or:* quatre lycées} quatre écoles

5. cinq cinq feuilles cinq avions [k]

6. six six fleurs six arbres [z]

7. sept sept copains sept amis [t]

8. huit huit copines huit amies [t]

9. neuf neuf maisons neuf hôtels

10. dix dix professeurs dix élèves [z]

11–20. Most of the numbers from 11 through 20 have only one pronunciation. Two exceptions are *dix-huit*, which is like *huit*, and *vingt*:

   vingt gares vingt aéroports [t]

Parlons de vous

1. Comment est-ce que vous allez à l'école? à pied? en vélo?
2. Qu'est-ce qu'il y a dans votre salle de classe qui est jaune? noir? bleu?
3. Est-ce que votre maison ou appartement est loin de votre lycée?
4. Qu'est-ce qui est en face de votre maison? de votre lycée?
5. Est-ce que vous allez à la campagne? à la montagne? à la plage?
6. Comment est-ce que vous allez à la plage? Avec qui?

Qu'est-ce qui se passe?

Où est le lycée? *(The new teacher can't find his school. Imagine his conversation with the policeman.)*

The policeman wonders why Jacqueline is not in school today. Create a dialogue for them, using the words below if you wish.

L'AGENT	JACQUELINE
où / est-ce que / vous / aller / mademoiselle	chez moi / monsieur / agent
alors / vous / ne pas aller / école	non / je / ne pas aller / lycée
et / pourquoi pas	parce que / je / aller / campagne
avec qui / est-ce que / vous / aller	avec / grand-mère / monsieur
avec / grand-mère? / bon / au revoir / mademoiselle	au revoir / monsieur / agent

L'Opéra, Paris

EXPLICATIONS II

A et de

1 The word *à* has several meanings:

Je vais **à** Paris.	*I'm going **to** Paris.*
Je suis **à** Paris.	*I'm **in** Paris.*
Je vais **à** la plage.	*I'm going **to** the beach.*
Je suis **à** la plage.	*I'm **at** the beach.*

The word *de* also has several meanings:

Anne est l'amie **de** ma cousine.	*Anne is my cousin**'s** friend.*
Mon ami **de** New York est ici.	*My friend **from** New York is here.*

Both *à* and *de* are also part of many common expressions:

Ils vont **à pied.**	*They're going **on foot.***
Ils sont **à côté de** la porte.	*They're **next to** the door.*

2 Look at the following:

Voilà Paris.	Je suis **à** Paris.	Je suis près **de** Paris.
Voilà **la** porte.	Je suis **à la** porte.	Je suis près **de la** porte.
Voilà **l'**hôtel.	Je suis **à l'**hôtel.	Je suis près **de l'**hôtel.
Voilà **le** café.	Je suis **au** café.	Je suis près **du** café.

The prepositions *à* and *de* combine with the masculine definite determiner *le* to become *au* and *du*.

3 Look at the plural forms:

Voilà **les** portes.	Ils vont **aux** portes.	Ils sont près **des** portes.
Voilà **les** hôtels.	Ils vont **aux** hôtels.	Ils sont près **des** hôtels.
Voilà **les** cafés.	Ils vont **aux** cafés.	Ils sont près **des** cafés.

The prepositions *à* and *de* combine with the plural determiner *les* to become *aux* and *des*. Before a noun beginning with a vowel sound, the *x* and *s* are pronounced [z].

Exercices

A Répondez d'après les images. Suivez le modèle.

1. Où est-ce que tu vas?
   Je vais à la montagne.
2. Où est-ce que vous allez, mes amis?
3. Où est-ce qu'ils vont?

4. Où est-ce qu'il va?
5. Où est-ce que nous allons?
6. Où est-ce que tu vas, Jean?

B Combinez les phrases d'après les modèles. *(Combine the pairs of sentences according to the models.)*

1. Voici l'élève. Ce sont ses livres.
   Ce sont les livres de l'élève.
2. Voilà le copain de Guy. C'est son vélo.
   C'est le vélo du copain de Guy.
3. Voici la jeune fille. Ce sont ses robes.
4. Voici le professeur. C'est sa voiture.
5. Voici l'enfant. C'est sa chemise.
6. Voici l'agent. C'est son bureau.
7. Voilà l'ami de Guy. Ce sont ses bateaux.
8. Voilà le neveu de Mme Lafont. C'est son pull-over.

C Dites où vont les cinq agents de police. Suivez le modèle. *(Each day five policemen make their rounds. Tell where each of them goes.)*

1. Monsieur Leclerc . . . (les écoles / la poste / le parc)
   Monsieur Leclerc va aux écoles, à la poste et au parc.

2. Monsieur Alphonse . . . (l'opéra / le théâtre / les cinémas)
3. Monsieur Dupont . . . (les banques / les cafés / le musée)
4. Monsieur Lenoir . . . (les jardins / le lycée / l'hôpital)
5. Monsieur Bernard . . . (l'aéroport / la gare / le stade)

D A vous. *(Ask Student B to locate these items in the classroom. His or her answers should include the expressions* près de, loin de, à gauche de, *etc.)*

1. le bureau du professeur   —Où est le bureau du professeur?
   —Il est . . . .

2. la porte
3. la fenêtre
4. les pupitres des élèves
5. le tableau
6. la chaise du professeur
7. la corbeille

RÉVISION ET THÈME

Consult the model sentences, then put the English cues into French and use them to form new sentences based on the models.

1. *Voilà le cinéma.* Les élèves sont *là, près du cinéma.*
   (There's the theater.)   (here, across from the theater)
   (Here's the museum.)   (there, to the left of the museum)

2. *Le restaurant* est *à côté du musée.*
   (The hotel)   (on the corner)
   (The stadium) (far from the airport)

3. Il y a *cinq camions rouges devant l'hôtel.*
       (three yellow bikes behind the tree)
       (two blue cars in the garage)

4. Les motos sont *à droite de l'autobus.*
       (across from the factories)
       (next to the movie theater)

5. Les *quatre cousins* vont ensemble *au lycée près de la gare.*
   (six girlfriends)   (to the café to the right of the high school)
   (eight girls)   (to the beach far from the port)

Theme: Now put the English captions describing each cartoon panel into French to form a paragraph.

1. There's the opera house. The students are there, opposite the opera house.

2. The restaurant is on the corner.

3. There are two black cars near the restaurant.

4. The students are to the left of the cars.

5. They're going to the café to the right of the opera house.

Le Musée du Louvre, Paris

AUTO-TEST

A Make questions based on the statements, using an appropriate interrogative. Sometimes you may be able to ask more than one question. Follow the model.

1. Marie-Thérèse est là.
   Qui est là? Où est Marie-Thérèse?

2. Il y a trois bateaux à voiles.
3. Leurs chaussettes sont bleues.
4. Thomas et Frédéric vont au restaurant.
5. Le cinéma est en face du café.
6. Nous allons à notre villa par le train.
7. Jean est à l'aéroport.
8. Ils ne vont pas à la piscine parce qu'ils n'ont pas leurs maillots.

B Answer the questions using the cues in parentheses. Follow the model.

1. De quelle couleur sont tes chaussures? (noir)
   Mes chaussures sont noires.

2. De quelle couleur est ton pull-over? (rouge)
3. De quelle couleur est ta moto? (bleu)
4. De quelle couleur sont tes chemises? (jaune)
5. De quelle couleur sont tes livres? (noir)
6. De quelle couleur sont tes voitures? (bleu)

C Answer the questions using the cues in parentheses. Follow the models.

1. Où est-ce que tu vas? (la poste / près de / le lycée)
   Je vais à la poste près du lycée.
2. Où est l'aéroport? (loin de / les maisons)
   L'aéroport est loin des maisons.

3. Où est-ce qu'il va avec son frère? (le café / à côté de / le cinéma)
4. Où est-ce que tu vas? (la plage / près de / le port)
5. Où est-ce que vous allez? (les jardins / en face de / le château)
6. Où sont les habits du garçon? (sur la chaise / à gauche de / la table)
7. Où est-ce qu'elles vont? (le restaurant / en face de / le bureau)
8. Où est l'école? (loin de / les hôtels)
9. Où est-ce qu'ils vont? (la banque / à droite de / les usines)
10. Où vont leurs amis? (les musées / près de / le parc)

CLUB VENTE LOCATION MAGNETOSCOPES

TELEVISIO

Interlude

La télévision

Of course there is television in France, but it's not exactly what we're used to here. Television is not a private industry in France—it is financed and run by the government. So everyone who owns a TV must pay a yearly tax (la redevance) of about $40 for a black-and-white set and about $60 for a color set.

There are three channels to choose from: Télévision Française (TF 1), Antenne 2 (A2), and France Régions 3 (FR 3). All three come on the air in the afternoon most days, and usually sign off by around 11:30 P.M. For the most part, the programs include news, documentaries, sports, cultural and political talk shows, and feature-length films. Plays and operas are often filmed in theaters and then broadcast. From time to time, there are mini-series (les feuilletons) of five or six episodes. American series dubbed in French are also very popular.

There are other differences, too. For example, should you want to run to the kitchen for a snack at the next commercial break, you might find yourself waiting for a long time, because all commercials are shown between programs. The French find our practice of breaking up a show every few minutes for advertisements to be very odd.

Parents in France usually keep a careful eye on the programs that their families watch. If the network is showing something that might not be suitable for younger viewers, a white rectangle (le carré blanc) flashes on and off in the corner of the screen to alert parents. And TV sets often have little doors over the controls so that parents can lock the set when they don't want it turned on. Needless to say, most French teenagers watch much less TV than you do. But don't feel sorry for them—believe it or not, they manage to find lots of other ways to fill their time.

Magasin d'appareils électroniques à Paris

CHAPITRE 6

MOTS NOUVEAUX I

la télé

le journal télévisé

la télé   le journal télévisé   le documentaire

le journal

la pièce

le dessin animé

le film policier

jouer au football

jouer au football américain

jouer au tennis

–**Qu'est-ce que** Robert **aime?**
–Il aime les films policiers. Il
  aime **regarder** les journaux.
–Il aime jouer au football américain?
–Non, il **aime mieux** jouer au football.

What does Robert *like?*
He likes detective films. He
  likes to look at the newspapers.
Does he like to play football?
No, he prefers to play soccer.

Robert aime beaucoup **les sports** *(m. pl.)*.
Il joue au football **pendant que** son ami
  regarde **le match** de football à la télé.
      les matchs de tennis

Robert likes sports very much.
He plays soccer while his friend
  watches the soccer game on TV.
     the tennis matches

la radio

le disque

les devoirs

travailler

réviser ses leçons

parler

les cartes (f. pl.)

jouer aux cartes

les échecs (m. pl.)

jouer aux échecs

—Qu'est-ce qu'Annick aime?
—Elle aime **parler à** ses amis.
　　　　écouter les disques.
　　　　travailler dans le jardin.
—Elle n'aime pas les devoirs?
—Non, pas du tout! Mais pas du tout!

Annick n'aime pas **étudier.**
　　　　réviser **la leçon.**
　　　　le chapitre.

What does Annick like?
She loves **to talk to** her friends.
　　　　　to listen to records.
　　　　　to work in the garden.
She doesn't like homework?
Not at all! Absolutely not!

Annick doesn't like **to study.**
　　　to review **the lesson.**
　　　　　the chapter.

Exercices de vocabulaire

A Répondez d'après les images. Suivez le modèle.

1. Est-ce que Robert regarde le journal?
   Non, il ne regarde pas le journal. Il regarde la télé.

2. Est-ce qu'Annick regarde la pièce?

3. Robert aime les dessins animés?

4. Est-ce qu'Annick écoute la radio?

5. Est-ce que Robert joue aux cartes?

6. Annick aime le football?

7. Robert regarde le journal télévisé?

B A vous. *(Tell Student B what things you like or don't like, ranking your preferences:* je n'aime pas du tout, je n'aime pas, j'aime bien, j'aime beaucoup, *or* j'aime mieux.)

—J'aime beaucoup _____. Et toi?
—Moi, je n'aime pas du tout _____.
  J'aime mieux _____.

A Montréal

MOTS NOUVEAUX II

le matin

le petit déjeuner

l'après-midi (m.)

le déjeuner

l'après-midi (m.)

le goûter[1]

le soir

le dîner

—**Quand** est-ce que ton père va au
  bureau?
—Il va **toujours** au bureau **le matin**.[2]

—Est-ce qu'il est **toujours** là?
—**Euh** . . . non, pas maintenant.
—Où est-ce qu'il aime **déjeuner?**
                    déjeuner?
                    dîner?

—Il aime **rester** chez lui.
          préparer le dîner.

When does your father go to the
office?
He **always** goes to the office **in the
  morning.**
Is he **still** there?
Uh . . . no, not now.
Where does he like **to eat breakfast?**
                        to eat lunch?
                        to eat dinner?
He likes **to stay** at home.
        to make dinner.

[1] *Le goûter* is an afternoon snack. It may be bread and butter or jam and perhaps a cup of hot chocolate.
  Another very common snack is a piece of chocolate eaten with bread.
[2] *Le matin* means both "the morning" and "in the morning"; *l'après-midi (m.)* means "the afternoon" and
  "in the afternoon"; *le soir* means "the evening" and "in the evening."

Exercice de vocabulaire

Répondez aux questions. Suivez le modèle.

1. Quand est-ce qu'on prépare le petit déjeuner?
   On prépare le petit déjeuner le matin.

2. Quand est-ce qu'on prépare le goûter?
3. Est-ce qu'on va au lycée le soir?
4. Est-ce qu'on va au théâtre le matin?
5. Quand est-ce qu'on va au cinéma?
6. Est-ce qu'on dîne l'après-midi?
7. Quand est-ce qu'on prépare le dîner?
8. Est-ce qu'on regarde les documentaires le matin?

A la cantine du Lycée Louis-le-Grand, Paris

Un petit déjeuner français

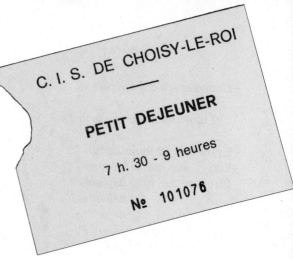

C. I. S. DE CHOISY-LE-ROI
—
PETIT DEJEUNER

7 h. 30 - 9 heures

№ 101076

Au Lycée Jeanne d'Arc, Rouen

DIALOGUE

Au lycée

Il est huit heures. André Gallet entre dans la salle de classe. Il est triste.

LE PROFESSEUR	Bonjour, André. Comment ça va?
ANDRÉ	Ça va mal, monsieur.*
LE PROFESSEUR	Pourquoi?
5 ANDRÉ	Parce que chez moi, mon frère regarde toujours les sports à la télé pendant que je révise mes leçons.
LE PROFESSEUR	Et alors?
ANDRÉ	Alors, j'aime étudier, mais j'aime aussi regarder les sports. Et quand mon frère . . .
10 LE PROFESSEUR	André!
ANDRÉ	Oui, monsieur?
LE PROFESSEUR	Où sont vos devoirs?*
ANDRÉ	Euh . . .

*Ça va mal = ça ne va pas. It means the opposite of ça va bien.
*Les devoirs is a masculine noun that is used in the plural to mean written homework. Note that the teacher uses the vous form (vos devoirs). Usually, elementary-school teachers use tu when talking to students and secondary-school teachers use vous.

Questionnaire

1. Où est André?   2. Comment est-ce qu'il est?   3. Pourquoi est-ce que ça va mal?   4. Qu'est-ce qu'il y a (= qu'est-ce qui est) à la télé pendant qu'André étudie?   5. Est-ce que le frère d'André aime regarder les sports? Et André aussi?   6. Est-ce qu'André a ses devoirs?

EXPLICATIONS I

Qu'est-ce qui / qu'est-ce que

1 Look at the following:

Qu'est-ce qui est sur la table? **La télé** est sur la table.
Qu'est-ce que ta mère regarde?
Qu'est-ce qu'elle regarde? Elle regarde **la télé.**

You know that *qu'est-ce qui* means "what" as the subject of a question ("What's on the table?"). *Qu'est-ce que* means "what" as the object of a question ("What's she watching?").

2 *Qu'est-ce qu'il y a* is usually used in place of *qu'est-ce qui est:*

Qu'est-ce qu'il y a sur la table? **What's** on the table?
Qu'est-ce qu'il y a à la télé? **What's** on TV?

3 Another common use of *qu'est-ce que* is in the expression *Qu'est-ce que c'est?* ("What's that?").

Exercices

A Tout en rond. *(Read the statement to Student B, then ask a question:* Qu'est-ce que . . . ? *Student B will answer according to the statement.)*

1. —Paul regarde le match à la télé. Qu'est-ce que Paul regarde à la télé?
   —Il regarde le match.

2. Son frère révise les leçons difficiles.
3. Marie aime les documentaires.
4. Pierre écoute son disque.
5. Elle aime les livres faciles.
6. On joue un film policier au cinéma.

B A vous. *(Ask Student B a question using* qu'est-ce qu'il y a *or* qu'est-ce qui est. *Student B will invent an answer.)*

1. sous la chaise —Qu'est-ce qu'il y a (Qu'est-ce qui est) sous la chaise?
   —Mes chaussures sont sous la chaise.

2. dans le parc
3. au coin de la rue
4. à la télé
5. derrière l'arbre
6. sur le bureau du prof
7. dans la salle de classe

Le Centre Georges Pompidou, Paris

Sur le toit du
Centre Pompidou

Les verbes réguliers en -er

	VOCABULAIRE		
aimer	to like, to love	**jouer (à)**	to play (games)
aimer mieux	to prefer	**montrer**	to show
apporter	to bring	**ouvrir**	to open
arriver	to arrive	**parler**	to talk, to speak
déjeuner	to have breakfast (lunch)	**porter**	to wear
demander	to ask, to ask for	**préparer**	to prepare, to fix
dîner	to dine, to have dinner	**regarder**	to look at, to watch
donner	to give	**rentrer** { à	to go back to
écouter	to listen to	de	to come back from
entrer dans	to go in, to come in	**rester**	to stay, to remain
étudier	to study	**réviser**	to go over, to review
fermer	to close	**travailler**	to work
habiter	to live, to live in		

Aller, avoir, and *être* are irregular verbs; that is, the six forms do not follow a pattern. Regular verbs do have a standard pattern. The most common class of regular verbs has infinitives ("to" forms) ending in *-er*. To get the present-tense forms, start with the "stem," which is the infinitive minus the *-er*, then add the appropriate ending *-e, -es, -e; -ons, -ez,* or *-ent:*

INFINITIVE: **regarder**
STEM: **regard-**

	SINGULAR	PLURAL
1	je regard**e**	nous regard**ons**
2	tu regard**es**	vous regard**ez**
3	il elle } regard**e** on	ils elles } regard**ent**

IMPERATIVE: **regarde! regardons! regardez!**

1 All three singular forms and the 3 pl. form are pronounced the same:

je regarde   tu regardes   il regarde   ils regardent

2 As with *tu vas* "you're going" and *va!* "go!" the *s* of the 2 sing. form does not appear in the imperative: *regarde!*

3 When a verb begins with a vowel sound, elision and liaison occur: *j'écoute, on écoute, nous écoutons, vous écoutez, ils écoutent, elles écoutent.* Remember that liaison *s* is always pronounced [z].

4 Although *ouvrir,* "to open," is not an *-er* verb, in the present tense its forms are just like those of *regarder.* The stem of *ouvrir* is *ouvr-* (*j'ouvre, tu ouvres,* etc.). The imperative forms are: *ouvre! ouvrons! ouvrez!*

5 Sometimes we use a preposition in English where the French do not:

J'écoute les disques.   *I'm listening to* the records.

Je regarde le professeur.   { *I'm looking at* the teacher.
                                  { *I'm watching* the teacher.

Je demande les cartes.   *I'm asking for* the cards.
J'habite l'hôtel.   *I live in* the hotel.

Similarly, the French sometimes use a preposition where we do not:

Je joue au tennis.   *I play* tennis.

J'entre dans le musée.   { *I'm entering* the museum.
                                  { *I'm going into* the museum.

Je montre[1] la voiture **à Jean.**   { *I'm showing John* the car.
                                  { *I'm showing* the car **to John.**

Je demande les cartes **à Jean.**   *I'm asking John* for the cards.

[1]*Apporter* and *donner* also follow this pattern: *J'apporte le livre à Jean; Je donne le livre à Jean.*

Exercices

A Répondez d'après les images. Suivez le modèle.

1. Qu'est-ce qu'elle ouvre?
   Elle ouvre les fenêtres.

2. Qu'est-ce qu'elle porte?

3. Où est-ce qu'il habite?

4. Qu'est-ce qu'elle demande?

5. Où est-ce qu'elle arrive?

6. Qu'est-ce qu'il donne à Martine?

7. Qu'est-ce qu'il apporte aux élèves?

8. Où est-ce qu'elle rentre?

9. Où est-ce qu'il entre?

B Répondez aux questions à la forme affirmative. Suivez le modèle. *(Answer the questions in the affirmative.)*

1. Tu écoutes le disque?
   Oui, j'écoute le disque.

2. Elles habitent Paris?
3. Vous ouvrez les fenêtres, madame?
4. Nous entrons dans le musée?

5. Il travaille à l'usine?
6. Vous rentrez du lycée?
7. Je parle aux professeurs?

C Répondez aux questions d'après le modèle.

1. Le prof regarde les devoirs. Et les élèves? (étudier la leçon)
   Les élèves étudient la leçon.

2. Nous arrivons chez toi. Et toi? (rentrer du cinéma)
3. J'apporte le journal à maman. Et ma sœur? (demander les cartes)
4. Ils montrent le jardin à M. Duclos. Et vous? (parler aux enfants)
5. Tu fermes la porte. Et lui? (ouvrir les fenêtres)
6. Catherine parle à ses amis. Et ses frères? (jouer au football)
7. Vous dînez au restaurant. Et moi? (rentrer à l'appartement)
8. Elles travaillent le matin. Et leur voisine? (rester chez elle)
9. Il révise le chapitre. Et nous? (jouer aux cartes)

D A vous. Imaginez ("imagine") le dialogue d'après les images. Suivez le modèle.

—Joue au tennis avec moi!
—Mais je n'aime pas jouer au tennis!
—Alors, jouons aux cartes!
—D'accord.

1. jouer

2. regarder

3. écouter

4. travailler

5. déjeuner

E Complétez les phrases. *(Use the appropriate form of each verb in the correct slot. You will use each verb once.)*

1. Les Leclerc . . . quatre enfants maintenant. Ils . . . toujours Montréal, où M. Leclerc . . . à l'hôpital. *(travailler / habiter / avoir)*

2. L'après-midi les jeunes filles . . . au tennis. Le soir elles . . . leurs leçons pendant que tu . . . la télé. *(regarder / réviser / jouer)*

3. Notre mère . . . à la banque et nos grands-parents . . . à la maison avec nous. Le soir nous . . . chez nous ou au restaurant au coin de la rue. *(travailler / rester / dîner)*

4. Vous . . . la porte et Thomas . . . dans la maison. Il . . . son pull-over rouge et son jean. Il . . . du lycée. *(rentrer / porter / ouvrir / entrer)*

CONVERSATION

Prononciation

The vowel sound [e] is produced with the lips in a smiling position and the jaws held very steady.

A Listen to the following words, then say them aloud. Be sure to hold your jaws absolutely steady as you pronounce the [e] sound.

c'est	chez	les	le cahier	le papier
le café	l'école	l'église	la télé	le lycée

B Carefully pronounce the [e] sound in the following words. Pronounce each syllable with equal stress.

aller   entrer   regarder   étudier   réviser

C Listen to the following sentences, then say them aloud.

C'est le café.   J'aime regarder la télé.
Allez chez René.   Edith révise ses leçons.
Il est chez André.   Bénédicte aime étudier.

Parlons de vous

1. Est-ce que vous aimez regarder la télé? Qu'est-ce que vous aimez regarder à la télé? les documentaires? les films?
2. Qu'est-ce que vous aimez mieux: écouter la radio ou regarder la télé? Est-ce que vous écoutez la radio ou les disques pendant que vous étudiez?
3. Est-ce que vous travaillez beaucoup? Vous aimez étudier?
4. Est-ce que vous aimez regarder le journal? Est-ce que vous aimez mieux regarder les journaux ou le journal télévisé?
5. Est-ce que vous habitez loin du lycée? Vous restez chez vous le soir? Non? Alors, où est-ce que vous aimez aller? au cinéma? au restaurant?

Qu'est-ce qui se passe?

Marie Guichard habite Montréal. Qu'est-ce qu'elle regarde le matin? Où est-ce qu'elle travaille? Elle travaille beaucoup l'après-midi? Et le soir?

Now you are going to interview Marie. Make questions using the notes on the pads if you wish.

EXPLICATIONS II

Les adjectifs comme <u>petit</u>, <u>heureux</u>, <u>blanc</u>

VOCABULAIRE			
blanc, blanche	*white*	**généreux, généreuse**	*generous*
gris, grise	*gray*	**avare**	*stingy*
vert, verte	*green*		
		heureux, heureuse	*happy*
laid, laide	*ugly*	**triste**	*sad*
grand, grande	*big, large; tall*		
petit, petite	*little, small; short*	**paresseux, paresseuse**	*lazy*
		énergique	*energetic*

---

1 Look at the adjective *petit* in the following sentences:

Le camion est **petit**.   La voiture est **petite**.

Les camions sont **petits**.   Les voitures sont **petites**.

Most adjectives whose masculine form ends in a silent consonant have feminine forms ending in e.[1] Remember that a consonant followed by e is always pronounced:

Le por~~t~~ est peti~~t~~.   *but:* La porte est petite.

Les por~~ts~~ sont peti~~ts~~.   *but:* Les portes sont petites.

2 Adjectives like *heureux* and *blanc* also have masculine and feminine forms pronounced differently. In addition, they show special features of spelling:

Son frère est **heureux**.   Sa sœur est **heureuse**.

Ses frères sont **heureux**.   Ses sœurs sont **heureuses**.

Le maillot est **blanc**.   La robe est **blanche**.

Les maillots sont **blancs**.   Les robes sont **blanches**.

Almost all adjectives whose masculine forms end in *eux* have feminine forms ending in *euse*. The masculine singular and plural forms are the same.[2]

There are very few adjectives like *blanc*. It is the only one of its type that you will learn this year.

---

[1] Note, however, that there is no e on the word *grand* in *la grand-mère*. The plural forms are *les grands-pères, les grands-mères,* and *les grands-parents.*

[2] A singular adjective or noun that ends in x or s does not add s to form the plural. For example: *l'autobus gris, les autobus gris; son fils paresseux, ses fils paresseux.*

Exercices

A Substitution. Répondez d'après le modèle. *(Answer using the cues in paren-theses.)*

1. Le fils de Mme Renoir est triste? (la fille)
   Non, mais sa fille est triste.

2. Le grand-père de Christian est avare? (la grand-mère)
3. Le copain de Guy est énergique? (la sœur)
4. Le chapeau d'Aude est joli? (la robe)
5. Le bureau du professeur est noir? (la chaise)
6. Le voisin d'Yvette est riche? (la voisine)

B Répondez en employant un antonyme des mots en italique. Suivez les modèles.
(Answer using the adjective that means the opposite of the one given.)

1. Est-ce que les vélos sont *noirs*? *Mais non, ils sont blancs.*
   Et les motos? *Elles sont blanches aussi.*

2. Est-ce que vos frères sont *énergiques*? Et vos sœurs?
3. Est-ce que les tableaux sont *grands*? Et les affiches?
4. Est-ce que les devoirs sont *difficiles*? Et les leçons?
5. Est-ce que vos grands-pères sont *avares*? Et vos grands-mères?
6. Est-ce que vos oncles sont *tristes*? Et vos cousines?

TF1

12.25 AU NOM DE LA LOI.
Série avec Steve McQueen (Josh Randall).
Campagne électorale. Josh Randall se trouve pris dans les remous électoraux de Crater City et est accusé du meurtre du frère de Barney Pax, le peu recommandable maire de la ville. La situation est d'autant plus compliquée que Randall appuie la candidature de l'un de ses amis, Ned Easter, opposé au clan des Pas.

13.00 JOURNAL.

13.35 CHAPEAU MELON ET BOTTES DE CUIR.
Série de John Krish. Avec Patrick Mac Nee, Diana Rigg, James Hayter.
Une petite gare désaffectée. Lorsqu'un sujet de Sa Majesté n'est pas à l'heure dite à un rendez-vous donné, nul doute, lui est arrivé quelque chose : lorsque cet homme se nomme Lucas, qu'il est chargé par son gouvernement de dépister les terroristes et qu'il doit prendre contact avec Steed et Emma, nul doute, il a été assassiné.

14.25 HISTOIRE DE LA MUSIQUE POPULAIRE.
Le music-hall.
Avant 1900, on appelait « music-hall » toute la musique populaire. Cette dernière, bien sûr, n'est pas entièrement d'origine noire. En Europe, le spectacle de music-hall présentait un divertissement né en réaction aux idées victoriennes. Peu à peu, le music-hall va évoluer et bientôt les nouvelles inventions, la radio et la télévision vont jouer un rôle important.

A2

10.30 A2 ANTIOPE.
Nouvelles en bref.

11.50 JOURNAL DES SOURDS ET DES MALENTENDANTS.

12.15 CYCLISME.
Résumé du Tour de France.
La Vie en jaune.

12.45 JOURNAL.

13.35 MOI AUSSI JE PARLE FRANÇAIS.
Emission de Robert Seguin.
La Martinique.
Avec la participation de : MM. Jean Barnabé, sociolinguiste, Centre universitaire Antilles-Guyane ; Vincent Placoly, écrivain et professeur ; Aimé Césaire, maire de Fort-de-France ; Edouard Glissant, directeur de l'Institut d'études martiniquaises ; Fred Fardin, enseignant.

14.00 LES JEUX DU STADE.
Emission du service des sports.

FR3

18.55 EMISSION POUR LA JEUNESSE.
Mon ami Guignol. Le Ballon.

19.10 JOURNAL.

19.20 ACTUALITES REGIONALES.

19.40 EMISSION POUR LA JEUNESSE.
Oum le Dauphin.
Enfants de Samoa.

20.00 LES JEUX D'ETE.
Proposé par Jacques Antoine

Quelle heure est-il?

Il est une heure.   Il est **neuf heures.**[1]   Il est **midi.**   Il est **minuit.**

A quelle heure est-ce que vous allez à l'école?

Je vais à l'école **à 8 h.**[2]

Je rentre chez moi **à 2 h.**

A quelle heure est-ce que tu arrives?

J'arrive **à 10 h. du matin.**
       à 3 h. de l'après-midi.
       à 9 h. du soir.

What time do you go to school?

I go to school **at 8:00.**

I return home **at 2:00.**

What time are you arriving?

I'm arriving **at 10:00 A.M.**
       at 3:00 P.M.
       at 9:00 P.M.

Exercice

Quelle heure est-il? Répondez d'après les images.

1.   2.   3.   4.   5.

6.   7.   8.   9.

[1]When *neuf* comes before the word *heures,* the *f* is pronounced [v].
[2]The abbreviation for *heure* or *heures* is *h.*

RÉVISION ET THÈME

Consult the model sentences, then put the English cues into French and use them to form new sentences based on the models.

1. Il est *huit heures. Madame Lambert arrive à l'usine.*
    (six o'clock) (Mr. Lambert returns from the office.)
    (two o'clock) (Gigi and Paul Lambert go into the house.)

2. *Jean est paresseux.*
    (Louise is happy.)
    (Eric is sad.)

3. *Il regarde la télé* pendant que *sa sœur travaille.*
    (She's playing chess)   (her brother makes lunch)
    (He's going over the lesson) (his friends play football)

4. *A quatre heures il prépare le goûter.*
    (At noon they eat lunch.)
    (At seven o'clock we eat dinner.)

5. *L'après-midi, j'aime jouer aux cartes.*
    (you (pl.) like to look at the newspapers)
    (you (sing.) like to listen to the radio)

Thème: Now put the English captions describing each cartoon panel into French to form a paragraph.

It's 5:00. Andrée is returning from school.

She's energetic. She plays tennis while her brother listens to the radio.

At 7:00 her family eats dinner.

In the evening, they like to watch TV.

AUTO-TEST

A Answer the questions using the cues in parentheses. Follow the model.

1. Quand il rentre de l'école, Georges aime jouer au football. Et toi?
   (aimer jouer au football américain)
   Moi, j'aime jouer au football américain.

2. Les garçons écoutent la radio. Et vous? (regarder la télé)
3. Guy et Luc jouent aux échecs. Et nous? (préparer le goûter)
4. Ses fils vont à l'école. Et ses filles? (travailler au bureau)
5. Maintenant nous dînons. Et vous? (regarder le journal télévisé)
6. Il aime déjeuner au café. Et moi? (aimer mieux rester ici)
7. Claude donne son livre à Marie. Et elle? (demander son cahier à Claude)
8. Grégoire et Christine montrent l'affiche à Henri. Et toi? (montrer les images à Cécile)

B Answer the questions according to the pictures.

1. A quelle heure est-ce que tu vas à l'école?
   Je vais à l'école à huit heures.

2. A quelle heure est-ce que tu déjeunes?

3. A quelle heure est-ce que tu joues au tennis?

4. A quelle heure est-ce que tu rentres du bureau?

5. 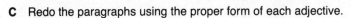 A quelle heure est-ce que tu dînes?

C Redo the paragraphs using the proper form of each adjective.

1. Martin va toujours au lycée à 8 h. du matin. Il est *(grand)*. Il porte son pantalon *(bleu)*, sa chemise *(blanc)* et son pull-over *(rouge)*. Ses chaussettes sont *(bleu)* aussi, mais ses chaussures sont *(noir)*.

2. Françoise n'est pas du tout *(paresseux)*. Elle travaille à la banque. Aujourd'hui elle porte sa jupe *(vert)*, ses bas *(gris)* et sa blouse *(blanc)*. Ses chaussures sont *(gris)* et son chapeau est *(vert)*. Ses habits sont *(joli)*, n'est-ce pas?

Interlude

Noël

If you were to hang a stocking in front of the fireplace in France, it might still be empty on Christmas morning. You would probably have better luck if you left your shoes there, because that's where le Père Noël *likes to leave presents. Le Père Noël is an old man in a very long coat—something like our Santa Claus, though without any flying reindeer.*

The French celebration of Christmas has many traditions, some of them very old. The Christmas tree is a fairly recent addition to the holiday there, so not every family puts one up. On the other hand, la crèche *(literally, "the crib") is a very ancient custom, and almost every family has one. La crèche is a manger scene with tiny statues, not only to represent Mary, Joseph, and the shepherds, but also the townspeople of Bethlehem—the baker, the tailor, the woodsman, and so on. Most of the figurines (called* santons*) are made in the Provence region of southern France, where the custom of displaying a crèche originated over 800 years ago.*

On Christmas Eve, the younger children are sent off to bed, and the rest of the family usually goes to church. Most churches have a midnight service, which may include a candlelight procession with choirs singing carols. Imagine the awe you would feel if you could be there, knowing that the church you were in might have been standing for almost a thousand Christmases!

After the service, everyone goes home for a late supper called le réveillon. *The meal varies from region to region. In Brittany (la Bretagne), paper-thin pancakes (crêpes) are eaten with sour cream. In Burgundy (la Bourgogne), they eat turkey with chestnut dressing. In the area surrounding Paris (l'Ile de France), oysters and pâté de foie gras (a spread made from goose livers) are traditional.*

When the meal is over, everyone goes to bed—after leaving their shoes in front of the fireplace, of course. Sometime during the night, le Père Noël *stops by to fill the shoes with candy and small presents, leaving larger gifts next to the appropriate pair of shoes.*

CHAPITRE 7

Il fait chaud.

Il fait froid.

Il gèle.

Il fait du vent.

Quel temps fait-il?

Il pleut.

Il fait beau.
Il fait du soleil.

Il neige.

Il fait mauvais.

Il fait frais.

A Paris.

–Quel temps fait-il **aujourd'hui?**	*What's it like out **today**?*
–Va **regarder par** la fenêtre.	*Go **look out** the window.*
–**Zut!** Il pleut. Il fait **souvent** mauvais ici?	***Darn!*** *It's raining. Is the weather **often** bad here?*
–**Pas souvent. Quelquefois** il fait beau. Allons déjeuner!	***Not often. Sometimes*** *it's nice out. Let's go have breakfast!*
–**Chic!**	***Great!***

–**En quelle saison** est-ce qu'il fait beau à Paris?	***In what season*** *is the weather nice in Paris?*
–Il fait beau **au printemps.** Il fait chaud **en été,** mais pas **trop** chaud. Il fait frais **en automne.** Il fait froid **en hiver,** mais pas trop froid.	*It's nice **in the spring.** It's hot **in the summer,** but not **too** hot. It's cool **in the fall.** It's cold **in the winter,** but not too cold.*
–Il pleut beaucoup en été et en automne.	*It rains a lot in the summer and the fall.*

–Est-ce qu'il neige à Paris?	*Does it snow in Paris?*
–Oui, mais **pas beaucoup**. Il gèle quelquefois, mais il n'y a **presque** pas de glace sur la Seine.	*Yes, but **not a lot**. It freezes some-times, but there's **almost** no ice on the Seine.*
–Quand il fait très froid, je n'aime pas aller **dehors.**	*When it's very cold, I don't like to go **outdoors**.*
–J'aime rester **à l'intérieur** aussi.	*I like to stay **indoors,** too.*

Marché au Vieux-Nice

Exercices de vocabulaire

A Répondez d'après les images. Suivez le modèle.

1. Est-ce qu'il fait
   mauvais?
   Non, il fait beau.

2. Est-ce qu'il fait froid?

3. Est-ce qu'il fait chaud?

4. Est-ce qu'il fait du
   soleil?

5. Est-ce qu'il gèle?

6. Est-ce qu'il fait beau?

7. Est-ce qu'il neige?

8. Est-ce qu'il pleut?

9. Est-ce qu'il fait frais?

B Répondez aux questions.

1. Est-ce qu'il gèle en hiver chez vous? Presque toujours ou quelquefois? Est-ce
   que vous aimez la glace?
2. Est-ce que vous aimez la neige? Est-ce que vous aimez aller dehors quand il
   fait froid?
3. Est-ce que vous aimez mieux le soleil ou la pluie?
4. En quelle saison est-ce que les feuilles sont rouges et jaunes?
5. En quelle saison est-ce qu'on joue au football américain?
6. Quel temps fait-il aujourd'hui?

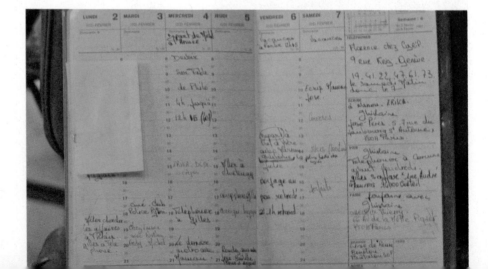

MOTS NOUVEAUX II

	L	M	M	J	V	S	D
		1	2	3	4	5	6
une semaine →	7	8	9	10	11	12	13
	14	15	16	17	18	19	20
un jour →	21	22	23	24	25	26	27
	28	29	30	31			

} un mois

Pour le premier mai

Il y a combien de jours dans une semaine? Il y a 7 jours dans une semaine.

de **mois**	**une année?**	12 mois	une année.
de **mois**	**une saison?**	3 mois	une saison.
de **saisons**	**une année?**	4 saisons	une année.

Les quatre saisons sont:

le printemps   **l'été** *(m.)*   **l'automne** *(m.)*   **l'hiver** *(m.)*

Les douze mois de l'année sont:

janvier   février   mars   avril   mai   juin
juillet   août   septembre   octobre   novembre   décembre

Les sept jours de la semaine sont:

lundi   mardi   mercredi   jeudi   vendredi   samedi   dimanche

–**Quel jour sommes-nous?**
–**Nous sommes** lundi (mardi, mercredi, etc.).

What day is it?
It's Monday (Tuesday, Wednesday, etc.).

–**Quelle est la date?**
–**C'est aujourd'hui le premier** janvier.
C'est aujourd'hui **le deux** février.

What's the date?
It's January 1.
It's February 2.

C'est aujourd'hui **le vingt et un** mars.

vingt-deux, vingt-trois,
vingt-quatre, vingt-cinq, vingt-six,
vingt-sept, vingt-huit, vingt-neuf,
trente, trente et un

21	22	23	24	25	26	27
28	29	30	31			

–**Après les vacances**[1] **de Noël,** quand est-ce qu'on rentre au lycée?
–On rentre au lycée
après le premier janvier.
avant le dix janvier.
vers le quatre ou le cinq janvier.

After Christmas vacation, when do you go back to school?
We go back to school
after the first of January.
before the tenth of January.
around the fourth or fifth.

[1]*Les vacances* is a feminine noun that is always used in the plural.

Exercices de vocabulaire

A Répondez d'après l'image.

1. Est-ce qu'il fait chaud?
2. Est-ce qu'il pleut?
3. Est-ce qu'il gèle?
4. Ils sont à la montagne?
5. Quelle est la date?
6. C'est avant ou après les vacances de Noël?
7. Quelle est la saison?
8. Quels sont les mois de la saison?
9. Il neige souvent en hiver?

le 13 janvier

B Répondez d'après l'image.

1. Quel temps fait-il?
2. Est-ce qu'il fait froid?
3. Est-ce qu'il fait du soleil?
4. Elles jouent aux cartes?
5. Elles sont à l'intérieur?
6. Quelle est la date?
7. Quelle est la saison?
8. Quels sont les mois de la saison?

le 15 juillet

C Répondez d'après l'image.

1. Quel temps fait-il?
2. Est-ce qu'il fait beau?
3. Combien d'arbres et de fleurs est-ce qu'il y a?
4. Quelle est la date?
5. Quelle est la saison?
6. Quels sont les mois de la saison?
7. Il pleut souvent au printemps?

le 20 avril

D Répondez d'après l'image.

1. Quel temps fait-il?
2. Est-ce qu'ils jouent au tennis?
3. Quelle est la date? la saison?
4. Quels sont les mois de la saison?
5. De quelle couleur sont les feuilles en automne?
6. Est-ce qu'il fait quelquefois très chaud en automne?

le 18 octobre

Dans les Alpes

DIALOGUE

Mercredi matin

Nous sommes mercredi, neuf heures du matin, le premier décembre. Catherine
écoute la radio. Sa sœur, Annick, regarde par la fenêtre.

ANNICK	Oh zut! Il neige.
CATHERINE	Il neige?! Chic! Allons dans le jardin.*
5 ANNICK	Mais non. Il fait trop froid dehors.
CATHERINE	Bof . . . .*Tu es trop paresseuse.
ANNICK	Je ne suis pas paresseuse, moi. Mais quand il fait froid, j'aime mieux rester à l'intérieur.
CATHERINE	Toi, tu es toujours difficile.

* *Le jardin* is the area surrounding the house. A vegetable garden is *un jardin potager;* a flower
garden is *un jardin d'agrément.*

*This expression is usually accompanied by a shrug, which to the French is a sign of annoyance or
indifference.

Questionnaire

1. Quelle heure est-il?   2. Quelle est la date?   3. Qu'est-ce que Catherine fait? Et
sa sœur, qu'est-ce qu'elle fait?   4. Est-ce qu'Annick est heureuse quand il neige? Et
Catherine?   5. Pourquoi est-ce qu'Annick n'aime pas aller dehors quand il neige?
6. Où est-ce qu'elle aime mieux rester?

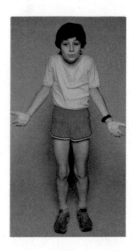

Bof!

EXPLICATIONS I

Les verbes en -ir/-iss-

VOCABULAIRE			
choisir	*to choose*	**finir**	*to finish*
grossir	*to gain weight*	**jaunir**	*to turn yellow*
maigrir	*to lose weight*	**rougir**	*to turn red, to blush*

Most verbs whose infinitive form ends in *-ir* follow this pattern in the present tense:

	SINGULAR	PLURAL
1	je **finis**	nous **finissons**
2	tu **finis**	vous **finissez**
3	il elle on } **finit**	ils elles } **finissent**

IMPERATIVE: **finis! finissons! finissez!**

1 The plural forms have a stem ending in *iss (finiss-),* to which the plural endings *-ons, -ez, -ent* are added.

2 For the singular forms, the *ss* of the plural stem is dropped *(finiss- → fini-)* and the endings *-s, -s, -t* are added. All three singular forms are pronounced the same.

3 Remember that in the present tense, *ouvrir* follows the pattern of regular *-er* verbs.

Exercice

Complétez les phrases en employant la forme correcte du verbe. *(Complete the sentences using the correct form of the verb.)*

1. Vers le premier octobre, les feuilles des arbres *(jaunir)*.
2. Est-ce que tu *(choisir)* toujours tes habits? Presque toujours, mais quelquefois ma mère *(choisir)* mes chemises.
3. Nous *(finir)* nos devoirs et après nous *(aller)* dehors. Quand nous *(jouer)* au tennis ou au football nous ne *(grossir)* pas.
4. Moi, je *(grossir)*. Mais toi, tu *(maigrir)* parce que tu ne *(déjeuner)* pas.
5. Quand est-ce que vous *(rougir)?* Eh bien, nous *(rougir)* quand nous ne *(réviser)* pas nos leçons et quand le professeur *(demander)* pourquoi.
6. Le professeur *(entrer)* dans la salle de classe: "*(Ouvrir)* vos livres! *(Finir)* vos devoirs!" Les élèves *(ouvrir)* leurs livres et leurs cahiers et ils *(finir)* leurs devoirs avant onze heures.

Les nombres 21–69

VOCABULAIRE					
trente	*thirty*	**cinquante**	*fifty*	**zéro**	*zero*
quarante	*forty*	**soixante**	*sixty*		

1 When the numbers 21 through 29 are used before nouns, they follow the pronunciation pattern of the numbers 1 through 9. For example:

vingt et un garçons   *but:* vingt et un amis (vingt et une amies)
    [t]   [t]   [n]   [t]

vingt-deux fleurs   *but:* vingt-deux arbres
                                       [z]

2 The numbers 30 through 69 are formed like this:

trente, trente et un, trente-deux, trente-trois . . .
quarante, quarante et un, quarante-deux, quarante-trois . . .
cinquante, cinquante et un, cinquante-deux, cinquante-trois . . .
soixante, soixante et un, soixante-deux, soixante-trois . . .

Exercices

A Look at a calendar for this year and write the dates in French for the occasions listed below. Include the day, the date, and the month. Then say them aloud. Follow the model.

1. Memorial Day   *C'est lundi, le . . . mai.*

2. New Year's Day
3. Valentine's Day
4. St. Patrick's Day
5. April Fool's Day
6. Mother's Day
7. Father's Day
8. Bastille Day
9. Labor Day
10. Halloween
11. Thanksgiving
12. Christmas
13. Your birthday

B French license plates are written like this: 4502 DD 53. They can be said like this: *quarante-cinq zéro deux DD cinquante-trois.* Look at the license plates, write them in French, and practice saying them aloud.

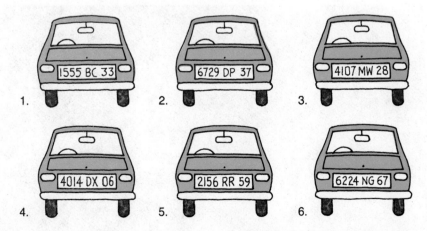

1. 1555 BC 33
2. 6729 DP 37
3. 4107 MW 28
4. 4014 DX 06
5. 2156 RR 59
6. 6224 NG 67

CONVERSATION

Prononciation

Liaison consonants join two words into a single pronunciation unit. The liaison consonants that you have learned are the plural markers *s* and *x*, which are pronounced [z], and the *n* in *on, mon, ton, son,* and *en*.

A   Listen carefully, then say the following sentences aloud.

Nous apportons nos affiches.

Vous avez deux enfants.

On arrive en avion.

Vous aimez vos amis.

Nous arrivons à trois heures.

Mon oncle aime son appartement.

B   When *-er* verbs begin with a vowel sound, the [z] sound of the liaison *s* lets you know that the subject and verb are plural. Say the following singular and plural sentences aloud.

Elle écoute l'élève.

Elle apporte l'image.

Il entre dans l'appartement.

Elle aime l'opéra.

Il arrive devant l'usine.

Il habite l'hôtel.

Elles écoutent les élèves.

Elles apportent les images.

Ils entrent dans les appartements.

Elles aiment les opéras.

Ils arrivent devant les usines.

Ils habitent les hôtels.

Parlons de vous

1. Quel jour sommes-nous aujourd'hui? Quelle est la date?
2. Quel temps fait-il chez nous au printemps? en été? en hiver?
3. En quelle saison est-ce que vous n'allez pas à l'école?
4. Vous aimez les vacances? Est-ce que vous allez loin de chez vous?
5. Vous maigrissez en été? Vous grossissez en hiver?
6. En quelle saison est-ce que vous rentrez à l'école après les vacances? Vers quelle date? Vous choisissez vos habits pour l'école? Vous finissez toujours vos leçons?
7. Où est-ce que vous aimez aller quand il fait beau? quand il neige?

Le 14 juillet à Mouy (Oise)

Qu'est-ce qui se passe?

Voici Monsieur Matin à la radio. Quel jour sommes-nous? Quel temps fait-il? Quelle est la saison? Quelle heure est-il?

Your listeners are just waking up. Give them a weather commentary for today.

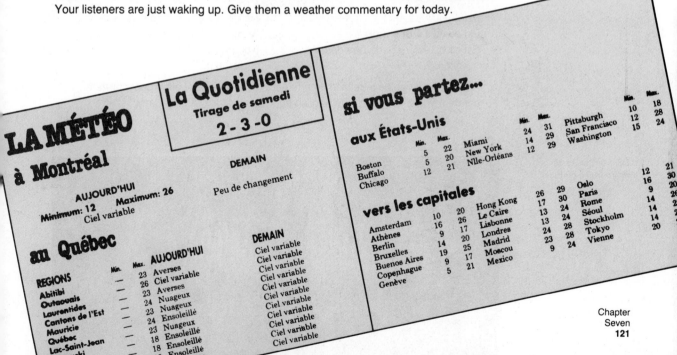

EXPLICATIONS II

Les déterminants indéfinis <u>un</u>, <u>une</u>, <u>des</u>

1 *Un* means "one." It can also mean "a" or "an":

Il a **un** fils et deux filles.　　　　　He has **one** son and two daughters.
On joue **un** dessin animé.　　　　　They're showing **a** cartoon.
Elle a **un͜ oncle** à Paris.　　　　　She has **an** uncle in Paris.
　　　[n]

Un is used only with masculine nouns. When it comes before a word beginning with a vowel sound, there is liaison.

2 Before feminine nouns, an *e* is added: *une*. The feminine form is pronounced [yn]:

Il a **une** fille et deux fils.　　　　　He has **one** daughter and two sons.
On joue **une** pièce.　　　　　They're putting on **a** play.
Elle a **une** tante à Paris.　　　　　She has **an** aunt in Paris.

3 Look at the following:

Est-ce qu'elle a **des** disques?　　　　{ *Does she have **any** records?*
　　　　　　　　　　　　　　　　　　　　　　{ *Does she have records?*

Ils ont **des͜** amis à Paris.　　　　　{ *They have **some** friends in Paris.*
　　　　[z]　　　　　　　　　　　　　　　{ *They have friends in Paris.*

In these sentences, *des* is a plural indefinite determiner. Its English equivalent is "some" or "any." Though we can omit "some" or "any" in English, *des* cannot be omitted in French. As with all other plural determiners, the *s* is pronounced [z] before a vowel sound.

4 Note the following:

Est-ce qu'il y a **un** hôtel près d'ici?　　　Non, il **n**'y a **pas d**'hôtel près d'ici.
Est-ce qu'il a **une** sœur?　　　　　　　　Non, il **n**'a **pas de** sœur.
Est-ce qu'elle regarde **des** dessins　　　Non, elle **ne** regarde **pas de** dessins
　animés?　　　　　　　　　　　　　　　　　animés.

After a negative, the indefinite determiners *(un, une, des)* often become *de* or, before a vowel sound, *d'*. Its English equivalent is "a," "an," or "any."

Dans la Cathédrale de
Notre-Dame de Paris

Exercices

A Répondez d'après les images, en employant *un* ou *une*. Suivez le modèle.

1. Qu'est-ce que tu portes, Paul?

   Je porte un tee-shirt.

2. Qu'est-ce que vous demandez à votre père?

3. Qu'est-ce qu'ils ouvrent?

4. Qu'est-ce qu'il demande?

5. Qu'est-ce qu'elles choisissent?

6. Qu'est-ce que vous regardez?

7. Qu'est-ce qu'elle donne à Pierre?

8. Qu'est-ce qu'on joue?

9. Qu'est-ce qu'ils écoutent?

B Répondez d'après les images, en employant *des*. Suivez le modèle.

1. Qu'est-ce qu'on joue?

   On joue des dessins animés.

2. Qu'est-ce qu'ils demandent à leur mère?

3. Qu'est-ce qu'il apporte?

4. Qu'est-ce qu'ils écoutent?

5. Qu'est-ce que tu choisis?

6. Qu'est-ce qu'elle porte?

C A vous. *(Student B is a salesperson and you want the items pictured. Ask if the store has them; Student B will answer by saying they're in the department next door.)*

1.
—Pardon, monsieur (mademoiselle). Est-ce que vous avez des pull-overs?
—Oui, mademoiselle (monsieur). Les pull-overs sont à côté.

2.

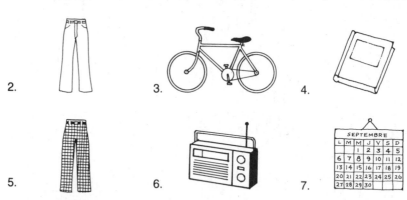

3.

4.

5.

6.

7.

D A vous. *(Student B is a salesperson and you want the items pictured above. Ask if the store has them; Student B will answer by saying "no.")*

1.
—Pardon, monsieur (mademoiselle). Est-ce que vous avez des pull-overs?
—Non, mademoiselle (monsieur). Nous n'avons pas de pull-overs.

E Répondez aux questions.

1. Est-ce que vous avez des frères? des sœurs?
2. Est-ce qu'il y a un drapeau canadien dans votre salle de classe?
3. Est-ce qu'il y a une banque près de chez vous? un restaurant?
4. Est-ce qu'il y a une radio dans votre voiture?
5. Est-ce qu'il y a des journaux français dans votre salle de classe? des images de Paris? des affiches?

Température Celsius
...plus chaude qu'elle n'en a l'air

La température atmosphérique est appelée température ambiante parce qu'elle a trait à notre environnement. Les températures suivantes vous donneront une idée de l'échelle Celsius dans quelques situations courantes.

100°C	l'eau bout
40°C	journée d'une chaleur accablante
30°C	bonne journée pour la natation
20°C	température d'intérieur
10°C	jour de printemps ou d'automne
0°C	l'eau gèle

RÉVISION ET THÈME

Consultez les phrases modèles. Trouvez les expressions françaises qui correspondent à l'anglais et formez des phrases complètes d'après le modèle.

1. C'est aujourd'hui *vendredi le vingt-cinq septembre.*
   (Tuesday, July 1)
   (Thursday, August 31)

2. *C'est l'automne. Il fait frais et il pleut.*
   (It's spring.)   *(It's sunny out but it's freezing.)*
   (It's summer.)   *(It's windy and cold out.)*

3. *Mathieu et Danielle regardent un film policier.*
   (I'm listening to a play.)
   (We're preparing some documentaries.)

4. Parce que *c'est lundi nous n'avons pas de match.*
   (it's Saturday there are no cartoons)
   (it's Sunday she doesn't have a newspaper)

5. Pendant que *tu choisis ton livre, j'entre dans la maison.*
   (she finishes her lessons, you (pl.) go outside)
   (they finish their lunch, we stay inside)

6. *Tu aimes le vent.*
   (We like the sun.)
   (You (pl.) like rain.)

Thème: Trouvez les expressions françaises qui correspondent à l'anglais et rédigez un paragraphe.

Today is Wednesday, January 20.

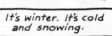

It's winter. It's cold and snowing.

Sophie and Didier are fixing a snack.

Because it's Wednesday, they don't have any homework.

While Didier finishes his snack, Sophie goes outdoors.

She likes the snow.

AUTO-TEST

A Describe the weather according to the pictures. Follow the model.

1. *Il fait chaud.*
2.
3.
4.
5.
6.
7.
8.
9.

B Many French phone numbers are written like this: 20-34-02. They are said like this: *vingt trente-quatre zéro deux.* Look at the following phone numbers and write them in French. Then practice saying them aloud.

1. 46-50-21   3. 48-11-55   5. 32-30-27
2. 33-07-63   4. 62-49-19   6. 64-04-14

C Answer the questions using the appropriate pronoun.

1. Il choisit un livre difficile. Et toi?
   Moi, je choisis un livre difficile aussi.

2. Tu maigris avant les vacances. Et tes copains?
3. Vous choisissez toujours des chemises bleues. Et lui?
4. Je finis mes devoirs. Et vous?
5. Elle grossit. Et moi?
6. Les garçons rougissent quelquefois. Et les jeunes filles?
7. Il finit souvent ses devoirs avant neuf heures. Et toi?
8. Je choisis une robe rouge. Et sa cousine?
9. Elles finissent leur déjeuner vers une heure. Et nous?

Noël dans les Alpes

Proverbe

Après la pluie, le beau temps.

Interlude

Au Québec

"Mon pays ce n'est pas un pays c'est l'hiver
Mon jardin ce n'est pas un jardin c'est la plaine
Mon chemin ce n'est pas un chemin c'est la neige
Mon pays ce n'est pas un pays c'est l'hiver"*

So far, we've been talking about life in France. But remember there are many other places in the world where French is spoken. There's the Province of Québec in Canada, for example. Some of the earliest settlers in Canada were French fur trappers. Other French colonists followed, and many of their descendants continue to speak the language of their ancestors.

Québec is rather far north, so winters are quite long, with snow on the ground up to six months out of the year. But in Québec, you don't hide from winter—you join it! For the people of Québec (les Québécois), winter means dozens of outdoor activities. One of the favorite sports is skiing, both downhill (le ski) and cross-country (le ski de fond). In Montréal people can show their skill on a slope right in the center of the city. There are floodlights on Mont-Royal for nighttime skiing.

The parks are lighted as well for another popular sport: le hockey. There are minor league hockey teams in all the larger towns and cities, and many schools have teams, too. (If you look at the names of North American hockey players, you'll find that many of them are French-Canadian.) Then there is snowmobiling, snowshoeing, and dogsledding. For those who don't want to move around as much, there is ice fishing on any one of the thousands of lakes in Québec.

One of the biggest events of the winter is le Carnaval in Québec City. As you walk down the streets, you may run into dinosaurs, astronauts, politicians, or even giant telephones—all carved out of ice and snow. Le Bonhomme Carnaval, a talking snowman, keeps an eye on the festivities.

Toward the end of winter, when the sap starts rising in the trees, there are sugar parties. Families and friends may go up to a sugar cabin (la cabane à sucre) in the woods to taste the fresh maple syrup, make candy by pouring the syrup on the snow, and talk—most likely en français.

*Refrain de "Mon Pays" de Gilles Vigneault, extrait d'*Avec les vieux mots*. Nouvelles Editions de l'Arc, Montréal, Québec.

Le ski au Québec

CHAPITRE 8

MOTS NOUVEAUX I

En hiver, il fait froid.
La neige est **froide.**
—**J'ai froid.**
—Tu ne portes pas ton anorak?
—**Si!** Il est **beau,** n'est-ce pas?
—Oui. Ton écharpe est **belle** aussi.

In the winter, it's cold.
The snow is **cold.**
I'm cold.
You're not wearing your ski jacket?
Yes, I am. It's **beautiful,** isn't it?
Yes. Your scarf is **beautiful,** too.

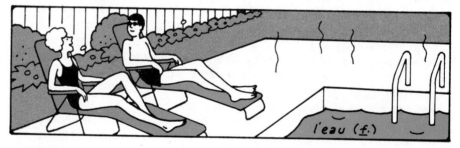

En été, il fait chaud.
L'eau est **chaude.**
—**J'ai chaud.**
—Le soleil est **bien** chaud aujourd'hui.
—Tu n'aimes pas le soleil, alors.
—**Si!** Parce que j'aime être
    bronzé en été.
    bronzée

In the summer, it's hot.
The water is **warm.**
I'm warm.
The sun is **really** hot today.
You don't like the sun then.
Yes, I do. Because I like to be
    tanned in the summer.

1 *Il fait froid* and *il fait chaud* are used only to describe weather or temperature in a
room. If an inanimate object—a thing—is being described, the French use a form
of the verb *être,* and the words *froid* and *chaud* agree with the noun. If a person or
animal feels warm or cold, the French use a form of the verb *avoir,* and *froid* and
chaud do not agree with the noun.

Est-ce qu'elle a peur de l'orignal?

2 The verb *avoir* is also used in certain expressions to show emotional or physical states.

—**Qu'est-ce que tu as?**
—**J'ai peur de** l'eau.
         du dragon.
—**Bof!**

What's the matter with you?
I'm afraid of *the water.*
                of *the dragon.*
Aw, come on now!

avoir chaud

avoir froid

avoir sommeil

avoir peur

avoir raison

avoir faim

avoir soif

avoir tort

Exercices de vocabulaire

A Complétez les phrases en employant la forme correcte du verbe: *avoir* ou *être*.

1. Ils _____ faim.
2. Tu _____ froid.
3. Le dîner _____ chaud.
4. Nous _____ tort.

5. Le soleil _____ chaud.
6. Vous _____ raison.
7. Les jours _____ bien froids.
8. Tu _____ sommeil.

B Répondez d'après les images. Suivez le modèle.

1. Est-ce que ta grand-mère a chaud?
   Non, elle a froid.

2. Est-ce que le garçon a faim?

3. Est-ce que vos amis ont peur?

4. Est-ce qu'ils ont soif?

5. Est-ce que l'élève a tort?

6. Est-ce qu'il a raison?

7. Est-ce que votre oncle a froid?

8. Est-ce que votre frère et votre sœur ont sommeil?

C Formez des phrases en employant *avoir*, *être* ou *faire*. Suivez le modèle.

1. ma mère / froid   *Ma mère a froid.*
2. la glace / froid   *La glace est froide.*
3. il / du vent   *Il fait du vent.*

4. tu / raison
5. vous / peur
6. il / tort
7. le vent / chaud
8. il / du soleil

9. nous / sommeil
10. l'eau / froid
11. il / frais
12. les agents / froid
13. tu / soif

Statue de Samuel de Champlain devant le Château Frontenac à Québec

MOTS NOUVEAUX II

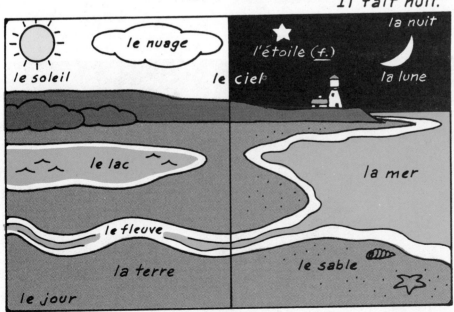

Exercice de vocabulaire

Complétez chaque phrase avec le mot qui convient. *(Complete each sentence with the appropriate word.)*

1. Les nuages sont dans *(le lac/le ciel/la terre)*.
   Les nuages sont dans le ciel.

2. Quand il fait nuit, il y a souvent *(des fleuves/des mers/des étoiles)* dans le ciel.
3. La plage est près de *(la mer/la lune/l'étoile)*.
4. Quand il neige, *(la lune/l'étoile/la terre)* est blanche.
5. Leur bateau à voiles est sur *(le nuage/le lac/le ciel)*.
6. Quand il fait *(beau/jour/nuit)*, le ciel n'est pas bleu.
7. Le soleil et *(le fleuve/le sable/la terre)* sont jaunes.
8. Quand ils sont à la plage, ils vont dans *(l'eau/l'étoile/la nuit)*.
9. Quand il pleut, *(le ciel/le soleil/le sable)* est gris.

Monument de glace pour le Carnaval à Québec

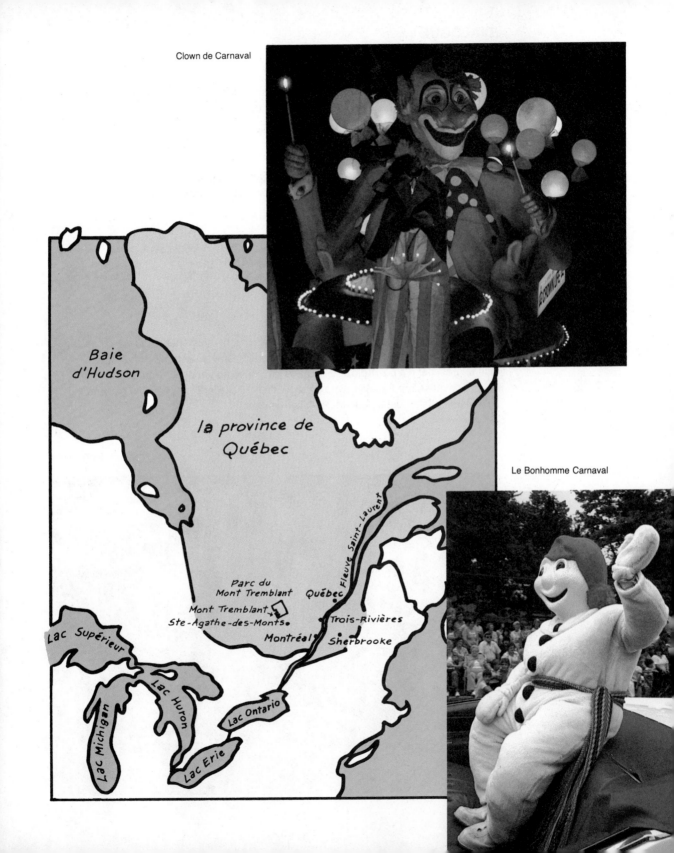

Clown de Carnaval

Le Bonhomme Carnaval

Baie d'Hudson

la province de Québec

Fleuve Saint-Laurent

Parc du Mont Tremblant

Mont Tremblant

Ste-Agathe-des-Monts

Québec

Trois-Rivières

Montréal

Sherbrooke

Lac Supérieur

Lac Michigan

Lac Huron

Lac Erie

Lac Ontario

DIALOGUE

A la montagne

Monsieur et Mme Pelletier et leurs enfants habitent Sherbrooke.* Aujourd'hui les Pelletier sont au Mont Tremblant,* où ils font du ski.

MME PELLETIER	Tu n'as pas ton anorak, Julien?
M. PELLETIER	Non, il est à la maison.
5 MME PELLETIER	Tu n'as pas froid?
M. PELLETIER	Si, j'ai froid, mais mon anorak est trop laid.
MME PELLETIER	Mais non, tu as tort. Il est beau, ton anorak . . . et toi aussi!
M. PELLETIER	Bof . . .
MME PELLETIER	Mais ne rougis pas!

*Sherbrooke is a French-speaking university city in Québec, located approximately 120 kilometers east of Montréal and just over the border between Québec and New Hampshire.

*Mont Tremblant is the highest peak in the Laurentian Mountains (les Laurentides). The Laurentians extend from the St. Lawrence River to Hudson Bay.

Questionnaire

1. Où habitent les Pelletier?   2. Où est-ce qu'ils sont maintenant? Qu'est-ce qu'ils font là?   3. Est-ce que M. Pelletier a son anorak? Où est l'anorak?   4. Est-ce que M. Pelletier n'a pas froid?   5. Est-ce qu'il aime son anorak? Pourquoi?
6. Est-ce que Mme Pelletier aime l'anorak de M. Pelletier?   7. D'après ("according to") Mme Pelletier est-ce que M. Pelletier est beau?

Au Mont Tremblant

EXPLICATIONS I

Le verbe <u>faire</u>

	SINGULAR	PLURAL
1	je **fais**	nous **faisons**
2	tu **fais**	vous **faites**
3	il elle } **fait** on	ils elles } **font**

IMPERATIVE: **fais! faisons! faites!**

1 All three singular forms are pronounced the same: [fe]. In *nous faisons* the *ai* is pronounced like the letter *e* in *le;* in *vous faites* it is pronounced [ɛ].

2 The main English equivalents of the verb *faire* are "to do" or "to make":

Nous faisons nos devoirs.   ***We're doing*** our homework.
Ils font des fautes.   ***They make*** mistakes.

3 *Faire* is also used in many common expressions:

faire du ski

faire du ski nautique

faire de l'alpinisme

faire une faute

faire ses devoirs

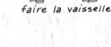

faire la vaisselle

faire des achats

faire de l'auto-stop

faire un voyage

Vous faites du ski, n'est-ce pas?   ***You ski,*** don't you?
Tu fais un voyage, n'est-ce pas?   ***You're taking a trip,*** aren't you?
Ils font des achats, n'est-ce pas?   ***They're shopping,*** aren't they?
Il fait mauvais, n'est-ce pas?   ***It's bad out,*** isn't it?
Il fait du soleil, n'est-ce pas?   ***It's sunny,*** isn't it?

4 Another common use of *faire* is in arithmetic:

Combien font deux et deux?   ***How much are*** *two and two?*
Deux et deux **font** quatre.   *Two and two **are** four.*
Combien font quatre **moins** deux?   ***How much is*** *four minus two?*
Quatre **moins** deux **font** deux.   *Four **minus** two **is** two.*

The plural form, *font,* is used in both addition and subtraction.

Exercices

A Complétez les phrases en employant la forme correcte du verbe *faire*. Suivez le modèle.

1. J'ai peur quand je . . .
   J'ai peur quand je fais du ski.

2. Tu n'as pas toujours raison. Quelquefois tu . . .

3. Au printemps, quand il fait beau, nous . . .

4. Porte tes habits chauds! Il . . .

5. Le soir, après le dîner, je . . .

6. Je n'aime pas aller dehors quand il . . .

7. Luc! Suzanne! . . . !

8. En automne nous . . .

9. Elles aiment . . .

10. Est-ce qu'elles . . .

11. On joue au tennis quand il . . .

12. L'après-midi vous . . .

x

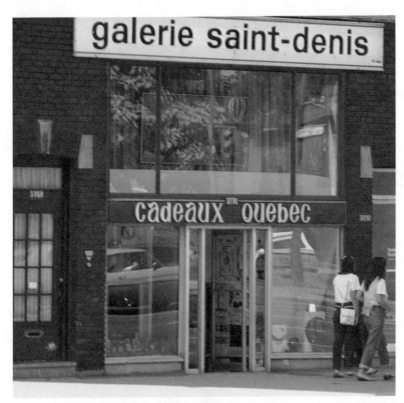

B Tout en rond. Posez ("ask") une question à l'Elève B en employant *combien font . . . ?* Suivez le modèle.

1.   14   —Combien font quatorze et quarante?
   +40   —Euh . . . quatorze et quarante font cinquante-quatre.

2.   69   3.   51   4.   29   5.   33   6.   46
   −49   −40   +37   +24   −16

C Complétez les phrases en employant la forme correcte du verbe *faire*.

Il est quatre heures. Hugues et Bruno Pasteur _____ leurs devoirs pendant que leur mère _____ des achats. Monsieur Pasteur entre et parle aux garçons:

—Qu'est-ce que vous _____, mes enfants?

—Je _____ mes devoirs, papa.

5 —Et toi, Bruno? Qu'est-ce que tu _____?

—Moi aussi, je _____ mes devoirs.

—Mais nous sommes samedi après-midi.

—Oui, mais demain ("tomorrow") nous _____ un voyage à Chamonix avec les Lejeune.

10 —Ah, oui?

—Oui, eux aussi ils aiment _____ du ski.

Trois adjectifs irréguliers

beau, belle	*beautiful, handsome*	**vieux, vieille**	*old*
nouveau, nouvelle	*new*		

Beau, nouveau, and *vieux* have very different masculine and feminine forms:

Le lac est **beau.**   La fleur est **belle.**
Les lacs sont **beaux.**   Les fleurs sont **belles.**

Le théâtre est **nouveau.**   La pièce est **nouvelle.**
Les théâtres sont **nouveaux.**   Les pièces sont **nouvelles.**

Le camion est **vieux.**   La voiture est **vieille.**
Les camions sont **vieux.**   Les voitures sont **vieilles.**

Note that since *beau* and *nouveau* end in *-eau,* their plural is formed by adding an *x.* The singular form *vieux* ends in an *x,* so it remains the same in the plural.

Exercice

A vous. *(Ask Student B a question. Student B will answer by saying the opposite.)*

1. l'arbre / beau   –L'arbre est beau, n'est-ce pas?
                            –Mais non! Il est laid.

2. l'anorak / nouveau   6. les jupes / laides
3. la voiture / laide   7. les bas / beaux
4. les chaussures / vieilles   8. le jean / vieux
5. la villa / nouvelle   9. le jardin / laid

Théâtre en plein air dans le vieux Montréal

Vieille maison dans la
campagne québécoise

Au marché

CONVERSATION ET LECTURE

Prononciation

The French sound [y] is not like any English vowel. It is pronounced with the lips tightly
rounded and the tongue in the same position as for the [i] sound. Round your lips and
try to say [i]; the result will be the [y] sound.

A   Listen, then say the following words aloud.

tu	une	sur	la jupe
le pupitre	l'usine	la voiture	les chaussures

B   Listen to these pairs, then say them aloud.

[i]/[y]	si/su	sire/sur	la vie/la vue
[u]/[y]	tout/tu	vous/vu	nous/nu

C   Listen, then say the following sentences aloud.

Il fait du vent.	Tu portes une jupe.
Tu vas chez Suzanne.	Les pupitres sont près du bureau.
Bruno et Luc étudient.	L'autobus est au coin de la rue.

Parlons de vous

1. Est-ce qu'il y a des nuages dans le ciel aujourd'hui? Est-ce que le ciel est bleu?
   gris? noir? Est-ce qu'il fait froid? Est-ce que vous avez froid?
2. A quelle heure est-ce que vous déjeunez? Est-ce que vous aimez mieux les
   déjeuners chauds ou froids?
3. Est-ce que vous habitez près de la mer? d'un lac? des montagnes?
4. Est-ce que vous faites de l'alpinisme? du ski? du ski nautique? des voyages avec
   votre famille? Est-ce que vous faites de l'auto-stop?
5. Qui prépare le dîner chez vous? Qui fait la vaisselle après le dîner?
6. Est-ce que vous aimez faire des achats?

A Sainte-Agathe-des-Monts

En hiver les Caron, qui habitent Montréal, louent° un chalet près de Sainte-Agathe-des-Monts. Les Caron ont deux enfants, Serge et Suzanne.

louer: *to rent*

Sainte-Agathe est une ville° à soixante-cinq kilomètres de
5 Montréal. On connaît° Sainte-Agathe pour° ses très belles pistes de ski.° De décembre à avril il neige beaucoup à Sainte-Agathe, et il fait très froid. Les Caron aiment les sports d'hiver. Ils font du ski et ils patinent.° Serge aime jouer au hockey aussi.

la ville: *town*
connaître: *to know*
pour: *for*
la piste de ski: *ski run*
patiner: *to skate*

10 SUZANNE   Je vais gagner° le concours° de ski, moi!
SERGE   Et notre équipe° va gagner le match de hockey.
SUZANNE   Mais tu es fou!° Toi et tes copains, vous êtes trop jeunes.
MME CARON   Doucement, doucement!° Ce ne sont pas les
15   Jeux° Olympiques, mes enfants. Ce sont les vacances.
SERGE   Oui, mais c'est amusant,° les concours.
M. CARON   Moi, j'aime mieux faire des excursions en traîneau.° Je ne suis pas énergique comme°
20   vous. Et la neige et les arbres et les montagnes sont très beaux.
SERGE   Oh, il radote.°
SUZANNE   On n'est pas ici pour rester à l'intérieur. Allons, Serge. On va faire du ski.

gagner: *to win*
le concours: *contest*
l'équipe (f.): *team*
fou, folle: *crazy*
doucement: *hold it!*
le jeu: *game*

amusant, -e: *fun*
l'excursion (f.) en traîneau: *sleigh ride*
comme: *like*
radoter: *to be "out of it"*

Questionnaire

1. Où est-ce que les Caron louent un chalet?   2. Quel temps fait-il là-bas en hiver?   3. Pourquoi est-ce qu'on connaît Sainte-Agathe?   4. Qu'est-ce que les Caron aiment faire? Qui veut ("wants") gagner le concours de ski? le match de hockey?   5. Et vous, est-ce que vous faites du ski? Est-ce que vous patinez? 6. Est-ce que vous jouez au hockey?   7. Est-ce que vous regardez les Jeux Olympiques à la télé tous les quatre ans ("every four years")?

MUNICIPALITÉ
NOM DE L'ÉTABLISSEMEN
ADRESSE ET NO DE TÉL.

CLASSE

SAINTE-AGATHE-DES-MONTS
AUBERGE LE COLONIAL
83 TOUR DU LAC (819) 326-4791
AUBERGE RABINER'S
181 TOUR DU LAC (819) 326-434
MOTEL RAYMOND
30 BOUL MORIN (819) 326-3626
AUBERGE LAC-DES-SABLES L
22 RUE LAROCQUE (819) 326-4
HÔTEL AUBERGE DU COIN

Le ski de fond au Québec

Une piste de toboggan

EXPLICATIONS II

Phrases et questions négatives

1 You have learned how to form negative sentences:

Nous faisons nos devoirs.   Nous **ne** faisons **pas** nos devoirs.
Ils aiment l'eau froide.   Ils **n'**aiment **pas** l'eau froide.

You have learned, too, that *un, une,* and *des* usually become *de* or *d'* after a negative:

Elles ont un frère.   **Elles n'ont pas de** frère.
Tu fais des fautes.   **Tu ne fais pas de** fautes.

2 Look at the following:

Fais la vaisselle, s'il te plaît!   **Ne fais pas** la vaisselle!
Restez, s'il vous plaît!   **Ne restez pas!**
Regardons la télé!   **Ne regardons pas** la télé!

To give a negative command, the French put *ne* before the imperative form, and *pas* after. Remember that when the 2 sing. form of *aller* and of *-er* verbs is used as a command, the *s* is dropped:

     tu vas → va!   **tu entres → entre!**

3 When there is no verb, *pas* is used without *ne:*

Pas moi.   *Not I.*
Pas toujours.   *Not always.*
Pas de devoirs aujourd'hui.   *No homework for today.*

4 Look at these questions and answers:

     Vous avez froid?   { **Non,** je **n'**ai **pas** froid.
or: Vous avez froid, n'est-ce pas?   { **Oui,** j'ai froid.

     Vous **n'**avez **pas** froid?   { **Non,** je **n'**ai **pas** froid.
     { **Si,** j'ai froid.

There are two ways of saying "yes" in French. *Oui* is used to answer an affirmative question, *si* to answer a negative question. *N'est-ce pas* almost implies a "yes" answer, so *oui* is used to answer "yes" to a question that includes *n'est-ce pas.*

Exercices

A Refaites les phrases à l'impératif négatif. Suivez le modèle. *(Change the statements to negative commands.)*

1. Tu arrives à minuit.
     N'arrive pas à minuit!

2. Nous allons au Mont Tremblant.
3. Vous faites vos achats aujourd'hui.
4. Nous faisons la vaisselle.

5. Vous écoutez, mes fils.
6. Tu vas à la porte.
7. Nous faisons nos devoirs maintenant.
8. Tu portes ton jean.
9. Tu rougis.

Cabanes à pêche

B Répondez d'après le modèle. *(Answer by saying what the people are doing.)*

1. Il va au match de football?   (le cinéma)
   Non, il va au cinéma—pas au match de football.

2. Ils finissent leurs devoirs à 11 h.?   (10 h.)
3. Elle arrive samedi matin?   (vendredi soir)
4. Ils aiment les documentaires?   (les films policiers)
5. Elle fait des voyages en été?   (en automne)
6. Il va au théâtre à pied?   (en voiture)
7. Elle aime faire des achats le matin?   (l'après-midi)

C Tout en rond. *(Read a statement to Student B. He or she will respond truthfully, using* si *or* non.*)*

1. Tu ne fais pas de voyages en été.
   Si, je fais des voyages en été OR *Non, je ne fais pas de voyages en été.*

2. Tu ne déjeunes pas au lycée.
3. Tu ne vas pas aux matchs de football.
4. Tu ne restes pas chez toi après la classe.
5. Tu ne fais pas d'auto-stop.
6. Tu ne rougis pas quand tu as tort.
7. Tu n'as pas sommeil maintenant.
8. Tu n'aimes pas faire des achats.
9. Tu ne fais pas la vaisselle chez toi.

Dîner en famille

RÉVISION ET THÈME

Consultez les phrases modèles. Trouvez les expressions françaises qui correspondent à l'anglais et formez des phrases complètes d'après le modèle.

1. Elles sont *à la plage. Il fait nuit.*
    (at the lake) (It's daytime.)
    (near the sea) (It's windy.)

2. *Il y a des étoiles, mais pas de lune.*
    (There are rivers, but no mountains.)
    (There are lakes, but no sand.)

3. *La terre est jaune et laide.*
    (The sky is blue and beautiful.)
    (The cars are old and white.)

4. *Martin est à la maison, mais il n'a pas faim.*
    (We're inside, but we're not sleepy.)
    (I'm outside, but I'm not afraid.)

5. *Il fait ses achats.*
    (They're doing the dishes.)
    (We're hitchhiking.)

Thème: Trouvez les expressions françaises qui correspondent à l'anglais et rédigez un paragraphe.

We're in the mountains. It's daytime.

There are clouds, but no sun.

The snow is beautiful and white.

Huguette is outside, but she isn't cold.

She's skiing.

AUTO-TEST

A Answer according to the pictures. Follow the model.

1. Vous n'avez pas sommeil?
   Si, nous avons sommeil.

2. Ils n'ont pas froid?
   Non, ils ont chaud.

3. Tu n'as pas faim?

4. Elle n'a pas peur?

5. Vous n'avez pas chaud?

6. Je n'ai pas raison?

B Answer the questions in the negative. Follow the model.

1. La lune est belle. Et le ciel?
   Le ciel n'est pas beau.

2. L'appartement est nouveau. Et la maison?
3. Les montagnes sont belles. Et les lacs?
4. Monsieur Lenoir est vieux. Et ses nièces?
5. Les jours sont chauds. Et les nuits?

C Answer the questions using the cues in parentheses. Follow the model.

1. Quand est-ce que vous faites vos devoirs? (le soir)
   Nous faisons nos devoirs le soir.

2. Où est-ce que nous faisons du ski nautique? (près de la villa)
3. Quand est-ce que je fais la vaisselle? (le matin)
4. Quand est-ce que tu fais un voyage? (au printemps)
5. Quand est-ce qu'elle fait des achats? (lundi)

D Write complete answers to the questions. Follow the model.

1. Combien font seize et trois?
   Seize et trois font dix-neuf.

2. Combien font quarante moins onze?
3. Combien font seize et dix-huit?
4. Combien font soixante-cinq moins quatorze?

Poème

REFRAINS ENFANTINS°

. . . Il pleut Il pleut

Il fait beau

Il fait du soleil

Il est tôt°

5   Il se fait tard°

Il

Il

Il

Il

10   toujours Il

Toujours Il qui pleut et qui neige

Toujours Il qui fait du soleil

Toujours Il

Pourquoi pas Elle

15   Jamais° Elle

Pourtant° Elle aussi

souvent se fait° belle!

enfantin, -e; *children's*

tôt: *early*
il se fait tard: *it's getting late*

jamais: *never*
pourtant: *however*
se fait: *makes herself*

A la foire à Trois-Rivières

Jacques Prévert, *Spectacle*
© Editions Gallimard, 1951

Proverbe

Tout est bien qui finit bien.

Interlude

Les Champs-Elysées

"Au soleil, sous la pluie,
A midi, ou à minuit,
Il y a tout ce que vous voulez
Aux Champs-Elysées..."*

The Avenue des Champs-Elysées is possibly the most famous street in all the world, yet it stretches for only 1.6 kilometers (less than one and a quarter miles) from the Place de la Concorde (where the guillotine stood during the French Revolution) to Napoléon's enormous Arc de Triomphe on the Place Charles de Gaulle.

From one end to the other, the Champs-Elysées is an international street. As you walk along the tree-lined sidewalks—which are themselves as broad as an average two-lane street—chances are that you will be able to hear a dozen or more languages. You may spot a group of Arab officials in flowing white robes, Japanese businessmen in dark suits, or African students in dashikis—in short, you see people from all around the world. And there are always lots of Americans. (Believe it or not, in a foreign city, Americans can be very easy to pick out in a crowd.) To add to the international flavor, when a foreign leader is in town, the avenue may be decorated with the flags of his or her country.

While many of the foreigners on the Champs-Elysées are tourists, many are also there because they work in offices or shops along the avenue. Perhaps they are clerks in one of the many boutiques that sell items from the Far East, the U.S., or other European countries. Or maybe they sell cars in one of the auto showrooms—Volvo of Sweden, or Fiat, Alfa Romeo, and Lancia of Italy. They might work for one of the foreign banks on the avenue, or for one of its countless tourist agencies. There are many foreign airlines represented, too, including those of Argentina and the Soviet Union.

But don't think that it's all work on the Champs-Elysées—far from it! The street is lined with movie theaters (almost twenty of them!), cafés, restaurants, and theaters. At night it sparkles with the flashing lights of the movie marquees, and the glitter of the beautiful lighted fountains. At any hour of the day or night, no matter what the weather, the Champs-Elysées is alive with people and excitement.

*Extract from "Les Champs-Elysées" (Delanoë/Wilsh/Deighan). Reprinted by permission of Intersong Music, Ltd., 40 South Audley Street, London.

CHAPITRE 9

MOTS NOUVEAUX I

Allô, Sabine. Ici Martin. Ça va?

—Oui, ça va bien.	Yes, everything's fine.
—Tu es **libre** aujourd'hui?	Are you **free** today?
—Oui, à **cinq heures et demie.**	Yes, at **5:30.**
—On va au cinéma **plus tard?**	Shall we go to the movies **later?**
—**Bonne idée! A bientôt.**	**Good idea! See you later.**
—**Attends! Il faut**[1] choisir un film.	**Wait! We have** to choose a film.
—Oui, **malheureusement. Le choix** est difficile.	Yes, **unfortunately. The choice** is difficult.
—Pas **pour** moi. J'aime les films policiers.	Not **for** me. I like detective films.
—**Ah non, alors.** Il y a un **bon western américain** au Cinéma des Champs-Elysées.	**Oh no, not that.** There's a **good American western** at the Cinéma des Champs-Elysées.
—Mais **pour** regarder ton film, il faut aller **en ville.**[2]	But **in order** to see your movie, we have to go **downtown.**
—**Bien sûr.** Et **si**[3] nous **sortons tard,** il faut **d'abord** demander à papa et à maman.	**Sure.** And **if we're going out late,** I have to ask Dad and Mom **first.**
—D'accord. Il faut aussi **téléphoner au**[4] cinéma pour demander à quelle heure on **va jouer** le film.	OK. We also have **to phone** the theater to ask what time they**'re going to show** the film.

Au revoir.

[1]Though *il faut* literally means "it is necessary," its best English equivalent always depends on the context.
[2]*La ville* can mean either "city" or "town."
[3]Note that when *si* means "if," it elides with *il* and *ils* to form *s'il* and *s'ils.* When it means "yes," it does not elide.
[4]*Téléphoner* is followed by a form of *à: Tu téléphones à Marie?*

Où est-ce qu'on va passer les vacances?

M. Smith va à **Washington.**	C'est une ville **américaine.** un film **américain**	On parle **anglais** là-bas.
Londres	une ville **anglaise** un film **anglais**	**anglais**
Paris	une ville **française** un film **français**	**français**
Tokyo	une ville **japonaise** un film **japonais**	**japonais**
Lisbonne	une ville **portugaise** un film **portugais**	**portugais**
Pékin	une ville **chinoise** un film **chinois**	**chinois**
Dakar	une ville **sénégalaise** un film **sénégalais**	**français** et **wolof**
Rome	une ville **italienne** un film **italien**	**italien**
Montréal	une ville **canadienne** un film **canadien**	**français** et **anglais**
Madrid	une ville **espagnole** un film **espagnol**	**espagnol**
Bonn	une ville **allemande** un film **allemand**	**allemand**
Mexico[1]	une ville **mexicaine** un film **mexicain**	**espagnol**

[1] The French name for Mexico City is *Mexico*.

Exercices de vocabulaire

A A vous. *(Tell Student B where you are going. Student B will ask you whether you speak the language of that city.)*

1. Paris
   —Je vais à Paris.
   —Ah, tu parles français?

2. Pékin	4. Tokyo	6. Madrid	8. Bonn	10. Dakar
3. Londres	5. Rome	7. Lisbonne	9. Mexico	11. Montréal

B A vous. *(You're a reporter covering an international women's meeting. Tell the nationality of some of the delegates based on the language you hear.)*

1. Mlle Steuben / allemand
   —Mlle Steuben parle allemand.
   —Bien sûr. Elle est allemande.

2. Mme Dubois / français
3. Mlle Hawkins / anglais
4. Mlle Flora / portugais
5. Mme Molinari / italien
6. Mme Yu / chinois
7. Mme García / espagnol
8. Mlle Kodjo / wolof
9. Mme Matsu / japonais

C Combinez les phrases d'après le modèle. *(Make the first part of the sentence an "if" clause and the second a "have to" clause.)*

1. On va au cinéma. Choisissons un film!
   Si on va au cinéma, il faut choisir un film.

2. Ils arrivent à minuit. Allons à l'aéroport vers 11 h!
3. Tu aimes le football. Regarde les matchs dimanche!
4. Vous travaillez. Allez au bureau le matin!
5. Il téléphone à Marie. Téléphone aussi à Georges!
6. Tu n'aimes pas faire de l'auto-stop. Va en ville par le train!
7. Les devoirs sont très difficiles. Révisons la leçon!

MOTS NOUVEAUX II

le concert

l'auteur (*m.*)

le poète

l'histoire (*f.*)

le roman

le poème

le supermarché

le marché

la bibliothèque

jouer au basketball

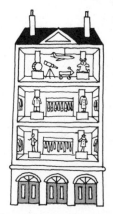
le grand magasin

jouer au volleyball

le gymnase

jouer au hockey

A Montréal

[1]The plural of *le grand magasin* is *les grands magasins*. The French use *dans* rather than *à* with *le grand magasin*. For example: *Je vais dans le grand magasin*.

[2]The *h* in *le hockey* is called an "aspirate *h*." When a determiner appears before it, there is no elision: *aller à l'hôpital*, but *jouer au hockey*; *un jour d'hiver*, but *un match de hockey*.

Exercice de vocabulaire

Répondez d'après les images. Suivez les modèles.

1. Où est-ce qu'il faut aller?
   Il faut aller au concert.

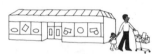

2. Qu'est-ce que vous faites?
   Nous jouons au volleyball.

3. Où est-ce que tu vas d'abord?

4. Où est-ce qu'il fait ses achats?

5. Qu'est-ce qu'ils font?

6. Qu'est-ce que nous étudions?

7. Qu'est-ce qu'il y a là?

8. Qu'est-ce qu'elles finissent?

9. Qu'est-ce que tu regardes?

10. Qu'est-ce qu'elles font?

11. Où est-ce qu'on va pour choisir un roman?

12. Pour maigrir, où est-ce qu'il faut aller?

13. Qui aime les livres?

DIALOGUE

Le choix d'un film

Alain téléphone à Delphine. Plus tard il va sortir avec elle et sa cousine. Ils vont au cinéma. Mais d'abord il faut choisir un film.

ALAIN   Allô, Delphine. Ici Alain. On sort toujours avec ta cousine?

DELPHINE Bien sûr.

5 ALAIN   Il y a *Mon Colt 45, mon cheval et moi** à Epernay.*

DELPHINE Pas de westerns, s'il te plaît. Qu'est-ce qu'on joue à Reims?

ALAIN   Eh bien, si tu n'aimes pas les westerns, à Reims il y a un bon film italien et aussi un film policier . . .

DELPHINE Bon, allons à Reims. J'aime bien les films policiers.

*le cheval: *horse*. Note that French film and book titles are usually capitalized only up to and including the first noun or pronoun. Proper names are always capitalized.

*Epernay and Reims are located in the champagne-producing region of France, about 140 kilometers northeast of Paris. In this area over 200 million bottles of champagne are stored in caves beneath the ground. French kings were traditionally crowned in the magnificent cathedral at Reims.

Questionnaire

1. Pourquoi est-ce qu'Alain téléphone à Delphine? 2. Qu'est-ce qu'il demande à Delphine? 3. Qu'est-ce qu'on joue à Epernay? 4. Est-ce que Delphine aime les westerns? 5. Qu'est-ce qu'on joue à Reims? 6. Est-ce que Delphine aime les films policiers? Alors, où est-ce que les trois amis vont aller plus tard?

Un cinéma sur les Champs-Elysées

EXPLICATIONS I

Les verbes en -ir

VOCABULAIRE			
dormir	to sleep, to be asleep	**servir**	to serve, to wait on
partir[1]	to leave	**sortir**[1]	to go out

You have learned the present tense of the most common type of verbs whose infinitives end in -*ir*. Those are the -*ir*/-*iss*- type. Here is the second important type—the simple -*ir* verbs:

	SINGULAR	PLURAL
1	je **dors**	nous **dormons**
2	tu **dors**	vous **dormez**
3	il elle } **dort** on	ils elles } **dorment**

IMPERATIVE: **dors! dormons! dormez!**

1 The plural forms of simple -*ir* verbs are like those of -*er* verbs, with the endings -*ons,* -*ez,* and -*ent* added to the stem: *dorm-*.

2 For the singular forms, the last consonant of the plural stem is dropped *(dorm- →* *dor-)* and the endings -*s, -s, -t* are added. All three singular forms are pronounced the same.

Exercices

A Substitution. Suivez le modèle. *(Be careful! Some verbs are of the simple* -ir *type; others are* -ir/-iss-.)

1. Ils *font un voyage* avec Dominique. (sortir)
   Ils sortent avec Dominique.

2. Elles *rentrent avant* le dîner. (servir)
3. Tu *portes* un maillot blanc? (choisir)
4. Ils *font* leurs devoirs vers 9 h. du soir. (finir)
5. On *prépare* le petit déjeuner à 8 h. du matin. (servir)
6. Est-ce que vous *restez* ou est-ce que vous *partez?* (maigrir/grossir)
7. Le train *arrive* à la gare de Lyon à midi. (partir de)
8. Ne *rougis* pas toujours! (dormir)
9. Nous *restons ici* pendant qu'elles *regardent la télé.* (sortir/dormir)

---

[1]When the French speak of "leaving" or "going out of" a place, the word *de* is included. Try to think of these words as *partir de* and *sortir de.* Of course, when the place you are leaving is not mentioned, the *de* does not appear:

Je *pars de* la ville avec papa.   Je *pars* avec papa.
Il *sort du* théâtre maintenant.   Il *sort* maintenant.

B A vous. Qu'est-ce qu'on fait à 8 h. du soir? *(Ask Student B the question. Student B will answer as he or she wishes.)*

1. toi   —Qu'est-ce que tu fais à 8 h. du soir?
            —Je dors devant la télé.

2. ton frère   4. tes copains   6. moi
3. nous   5. ta sœur   7. toi et tes amis

(dormir devant la télé, choisir un film à la télé, finir les devoirs, partir pour…, servir le dîner, sortir de la maison, etc.)

Les Galeries Lafayette, Paris

Les adjectifs

VOCABULAIRE

blond, -e	*blond; a blond*	**gros, grosse**	*fat, large*
brun, -e	*brown; a brunette*	**maigre**	*skinny, thin*
roux, rousse	*redheaded; a redhead*		
		court, -e[1]	*short*
bon, bonne	*good*	**long, longue**	*long*
mauvais, -e	*bad*		
		étroit, -e	*narrow*
célèbre	*famous*	**large**	*wide*
inconnu, -e	*unknown*		

---

1 Note the pronunciation of the adjectives in these sentences:

Le roman est **bon.** La bibliothèque est **bonne.**

Alain est **brun.** Hélène est **brune.**

Le garçon est **canadien.** La jeune fille est **canadienne.**

Son voisin est **américain.** Sa voisine est **américaine.**

The vowel letters + *n* at the end of these adjectives represent a nasal vowel sound. In the feminine forms, the addition of the letter *e* causes the *n* to be pronounced and the vowel sound is no longer nasal. In spelling, masculine adjectives that end in *-on* or *-ien* double the *n* before adding the *e* for the feminine form.

2 Note the pronunciation of the adjectives in these sentences:

Le bateau est **grand.** La voile est **grande.**

Le roman est **allemand.** La pièce est **allemande.**

Son frère est **blond.** Sa sœur est **blonde.**

Le poème est **long.** L'histoire est **longue.**

These masculine adjectives all end in a nasal vowel sound followed by an un-pronounced consonant. In the feminine forms, the addition of the letter *e* causes the last consonant to be pronounced, but the nasal vowel sound remains.

[1]*Court* is used to describe objects. To describe people as "short," remember to use *petit*.

Un marché aux fleurs à Paris

Exercices

A Un frère et une sœur rentrent chez eux. Quelle est leur nationalité? Suivez le modèle.

1. Ils rentrent à New York.
   Il est américain. Elle est américaine. Ils sont américains.

2. Ils rentrent à Montréal.
3. Ils rentrent à Londres.
4. Ils rentrent à Rome.
5. Ils rentrent à Tokyo.
6. Ils rentrent à Bonn.
7. Ils rentrent à Mexico.

B A vous. *(Ask Student B about a person or thing. Student B will answer by saying the opposite.)*

1. le cousin de Marc / énergique —Le cousin de Marc est énergique?
   —Ah non. Il est paresseux.

2. le roman / célèbre
3. la chaise / étroit
4. l'histoire / long
5. la gomme / bon
6. le fleuve / large
7. le fils des Capet / gros
8. l'auteur / inconnu
9. le concert / mauvais
10. la pièce / court

C Complétez chaque phrase avec le mot qui convient. *(Pay close attention to the meaning and agreement of nouns or pronouns and adjectives.)*

1. Tu es blond, mais tes parents sont *(bruns, brunes, blondes)*.
2. Le roman est bon, mais il est trop *(large, long, célèbre)*.
3. Pas de westerns! Ils sont presque toujours *(étroits, mauvais, grands)*.
4. Mon frère maigrit parce qu'il est trop *(gris, large, gros)*.
5. La rue est longue et *(maigre, étroite, courte)*.
6. Elles parlent espagnol parce qu'elles sont *(mexicaines, espagnols, mexicains)*.
7. Je suis brun mais ma sœur est *(rouge, roux, rousse)*.
8. Il dort toujours? Il est très *(avare, inconnu, paresseux)*.
9. Sa voisine est grande et *(gros, grosse, large)*.
10. L'auteur n'est pas célèbre, mais son histoire est *(brune, bonne, bon)*.
11. Ma cousine est blonde, belle et très *(courte, longue, petite)*.

CONVERSATION ET LECTURE

Prononciation

The nasal vowel sound [ɛ̃] is somewhat like the vowel sound in the English word *sang,* but it is shorter, more nasal, and pronounced with greater tension.

A In the following pairs, the first word contains the [i] sound plus a clearly released final [n] sound. The second word contains the nasal vowel sound [ɛ̃]. Practice saying them aloud.

[in]/[ɛ̃] vois<u>ine</u>/vois<u>in</u> cous<u>ine</u>/cous<u>in</u> cop<u>ine</u>/cop<u>ain</u>

B In the following pairs, the first word contains the [ɛ] sound plus a clearly released final [n] sound. The second word contains the nasal vowel sound [ɛ̃]. Practice saying them.

[ɛn]/[ɛ̃] améric<u>aine</u>/améric<u>ain</u> mexic<u>aine</u>/mexic<u>ain</u>
italie<u>nne</u>/itali<u>en</u> canadie<u>nne</u>/canadi<u>en</u>

C Listen, then say the following sentences aloud.

Al<u>ain</u> arrive le qu<u>in</u>ze ju<u>in</u>.
Jacquel<u>ine</u>, ma vois<u>ine</u>, a une
pisc<u>ine</u>.
Mart<u>in</u>, mon vois<u>in</u>, va au jard<u>in</u>.

Son cous<u>in</u> arrive par le tr<u>ain</u>.
Hél<u>ène</u> et Germ<u>aine</u> sont cana-
di<u>ennes</u>.
Al<u>ain</u> et Luci<u>en</u> sont canadi<u>ens</u>.

Parlons de vous

1. Est-ce que vous sortez souvent? Avec qui? Avec votre famille? des copains?
2. Où est-ce que vous aimez aller quand vous sortez? au cinéma? à un match? dans un musée? au concert? au concert de rock?
3. Est-ce que vous allez souvent en ville pour faire des achats? au marché? au super-marché? dans un grand magasin?
4. Est-ce que vous allez souvent au gymnase? Qu'est-ce que vous aimez faire là-bas? Vous jouez au volleyball? au basketball?
5. Est-ce que vous aimez mieux étudier chez vous ou à la bibliothèque?

A Rouen

On sort du cinéma.

Il faut mettre cinq francs...

Au cinéma

Deux amis, Martin et Sabine, sortent ce° soir. Ils vont aller au cinéma en ville. Bien sûr, il faut d'abord choisir un film, mais le choix n'est pas du tout facile. Martin aime surtout° les films d'aventure.° Sabine aime mieux les films d'épou-
5 vante.°

Martin regarde le journal du soir. Chouette! On joue un film de Cousteau.* Vite il téléphone à Sabine.

SABINE Allô.
MARTIN Allô, Sabine. Ici Martin. Je regarde le journal et
10   il y a . . .
SABINE Moi aussi. Au Plaza il y a *Le Loup-garou*° de
          Paris. C'est chic, n'est-ce pas?

Alors, comment faire un choix? Après une très longue discussion, ils choisissent un vieux western. A 7 h. 30* ils
15 partent de chez eux et à 8 h. ils arrivent au cinéma. Ils entrent et l'ouvreuse* demande leurs billets.°

L'OUVREUSE Vos billets, s'il vous plaît.
MARTIN   Voici, madame. Pas trop près de l'écran,°
             s'il vous plaît.

ce, cette: *this*

surtout: *especially*
l'aventure *(f.): adven-*
   ture
l'épouvante *(f.):*
   horror

le loup-garou: *were-*
   wolf

le billet: *ticket*

l'écran *(m.): screen*

20	Martin donne un pourboire° à l'ouvreuse. Martin et Sabine sont heureux parce que leurs places° sont bonnes. Mais avant le grand film,° il y a un long documentaire américain sur les grenouilles.°

le pourboire: *tip*
la place: *seat*
le grand film: *main feature*
la grenouille: *frog*
ennuyeux, -euse: *boring*

SABINE Il est ennuyeux,° le documentaire, n'est-ce pas, Martin?

25

MARTIN Rrrrrrrrrr . . .

SABINE Martin! Est-ce que tu dors?

MARTIN Euh . . . Un esquimau,° s'il vous plaît.✱

SABINE Mais non, ce n'est pas l'entracte.°

l'esquimau (m.): *ice cream bar*
l'entracte (m.): *intermission*

30 MARTIN Ah bon! J'ai sommeil . . . et si on a sommeil, il faut dormir, n'est-ce pas?

✱Jacques-Yves Cousteau, born in 1910, is a well-known French oceanographer who has made many films about marine life.

✱This can be said either as *sept heures trente* or *sept heures et demie*.

✱An *ouvreuse* is an usher. Most ushers in France are women. In both movies and theaters, one is seated by an usher and, unless a notice is posted, the patron is expected to give a tip.

✱Between the short features (documentaries, cartoons, and even commercial ads) and the main film, there is usually a brief intermission, during which the ushers sell ice cream and candy.

Deux ouvreuses devant le cinéma

FESTIVAL AMERICAN CRAZY au cinéma Le Dejazet 24 v.o.

Le Piège infernal. 1976. 1h50. Film policier anglais en couleurs de Michael Apted, avec Stacy Keach, Freddie Starr, Edward Fox. Int — 13 ans.

Josey Wales, hors-la-loi. 1976. 2h15. Western américain en couleurs de Clint Eastwood.

California Hotel. 1978. 1h40. Comédie américaine en couleurs d'Herbert Ross, avec Jane Fonda, Michael Caine, Elaine May, Bill Cosby.

Viva Abba. 1978. 1h35. Film musical suédois en couleurs de Lasse Hallstrom, avec le groupe Abba.

L'Homme qui venait d'ailleurs. The man who fell to earth. 1976. 2h05. Film fantastique anglais en couleurs de Nicolas Roeg, avec David Bowie, Candy Clark. **Dieu merci c'est vendredi.** 1976. 1h30. Film musical américain en couleurs de Robert Klan, avec Donna Summer. **Les Grands fonds. The Deep.** 1976. 2h. Film d'aventures américain en couleurs de Peter Yates, avec Robert Shaw, Jacqueline Bisset, Nick Nolte. **Le fauve. Shamus.** 1972. 1h40. Film policier américain en couleurs de Buzz Kulik, avec Burt Reynolds.

Questionnaire

1. Où est-ce que Martin et Sabine vont aller plus tard?   2. Pourquoi est-ce que le choix d'un film est difficile pour eux?   3. Qu'est-ce qu'il y a au Plaza?   4. Après leur discussion, qu'est-ce qu'ils choisissent?   5. Quelle sorte ("what kind") de places est-ce que Martin demande?   6. Qu'est-ce qu'on joue avant le grand film?   7. Est-ce que Martin et Sabine aiment le documentaire?   8. Qu'est-ce que Martin fait?   9. Et vous, est-ce que vous aimez les documentaires? les films d'aventure? les films d'épouvante?   10. Vous aimez aussi les westerns?

EXPLICATIONS II

Le futur formé avec <u>aller</u>

VOCABULAIRE

geler	to freeze	**demain**	tomorrow
neiger	to snow		
pleuvoir	to rain		

---

1   Look at the following:

Il neige aujourd'hui.	**It's snowing** today.
Il va neiger plus tard.	**It's going to snow** later.
Je reste chez moi.	**I'm staying** home.
Je vais rester chez moi.	**I'm going to stay** home.

Just as in English, one way to speak of the future in French is to use a form of the verb "to go" *(aller)* followed by the infinitive form of another verb.

2   Note how the negative is formed in the future:

On va sortir du gymnase.	**On ne va pas sortir** du gymnase.
Nous allons partir demain.	**Nous n'allons pas partir** demain.

The *ne* and *pas* appear with the form of *aller*.

Exercices

A   Mettez les phrases au futur d'après le modèle. *(Put the sentences into the future according to the model.)*

1. Papa ouvre la porte.   *Papa va ouvrir la porte.*

2. Nous parlons à l'agent.
3. Je donne mon livre à Guy.
4. Tu travailles au bureau.
5. L'enfant a peur.
6. Ils vont au supermarché.
7. Vous faites vos achats en ville?
8. Elle est très heureuse.
9. Elles portent leurs robes rouges.
10. Je sers le dîner.
11. Tu joues au hockey?

B   Répondez aux questions au futur.

1. Quel temps est-ce qu'il va faire demain?
2. Où est-ce que vous allez après la classe?
3. Qu'est-ce que vous allez faire samedi?
4. Quand est-ce que votre famille va faire un voyage?

C   A vous. Téléphonez à un(e) ami(e). *(Describe plans for tomorrow evening. You are going to have dinner and then go out. You may use expressions like* préparer un dîner, dîner vers 7 h., faire la vaisselle, sortir après, aller en ville, aller au cinéma, *etc.)*

Quelle heure est-il?

VOCABULAIRE

et quart *quarter past*	**et demie** *half past*	**moins le quart** *quarter to*

Il est **trois heures
et quart.**

Il est **trois heures
et demie.**

Il est **quatre heures
moins le quart.**

Il est **neuf heures
cinq.**

Il est **midi
vingt-sept.**

Il est **dix heures
moins vingt-sept.**

Il est **minuit
moins cinq.**

Exercice

Répondez d'après les images. Suivez le modèle.

1. Vers quelle heure est-ce qu'il part?
   Il part vers sept heures et demie.

2. Vers quelle heure est-ce que
   maman sort du bureau?

3. A quelle heure est-ce que tu rentres
   chez toi?

4. A quelle heure est-ce qu'il
   faut être au gymnase?

5. Vers quelle heure est-ce que tu
   finis tes devoirs?

6. Vers quelle heure est-ce qu'ils
   servent le déjeuner?

7. Quand est-ce que nous partons?

8. Quand est-ce qu'elle va au
   match de basketball?

A Lyon

RÉVISION ET THÈME

Consultez les phrases modèles. Trouvez les expressions françaises qui correspondent à l'anglais et formez des phrases complètes d'après le modèle.

1. *Robert sort du cinéma à quatre heures dix.*
   (I'm going out of the house at 8:35.)
   (You (pl.) are leaving for the airport at 11:05.)

2. *Il va jouer au basketball au gymnase.*
   (They're going shopping at the supermarket.)
   (We're going to eat lunch in the department store.)

3. *Après le dîner, il faut finir l'histoire.*
   (I have to choose a novel)
   (she has to go to the concert)

4. *On va jouer un western italien.*
   (You (sing.) are going to serve a German dinner.)
   (They're going to finish a Spanish poem.)

5. *Le fleuve n'est pas grand, mais il est très large.*
   (The stories aren't good, but they're very short.)
   (The girl isn't short, but she's very fat.)

6. Maintenant *il est midi vingt-cinq. Nous partons.*
   (it's 9:15)   *(You (sing.) are going out.)*
   (it's 10:30)   *(They're sleeping.)*

Thème: Trouvez les expressions françaises qui correspondent à l'anglais et rédigez un paragraphe.

RÉPUBLIQUE DE CÔTE-D'IVOIRE
65ᶠ
Postes
1976
Littérature pour enfants
MARIE SÉKA SÉKA

Dominique and Madeleine go out of the house at 7:15.

They're going to have dinner at the restaurant.

After dinner, they have to go to the theater.

Antoine et Cléopâtre

They're going to put on (*jouer*) an English play.

The play isn't bad, but it's very long.

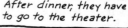
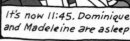

It's now 11:45. Dominique and Madeleine are asleep.

AUTO-TEST

A According to the cities mentioned, indicate where the city is and tell what language has to be spoken. Follow the model.

1. Il va à Pékin. *C'est une ville chinoise. Il faut parler chinois.*

2. Nous allons à Mexico.
3. Elles vont à Bonn.
4. Vous allez à Washington.

5. Je vais à Rome.
6. Tu vas à Lisbonne.
7. Elle va à Dakar.

B Redo the sentences in the affirmative, using the adjective that means the opposite of the one given. Follow the model.

1. Alain n'est pas maigre.
   Il est gros.

2. Le bateau n'est pas étroit.
3. Sa jupe n'est pas longue.
4. Marie n'est pas grande.

5. Le roman n'est pas court.
6. Ils ne sont pas célèbres.
7. Elles ne sont pas blondes.
8. L'histoire n'est pas mauvaise.
9. Leurs amies ne sont pas grosses.

C Make complete sentences using the correct form of the words given. Convert the hours to the way in which you would say them and write out the numbers. Follow the model.

1. Je / arriver / à / le stade / vers 7 h. 55
   J'arrive au stade vers huit heures moins cinq.

2. Les poètes / partir / à 11 h. 30
3. Tu / servir / le dîner / à 7 h. 15
4. Nous / finir / nos leçons / vers 9 h. 45
5. Je / partir / pour le marché / à 8 h. 40
6. Nous / sortir / de / le grand magasin / avant 5 h. 20
7. Elles / dormir / à / la bibliothèque!
8. Est-ce qu'il / partir / ou est-ce qu'il / choisir / un livre?

D Redo the above exercise using the future. Follow the model.

1. Je / arriver / à / le stade / vers 7 h. 55
   Je vais arriver au stade vers 7 h. 55.

Proverbe

La nuit, tous les chats sont gris.

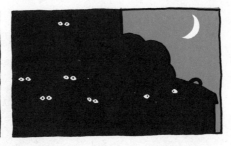

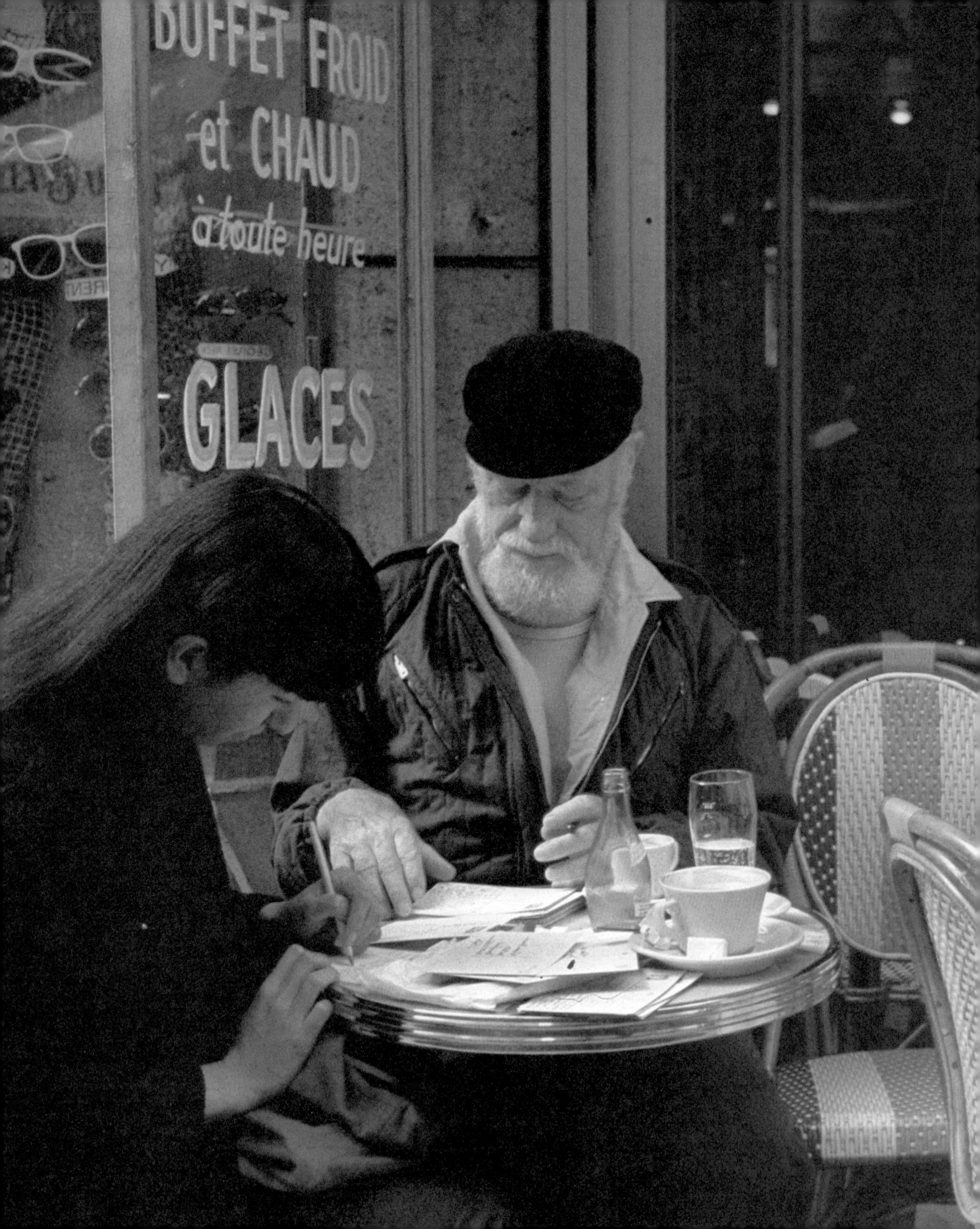
BUFFET FROID
et CHAUD
à toute heure
GLACES

Interlude

Les cafés

In America, "café" is usually just another word for a small restaurant. But if you went into a café in France and tried to order a meal, the waiter might think you were joking. You see, le café is the French word for coffee, and that is one of the main things that cafés serve. You might be able to get a grilled ham and cheese sandwich (un croque-monsieur), or some other simple dish, but for the most part, cafés serve mainly coffee, tea, wine, and other drinks.

Thirst is not the chief reason for going to a café. Most people go there because it is a good place to sit and talk. Or they may go because they enjoy watching people. In good weather, most cafés set up tables outside on the sidewalk (sur la terrasse), with the chairs facing the street. This way, customers can watch the world go past while they drink a cup of coffee (un café) or sip a glass of Coke (un Coca). In all but the busiest cafés, you may stay as long as you like once you've bought something, and it is not unusual for someone to sit for an hour or two over one drink.

There are many famous cafés in France. Two particularly well-known ones are in Paris—the Deux Magots and the Café de Flore. Many important artists and writers have spent afternoons at these two cafés over the years, having discussions—and even working. Fashion models sometimes come there wearing the latest designer clothes. Musicians and mimes stop to perform, then pass their hats for payment.

Not all cafés are like this, though. Many are just small places in quiet neighborhoods. Most of their customers come by every day. The waiter may not even have to ask for their order, but will automatically bring their preferred drink. And they never seem to tire of the routine. Here, for the price of a cup of coffee, they can sit for hours, discussing politics or exchanging stories with their friends. Or they can just sit back and relax as the people on the street hurry past.

Les touristes écrivent souvent leurs cartes postales au café.

CHAPITRE 10

MOTS NOUVEAUX I

un café

une glace

un esquimau

un Coca

le garçon

la serveuse

une bière

une orangeade

une grenadine

un citron pressé

Au café.

—On va à **la terrasse d'un café?**[3]	*Shall we go to **a sidewalk café?***
—Chouette! Qu'est-ce que tu vas **commander?**	*Great! What are you going **to order?***
—Je commande toujours une glace et un café.	*I always order a dish of ice cream and a cup of coffee.*
—Moi, je vais commander **une boisson.** Une orangeade **peut-être**—ou un citron pressé.	*I'm going to order **a drink.** An orangeade **perhaps**—or a lemonade.*
—Il faut **attendre** le garçon. Il est **occupé ce soir.**	*We have **to wait for** the waiter. He's **busy tonight.***
—La serveuse est **occupée,** aussi.	*The waitress is **busy,** too.*
—Il y a une table **libre** là-bas.	*There's an **empty** table over there.*

[1] In France, lemonade is a kind of do-it-yourself drink. You are served a glass, the juice of a lemon, sugar, and a pitcher of cold water, and you mix the ingredients to your own taste.
[2] *La grenadine* is a drink made from pomegranate juice.
[3] Note that *de* elides with the indefinite determiner *un: les romans d'un auteur, les poèmes d'une amie.*

L'appartement est **occupé.**	La table est **occupée.**	occupied
libre.	**libre.**	unoccupied
Le jeune homme est **fatigué.**	La jeune femme est **fatiguée.**	tired
inquiet.	**inquiète.**	worried
aimable.	**aimable.**	nice
calé.	**calée.**	smart; bright
sage.	**sage.**	well-behaved

Comment est le garçon?	**Comment est** la serveuse?	**What's** the waiter (waitress) **like?**
Il est **bête.**	Elle est **bête.**	dumb, stupid
patient.	**patiente.**	patient
impatient.	**impatiente.**	impatient
poli.	**polie.**	polite
impoli.	**impolie.**	rude
vraiment impoli.	**vraiment** impolie.	really rude

C'est le **seul** garçon.	C'est la **seule** serveuse.	only
le **même**	la **même**	same
l'**autre**	l'**autre**	other
un **autre**	une **autre**	another, a different

Le garçon travaille **bien** et très **vite.**
La serveuse travaille **mal** et beaucoup trop **lentement.**

*The waiter works **well** and very **quickly.***
*The waitress works **badly** and much too **slowly.***

l'argent (m.)

le franc

le billet

–**Combien est-ce que ça coûte?**
–Ça **coûte peu.** Cinq francs.[1]
–**Combien coûtent** les billets?
–Ils **coûtent cher.** Soixante francs.

How much does that cost?
*It's **inexpensive.** Five francs.*
How much** do the tickets **cost?
*They're **expensive.** Sixty francs.*

[1]The value of the franc varies, depending on economic conditions. You can look up today's value in most metropolitan newspapers.

Exercices de vocabulaire

A Répondez à la question comme vous voulez. *(Answer the question as you wish.)*

—Qu'est-ce que tu commandes?
—Je commande _____ .

B Complétez les conversations avec le mot qui convient.

1. —Allons à *(la terrasse / la terre / la serveuse)* d'un café.
   —D'accord. Nous allons commander *(des corbeilles / des dragons / des boissons)* parce que nous avons *(peur / soif / faim)*.
2. —Pourquoi est-ce qu'ils ne vont pas souvent au cinéma?
   —Parce que *(les maillots / les billets / les chaises)* coûtent très *(peu / cher)* peut-être.
3. —Il faut être à Reims à 5 h. 30.
   —Mais c'est impossible! Le train va trop *(vite / bien / lentement)*.
4. —C'est lui, le garçon qui sert notre dîner?
   —Non, c'est *(un autre / le même)* garçon.
5. —Tu aimes les enfants de tes voisins?
   —Bien sûr. Ils sont très *(aimables / bêtes / fatigués)*.
6. —J'aime être près de la fenêtre. Est-ce que la table là-bas est *(inquiète / libre)*?
   —Non, madame. Malheureusement les tables près de la fenêtre sont *(libres / occupées)*.
7. —Va faire tes achats maintenant!
   —Mais je n'ai pas *(d'argent / d'agent / d'ami)*.

C Complétez les phrases comme vous voulez. *(Complete the sentences as you wish.)*

1. Quand je révise mes leçons après minuit, je suis *(bête, fatigué)*.
2. Quand je fais un voyage en avion, je suis vraiment *(inquiet, impatient, patient, sage)*.
3. Quand je fais mes devoirs le matin, je travaille très *(bien, mal)*; le soir je travaille *(lentement, vite)*.
4. Quand j'attends l'autobus, je suis *(impatient, patient)*.

5. Quand je parle aux professeurs, je suis *(inquiet, poli, sage)*.
6. Quand je fais des achats avec ma mère, elle aime toujours *(les mêmes, les autres)* habits.
7. Quand je regarde un film policier, je suis *(inquiet, heureux)*.

Qu'est-ce qu'on prend?

MOTS NOUVEAUX II

Ce **monsieur**[1] est **étranger**.	*That **gentleman** is **foreign**.*
Cette dame est **étrangère**.	*That **lady** is **foreign**.*
Ils parlent **une langue** étrangère.	*They're speaking **a** foreign **language**.*
Les gens à côté parlent **grec**.[2]	*The **people nearby** speak **Greek**.*
L'homme est **grec**.	*The **man** is **Greek**.*
La femme est **grecque** aussi.	*The **woman** is **Greek** too.*
Ils habitent **Athènes**.	*They live in **Athens**.*
A **Moscou** on parle **russe**.	*In **Moscow** they speak **Russian**.*
Il est **russe**; elle est **russe**.	*He's **Russian**; she's **Russian**.*
A **Amsterdam** on parle **hollandais**.[3]	*In **Amsterdam** they speak **Dutch**.*
Il est **hollandais**, n'est-ce pas?	*He's **Dutch**, isn't he?*
Non, mais elle est **hollandaise**.	*No, but she's **Dutch**.*
Il est **belge**; elle est **belge**.	*He's **Belgian**; she's **Belgian**.*
A **Bruxelles** on parle français et **flamand**.	*In **Brussels** they speak French and **Flemish**.*
A **Montréal** on parle français.	*In Montreal they speak French.*
Il est **québécois**; elle est **québécoise**.	*He's **Quebecois**; she's **Quebecois**.*
A **Stockholm** on parle **suédois**.	*In **Stockholm** they speak **Swedish**.*
Il est **suédois**; elle est **suédoise**.	*He's **Swedish**; she's **Swedish**.*
A **Copenhague** on parle **danois**.	*In **Copenhagen** they speak **Danish**.*
Il est **danois**; elle est **danoise**.	*He's **Danish**; she's **Danish**.*
A **Oslo** on parle **norvégien**.	*In **Oslo** they speak **Norwegian**.*
Il est **norvégien**; elle est **norvégienne**.	*He's **Norwegian**; she's **Norwegian**.*

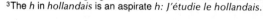

[1] In pointing someone out, the French usually say *le monsieur,* "the gentleman," or *la dame,* "the lady," rather than *l'homme,* "the man," or *la femme,* "the woman."
[2] The names of languages are masculine, but the definite determiner *le* is not used after the verb *parler.*
[3] The *h* in *hollandais* is an aspirate *h: J'étudie le hollandais.*

On arrive pour les cours de français.

Exercices de vocabulaire

A A vous. *(Tell Student B that you are going to a foreign city. Student B will ask you if you speak the language and state that he or she likes that language.)*

1. Paris —Je vais à Paris.
   —Ah, tu parles français? J'aime le français.

2. Copenhague	6. Pékin	10. Stockholm
3. Moscou	7. Mexico	11. Londres
4. Athènes	8. Oslo	12. Tokyo
5. Amsterdam	9. Bonn	13. Bruxelles

B Répondez d'après le modèle. *(Answer by telling the nationality of the people mentioned.)*

1. Tu habites Paris?
   Oui, je suis français. OR *Oui, je suis française.*

2. Vous habitez Athènes, mesdames?	7. Elle habite Oslo?
3. Ils habitent Stockholm?	8. Elles habitent Madrid?
4. Vous habitez Moscou, messieurs?	9. Il habite Québec?
5. Elles habitent Copenhague?	10. Tu habites Bruxelles?
6. Elles habitent Amsterdam?	11. Ils habitent Athènes?

DIALOGUE

A la terrasse d'un café

Après la classe, Claire, Roger et Maryse vont à la terrasse d'un café. Roger et Maryse commandent des cafés; Claire commande une grenadine. Pendant qu'ils attendent leurs boissons, Roger demande:

ROGER   Qu'est-ce que vous faites ce soir, les filles?*
5 CLAIRE   Moi, je finis un roman policier, un Maigret.*
MARYSE   Moi aussi, je reste à la maison. Mais c'est pour faire mes devoirs d'anglais.
ROGER   Comment est ton prof?
MARYSE   Pas mauvais.
ROGER   Tu parles bien cette langue, alors?
MARYSE   Mais *of course!**

*When speaking directly to girls of the same age, French young people use *les filles* instead of *les jeunes filles*.

*Inspector Maigret, a detective created by Belgian-born writer Georges Simenon, is one of the world's most popular fictional police detectives. A *roman policier* is a mystery or a detective novel.

*French students who intend to go to college usually study two foreign languages. Most select English as their "first" language, so it is not unusual to hear them insert English words into their conversation.

Questionnaire

1. Où vont Claire, Roger et Maryse après la classe?   2. Qu'est-ce qu'ils commandent?   3. Qu'est-ce que Claire va faire ce soir? Et Maryse?   4. Comment est le professeur d'anglais de Maryse?   5. Est-ce que Maryse parle bien anglais?

Les étudiants aiment rencontrer des amis au café.

EXPLICATIONS I

Les verbes réguliers en -re

VOCABULAIRE

attendre[1]	*to wait, to wait for*	**répondre à**[2]	*to answer*
entendre	*to hear*	**vendre**	*to sell*
perdre	*to lose*		

The last main type of regular verbs has infinitives ending in *-re*.

	SINGULAR	PLURAL
1	je vend**s**	nous vend**ons**
2	tu vend**s**	vous vend**ez**
3	il ⎫ elle ⎬ vend on ⎭	ils ⎫ vend**ent** elles ⎭

IMPERATIVE: **vends! vendons! vendez!**

1 The stem is the infinitive form, minus the *-re* ending.

2 In the plural, the pattern is the same as with *-er* verbs. The plural endings are added and the final consonant of the stem is pronounced.

3 In the singular, the final consonant of the stem is not pronounced. An *s* is added for the 1 and 2 sing. forms, and all three forms are pronounced the same.

Exercice

Substitution. Suivez le modèle.

1. Nous *dînons* au restaurant. (attendre)   *Nous attendons au restaurant.*

2. Ils *finissent* le match de hockey. (perdre)

3. Je *téléphone* à Blanche. (répondre)

4. Tu *donnes* tes romans policiers à Frédéric? (vendre)

5. Nous *écoutons* le garçon. (entendre)

6. Vous *arrivez* chez Jacqueline. (attendre)

7. Qu'est-ce que tu *demandes* à Patrick? (vendre)

8. Gabrielle *apporte* les billets. (perdre)

9. *Téléphone* à ta maman, s'il te plaît! (répondre)

10. Je *regarde* les enfants qui *jouent* dans le jardin. (entendre/attendre)

---

[1] Like *écouter*, "to listen to," *attendre*, "to wait for," is not followed by a preposition.
[2] Like *téléphoner*, *répondre* is followed by a form of *à*.

Les adjectifs singuliers placés avant le nom

In French, most adjectives come after the noun: *une robe blanche, un garçon français, des femmes avares.* Some common ones, however, usually come before the noun.

1 Look at the following:

C'est un **joli** jardin.
C'est un **joli** arbre.
C'est le **seul** jardin.
C'est le **seul** arbre.

C'est une **jolie** bibliothèque.
C'est une **jolie** histoire.
C'est la **seule** bibliothèque.
C'est la **seule** histoire.

Adjectives that end in a vowel or in a pronounced consonant do not change pronunciation when they are used before nouns.

2 Now look at the following:

Voilà un **petit** camion.
Voilà un **petit** avion.
[t]

Voilà une **petite** carte.
Voilà une **petite** affiche.

When a masculine adjective that ends in a pronounced consonant comes before a noun beginning with a vowel sound, the final consonant is pronounced. In the feminine forms, this consonant is always pronounced.

3 Look at *grand* and *gros:*

C'est un **grand** château.
C'est un **grand** hôtel.
[t]

C'est une **grande** maison.
C'est une **grande** église.

C'est un **gros** nuage.
C'est un **gros** avion.
[z]

C'est une **grosse** voiture.
C'est une **grosse** étoile.

Before a masculine noun beginning with a vowel sound, the *d* of *grand* is pronounced [t], and the *s* of *gros* is pronounced [z]. The corresponding feminine forms end in a [d] and an [s] sound.

4 Here are some adjectives that may come before the noun:

TYPE 1: autre, jeune, joli, large, même, pauvre,[1] seul
TYPE 2: long, mauvais, petit
TYPE 3: grand, gros

[1]When *pauvre* is used before a noun, it means "unlucky" or "pitiful." After a noun it means "without money."

Exercices

A A vous. *(You're looking for something. Student B points one out to you.)*

  1. une corbeille (grand)   –Je cherche une corbeille.
                                –Voilà une grande corbeille.

  2. un anorak (gros)   5. une écharpe (long)
  3. une moto (joli)   6. un café (petit)
  4. un roman (mauvais)   7. un hôtel (petit)

B A vous. *(Ask Student B a question, choosing one of the adjectives. Student B will answer, adding the other adjective.)*

  1. Il étudie un poème? (danois/long)   –Il étudie un long poème?
                                           –Oui, il étudie un long poème danois.

  2. On joue une pièce en ville? (mauvais/suédois)
  3. Tu as une villa? (blanc/joli)
  4. Vous attendez toujours le garçon? (impoli/même)
  5. Elle montre la table? (libre/seul)
  6. C'est un auteur? (célèbre/jeune)
  7. Tu vas porter un chapeau? (grand/rouge)
  8. Il répond au monsieur? (gros/impatient)
  9. Vous parlez à l'élève? (autre/américain)

De quoi est-ce qu'elles parlent?

Comment est la voiture?

CONVERSATION

Prononciation

The French [r] sound has no equivalent in English. It is pronounced with the tongue in more or less the same position as for the English sound [g]. When you pronounce the [r] sound, the back of your tongue does not quite touch the roof of your mouth.

A Practice the [r] sound in the middle of words.

garage   arriver   parents   pardon   merci   arbre

B At the end of a word, the [r] sound is very soft. In the following pairs, the first word ends in a vowel sound; the second contains the same vowel, but ends in the [r] sound.

pou / pour   fou / four   lit / lire   soi / soir   pas / par

C Now practice the [r] sound at the beginning of words.

rue   rouge   robe   rentrer   regarder   restaurant

D Listen, then say the following sentences aloud.

Richard regarde le roman.   Le professeur regarde leurs devoirs.
Marie rentre du bureau.   Il dort? Alors, je pars pour l'aéroport.

Parlons de vous

1. Est-ce que vous travaillez beaucoup? Qu'est-ce que vous faites? Est-ce que vous travaillez vite ou lentement?
2. Est-ce que vous êtes quelquefois inquiet? impatient? impoli? Quand et pourquoi?
3. Combien de langues est-ce que vous parlez? Vous connaissez ("know") des gens qui parlent une langue étrangère? Quelle ("what") langue est-ce qu'ils parlent?
4. Est-ce que vous allez quelquefois au café? Est-ce qu'il y a un café près de votre lycée? Est-ce que vous allez là-bas après la classe? Qu'est-ce que vous commandez?

Qu'est-ce qui se passe?

Deux amies, qui habitent Paris, sont à la terrasse d'un café. Elles regardent les gens à côté. Quelle ("what") langue est-ce qu'on parle?

Now assume that the *touristes* at Tables 1 and 2 speak perfect French as well. Create dialogues for them, using these words if you wish.

1.

LE MONSIEUR	faire / ce soir
LA DAME	finir / roman
LE MONSIEUR	tu / rester / hôtel
	aller / théâtre
LA DAME	comment est / pièce
LE MONSIEUR	. . .

2.

LE MONSIEUR	tu / commander
LA DAME	. . .
LE MONSIEUR	moi / commander
LA DAME	combien / coûte . . .
LE MONSIEUR	peu / . . . francs / où / garçon
LA DAME	garçon / occupé

EXPLICATIONS II

Les déterminants démonstratifs: <u>ce</u>, <u>cet</u>, <u>cette</u>, <u>ces</u>

The demonstrative determiners *ce, cet,* and *cette* mean "this" or "that." *Ces* means "these" or "those." Note how they are used:

Ce monsieur va à **cet** hôtel.　　　　**Ces** messieurs vont à **ces** hôtels.
Cette dame vend **cette** image.　　　 **Ces** dames vendent **ces** images.

Ce and *cet* are used before masculine singular nouns—*ce* before a consonant sound and *cet* before a vowel sound. *Cette* is used before all feminine singular nouns. *Ces* is used before all plural nouns. Before a vowel sound, the final *s* is a liaison consonant, pronounced [z].

Exercices

A　Répondez d'après les images en employant *ce* ou *cette*. Suivez les modèles.

1. Qu'est-ce qui est grand?
   Ce bateau est grand.

2. Qu'est-ce que tu vends?
   Je vends cette moto.

3. Qu'est-ce que tu fermes s'il fait froid?

　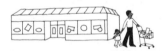　

4. Qu'est-ce qui est bien chaud?

5. Qu'est-ce qui est nouveau?

6. Qu'est-ce qu'elles écoutent?

7. Qu'est-ce qui est beau?

8. Qu'est-ce qui est court?

9. Qu'est-ce qu'elles vendent?

　　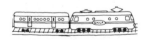

10. Qu'est-ce qui est mauvais?

11. Qu'est-ce qui est beau?

12. Qu'est-ce qu'elles attendent?

B Répondez aux questions comme vous voulez. Suivez le modèle. *(Answer the questions by choosing one response and rejecting the other.)*

1. Quand est-ce qu'ils font leur voyage? (l'été / l'hiver)
   Ils font leur voyage cet hiver—pas cet été.

2. Qu'est-ce que Chantal aime? (la grenadine / l'orangeade)
3. Qu'est-ce qu'il faut finir? (l'histoire / le roman)
4. Qui est aimable? (l'auteur / le poète)
5. Quand est-ce que Marc rentre chez lui? (l'après-midi / le soir)
6. Qu'est-ce que vous regardez dans le ciel? (l'étoile / le nuage)
7. Qui sert nos boissons? (le garçon / la serveuse)
8. Qu'est-ce que tu choisis? (l'affiche / l'image)

C Refaites les phrases d'après le modèle. *(Change the words in italics to the singular.)*

1. Il répond lentement à *ces enfants.*
   Il répond lentement à cet enfant.

2. Samedi elles vont à *ces marchés.*
3. Donnez *ces journaux* à papa, s'il vous plaît.
4. Je n'aime pas *ces hôtels.*
5. Est-ce que vous entendez *ces avions* dans le ciel?
6. Il va perdre *ces stylos.*
7. En automne il y a des feuilles jaunes sur *ces arbres.*
8. Est-ce que tu vas servir *ces glaces* maintenant?

D A vous. *(Ask Student B about the person or people you see. Student B will identify him / her / them for you.)*

1. messieurs / M. Laporte et son père

   —Qui sont ces messieurs?
   —Ces messieurs, ce sont M. Laporte et son père.

2. jeune fille / Annie, ma sœur
3. dames / Mme Duclos et sa nièce
4. garçons / Jean-Luc et son frère
5. monsieur / M. Beaulieu
6. jeunes filles / Lise et Marie-France
7. garçon / mon petit frère

RÉVISION ET THÈME

Consultez les phrases modèles. Trouvez les expressions françaises qui correspondent à l'anglais et formez des phrases complètes d'après le modèle.

1. *Ce soir*, les Dufort vont à *un petit théâtre espagnol* à New York.
   (This week)   *(a large Greek restaurant)*
   (This morning)   *(a small German library)*

2. *Cette maison est en face d'un vieux château.*
   (Those flowers are under a big tree.)
   (That hospital is near a pretty park.)

3. *Il écoute un long opéra français.*
   (He's watching the same stupid western.)
   (He's looking at another cartoon.)

4. *Là, nous vendons les disques.*
   (she hears the wind)
   (you (sing.) *wait for the waitress)*

5. *Je travaille lentement, et le professeur attend mes devoirs.*
   (He plays badly, and they lose the game.)
   (The drinks aren't expensive, and we order a lemonade and a beer.)

Thème: Trouvez les expressions françaises qui correspondent à l'anglais et rédigez un paragraphe.

This afternoon, the Ballards are having lunch at a small Dutch café in London.

This café is next to a large hotel.

The Ballards choose the only unoccupied table near a window.

There they wait for the waiter.

The waiter arrives quickly and they order Cokes.

AUTO-TEST

A Replace the italicized determiners with the correct form of the demonstrative determiner and use the appropriate form of the verb in parentheses. Follow the model.

1. Ils ne *(perdre)* pas *l'*argent.
   Ils ne perdent pas cet argent.

2. Elle *(vendre)* *la* grande maison rouge.
3. *Le* garçon et *la* serveuse *(servir)* le déjeuner.
4. *Le* professeur ne *(répondre)* pas à *un* élève.
5. Elles *(commander)* *le* bon citron pressé.
6. Tu *(attendre)* *une* amie à *l'*hôtel?
7. Vous ne *(répondre)* pas à *la* porte après 7 h. 30?

B Make complete sentences using the correct form of the words given. Be careful to put the adjectives in the correct position. Follow the model.

1. La dame *(fatigué, pauvre)*/demander/son argent
   La pauvre dame fatiguée demande son argent.

2. Je/vendre/ma jupe *(joli, norvégien)*
3. Une dame *(grec, jeune)*/attendre/le train *(même)*
4. Nous/répondre/à/la fille *(aimable, petit)*
5. Elle/commander/une boisson *(autre, froid)*
6. Elles/entendre/une langue *(autre, étranger)*

C Redo the sentences using the cues in parentheses. Follow the model.

1. Ce roman est difficile. (la pièce)
   Cette pièce est difficile.

2. Ce monsieur est gros. (la dame)
3. Cet homme est fatigué. (la fille)
4. Ce café est froid. (la boisson)
5. Cet enfant est étranger. (la langue)
6. Cet hôtel est petit. (la bibliothèque)
7. Cet autre garçon est aimable. (la serveuse)
8. Ce jeune homme est calé. (la femme)

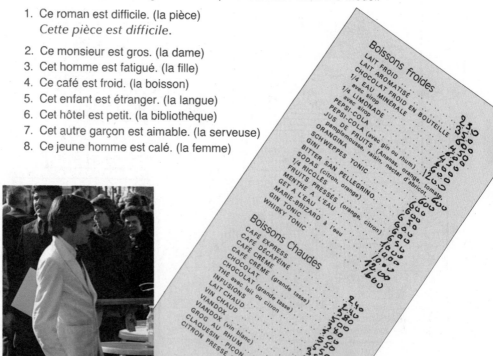

Poème

RONDE°

Dans cette ronde,
Entrez la blonde;
Entrez la brune
Avec la lune;
5 Vous, la pluie douce,°
Avec la rousse;
Vous, la châtaine,°
Avec la plaine;°
Vous, la plus belle,°
10 Avec le ciel.
J'y° entre, moi,
Avec la joie.°

la ronde: *circle (dance)*

doux, douce: *gentle*

la châtaine: *brown-
  haired girl*
la plaine = la campagne
la plus belle: *the fairest*
y: *there*
la joie: *joy*

"Ronde" from *La Lanterne magique* by Maurice Carême. Paris: Editions
Ouvrières. Reprinted with the permission of La Fondation Maurice
Carême. All rights reserved.

Proverbe

Qui va à la chasse perd sa place.

Interlude

L'éducation

How would you like to be sixteen years old and in second grade? That's the way it is in France—not because they start school late, but because their system of numbering the grades is the opposite of ours.

In France, students enter the collège *(sometimes called* le Collège d'Enseignement Secondaire*) when they are about eleven years old. The* collège *is roughly equivalent to junior high school here, and includes four grades—*sixième, cinquième, quatrième, *and* troisième. *Beginning in* sixième, *all students are required to take a foreign language. Most choose to study English.*

In quatrième *(eighth grade), most students add a second foreign language, and many also add Latin or Greek. Other students may choose to take vocational courses. At the end of* troisième, *teachers, parents, and the principal of the school decide with the student whether he or she will continue at a high school* (le lycée), *or at a business or trade school. If they are sixteen, students may leave school completely.*

The lycée *has three levels—*seconde, première, *and* terminale. *The courses in the* lycée *are usually rather difficult—in fact, they are often like college courses in America. Students even have a "major." School starts early in the morning, and often lasts until after 5:00 P.M. And then there are always a few hours of homework, even though French parents sometimes complain that their children do not get enough.*

Why do French students work so hard? Probably because of the bac *(le baccalauréat), an extremely difficult exam that they must take to graduate from the* lycée. *Only about 60% of the students pass the* bac, *and only they can go on to the university. French students know how important this exam is, so they work very hard in order to do well on it. A student's entire future career can depend on how he or she does on the* bac.

Il faut faire attention dans le labo.

CHAPITRE 11

MOTS NOUVEAUX I

le vendeur

le magasin

la vendeuse

la boutique

le cadeau

les cadeaux

les livres de poche

les photos

la photo

LIBRAIRIE

la librairie

le livre de poche

La vendeuse aime
> **faire la grasse matinée.**
> dormir **jusqu'à** 10 h.
> travailler au **magasin.**

Elle est sur **la route.**
> **en route pour** Paris.
Elle va **passer la matinée** là-bas.
> **la journée**
> **la soirée**
A Paris les heures **passent** vite.
Elle va passer la nuit à l'hôtel.

The saleswoman likes
> **to sleep late.**
> to sleep **until** 10:00.
> to work at the **store.**

She is on **the road.**
> **on the way to** Paris.
She'll **spend the (whole) morning** there.
> **the (whole) day**
> **the (whole) evening**
In Paris the hours **go by** quickly.
She'll spend the night at the hotel.

—Il faut **trouver** un cadeau.	*I have **to find** a gift.*
—Oui, c'est **la Fête des Mères (Pères).**	*Yes, it's **Mother's (Father's) Day.***
—Je vais **offrir**[1] **un roman policier** à maman.	*I'm going **to give** Mom **a detective novel.***
—Moi, je vais **chercher** un cadeau pour grand-maman. **Une** petite **chose** pas **chère.**[2]	*I'm going **to look for** a gift for Grandmother. **A** small **thing**—not **expensive.***
—Un livre, **par exemple.** Ce n'est pas **cher.**	*A book, **for example.** That's not **expensive.***
—Je vais **compter** mon argent.	*I'm going **to count** my money.*
—**Si tu veux, on peut** chercher une librairie.	***If you want, we can** look for a bookstore.*
—**Je veux bien.**	***I'd like that.***

[1]Like *ouvrir*, *offrir* follows the pattern of *-er* verbs in the present tense: *j'offre, tu offres,* etc. Note, too, that like *donner, téléphoner, répondre,* etc., *offrir* requires the use of *à: Nous offrons des cadeaux à papa.*

[2]When it is used with *coûter*, the word *cher* is an adverb. When it is used with *être*, it is an adjective, so it must agree with the noun:

Les photos **coûtent cher.**
but: Les photos **sont chères.**

Tout le monde fait ses devoirs.

Exercice de vocabulaire

Pour chaque ("each") expression à gauche, choisissez une réponse à droite. *(The answers to 1–6 will be found in a–f; the answers to 7–12 will be found in g–l.)*

1. Ça coûte 62 F 50, madame.
2. Elle travaille en ville?
3. Il vend des livres?
4. Pourquoi est-ce que tu cherches un cadeau pour maman?
5. Qu'est-ce que tu offres à Dominique?
6. Tu vas à la bibliothèque?

a. Cette affiche est beaucoup trop chère.
b. Dimanche, c'est la Fête des Mères.
c. Oui, c'est une vendeuse dans un magasin.
d. Oui, il travaille dans une librairie.
e. Oui, il faut aller chercher un roman policier.
f. Un livre de poche peut-être.

7. Elle est au bureau de 9 h. jusqu'à 18 h. 45.
8. Elle dort toujours?
9. Il faut trouver un bon restaurant.
10. Maintenant, mes enfants, comptons jusqu'à vingt.
11. Regarde cette photo, papa. Qui est cette femme?
12. Tu vas au théâtre ce soir?

g. C'est grand-maman.
h. C'est une très longue journée.
i. Non, je passe la soirée chez moi.
j. Oui, elle fait la grasse matinée aujourd'hui.
k. Oui, j'ai faim aussi.
l. Un, deux, trois, quatre, . . .

MOTS NOUVEAUX II

—Ah, vous êtes professeur.[1] Vous aimez **enseigner?**
—Oui, j'enseigne **la biologie.**
　　　　　la chimie.
　　　　　la physique.
　　　　　la géométrie.
　　　　　l'algèbre *(f.).*
　　　　　les mathématiques *(f. pl.).*

So you're a teacher. Do you like **to teach?**
Yes. I teach **biology.**
　　　　　　chemistry.
　　　　　　physics.
　　　　　　geometry.
　　　　　　algebra.
　　　　　　mathematics.

[1]After a personal subject pronoun *(je, tu, il, elle,* etc.) + *être,* the French do not use the definite determiner with professions. Compare: *C'est un professeur,* but *Il est professeur; C'est une étudiante,* but *Elle est étudiante.*

–Tu vas à **l'université** (f.)?	*Do you go to **the university?***
–Oui, je suis **étudiant (étudiante).**	*Yes, I'm **a college student.***
–**Qu'est-ce que tu fais** cette année?	***What are you taking** this year?*
–Je fais **de la géographie.**	*I'm taking **geography.***
de l'anglais (m.).	**English.**
de l'espagnol (m.).	**Spanish.**
de l'histoire (f.).	**history.**
du français.	**French.**
des sciences sociales (f. pl.).	**social studies.**

–C'est ton **camarade de classe?**	*Is that your **classmate?***
ta **camarade de classe?**	
–Non, c'est mon frère. Il est **lycéen.**	*No, it's my brother (sister). He's*
ma sœur. Elle est **lycéenne.**	*(she's) **a high-school student.***
Il est **si intelligent.**	*He's **so intelligent.***
sérieux.	**conscientious.**
Elle est **si intelligente.**	*She's **so intelligent.***
sérieuse.	**serious.**

On a **un cours** de français ce matin.	*We have a French **class** this morning.*
Il faut **assister à** ce cours.	*We have **to attend** this class.*
Le prof aime **poser des questions.**	*The teacher likes **to ask questions.***
La question est **importante.**	***The question** is **important.***
Ma **réponse** n'est pas **correcte.**	*My **answer** isn't **correct.***
Cette **phrase** est correcte.	*This **sentence** is correct.*
Le mot n'est pas **correct.**	***The word** isn't **correct.***
L'examen n'est pas **important.**	*The exam isn't **important.***

Cette réponse est **vraie.**	*This answer's **true.***
C'est vrai!	***That's true!***
Cette réponse est **fausse.**	*That answer's **false.***
C'est faux!	***That's wrong!***

Le mois prochain la classe va à Paris.	***Next month** the class is going to Paris.*
L'année prochaine	***Next year***
Lundi prochain	***Next Monday***

–Il faut **passer un examen** ce matin.	*I have **to take a test** this morning.*
–Tu vas **réussir à** cet examen?[1]	*You'll **pass** this exam?*
–Non, malheureusement. Je vais	*No, unfortunately. I'm going **to fail***
rater l'examen.	*the test.*
–Mais tu es **fort** en maths![2]	*But you're **good** in math!*
forte	
–Mais je suis **nul** en français.	*But I'm **no good** in French.*
nulle	
Et c'est un examen de français.	*And it's a French exam.*

[1] *Réussir à* is an *-ir/ -iss-* verb.
[2] *Les mathématiques* is often shortened to *les maths.*

Exercices de vocabulaire

A Complétez chaque ("each") phrase avec le mot ou l'expression qui convient.

1. Elle (*rate / réussit à*) ses examens parce qu'elle est nulle en géométrie.
2. Samedi prochain, nous (*posons / passons*) un examen d'espagnol au lycée.
3. Quand ses élèves sont forts, le prof aime bien (*étudier / enseigner*).
4. Parce qu'ils sont sérieux, Jean-Paul et Didier (*attendent toujours / assistent toujours à*) leurs cours.
5. Vous êtes très intelligents. Alors, vous (*réussissez / répondez*) aux examens.
6. Nous sommes lycéens. L'année prochaine nous allons (*enseigner les / faire des*) maths à l'université.
7. Yves et moi, nous assistons au même cours d'histoire américaine. Yves est mon (*copain / camarade*) de classe.

B *Qu'est-ce qu'il fait? Qu'est-ce qu'elle fait?* Répondez d'après les images. Suivez les modèles.

1. *Il enseigne l'anglais.*   2. *Elle fait de l'espagnol.*   3.

4.   5.   6.

7.   8.   9.

10.   11.   12.

DIALOGUE

A la librairie

Dimanche prochain, c'est la Fête des Pères.* Ce matin, Claude cherche un cadeau pour offrir à son père. Il regarde des livres dans une grande librairie.

LE VENDEUR	Qu'est-ce qu'il aime, votre père?
CLAUDE	Les livres!
5 LE VENDEUR	Euh . . . bien sûr. Mais qu'est-ce qu'il fait, par exemple?
CLAUDE	Il est professeur. Il enseigne la biologie.
LE VENDEUR	Eh bien, j'ai ce très joli livre d'histoire naturelle.* Les photos sont vraiment belles.
CLAUDE	C'est vrai... Mais ça coûte très cher, n'est-ce pas?
10 LE VENDEUR	Deux cent* soixante-huit francs, monsieur.
CLAUDE	Oui, c'est cher. Et ce petit livre?
LE VENDEUR	Treize francs cinquante.* Mais c'est un livre de poche!
CLAUDE	Oui, mais c'est le geste* qui compte, n'est-ce pas?

*Father's Day is in June, but not always on the same day in France as in the U.S. and Canada.

*l'histoire naturelle: "natural history," the study of animals, plants, and other things in nature.

*cent = 100.

*Treize francs, cinquante centimes (100 centimes = 1 franc).

*le geste: "gesture." In French, the expression is, "It's the gesture that counts." What do we say in English?

Questionnaire

1. Pourquoi est-ce que Claude cherche un cadeau pour son père? Où est-ce qu'il cherche le cadeau?   2. Que fait le père de Claude? Qu'est-ce qu'il enseigne?
3. Qu'est-ce que le vendeur montre à Claude d'abord? Comment sont les photos?
4. Est-ce que Claude aime ce livre? Combien coûte ce livre?   5. Qu'est-ce que Claude choisit pour offrir à son père? Est-ce que c'est cher? Combien?   6. Est-ce que Claude est généreux?

EXPLICATIONS I

Les verbes <u>pouvoir</u> et <u>vouloir</u>

VOCABULAIRE

pouvoir	to be able, can	**Je voudrais…**	I'd like…
vouloir	to want	**Nous voudrions…**	We'd like…
vouloir dire	to mean		

Two very common French verbs, *pouvoir* and *vouloir,* follow the same pattern in the present tense:

	SINGULAR		PLURAL
1	je { **peux** / **veux**	nous { **pouvons** / **voulons**
2	tu { **peux** / **veux**	vous { **pouvez** / **voulez**
3	il / elle / on } **peut, veut**	ils / elles } **peuvent, veulent**

1 Look at the following:

Je **veux offrir** un cadeau à papa.　　*I **want to give** a present to Dad.*
Je **ne peux pas trouver** ce livre　　*I **can't find** that paperback.*
　de poche.

A verb that comes immediately after *vouloir* and *pouvoir* is always in the infinitive.

2 More polite first person forms of the verb *vouloir* are very often used. They are called "conditional" and are the equivalent of "I'd like" and "we'd like":

Je voudrais une glace.　　***I'd like** a dish of ice cream.*
Nous voudrions commander une glace.　　***We'd like** to order ice cream.*

3 Another very common use of the verb *vouloir* is in the expression *vouloir dire,* "to mean":

Qu'est-ce que **tu veux dire?**　　*What do **you mean**?*
Qu'est-ce que **ces phrases veulent dire?**　　*What do **those sentences mean**?*

Exercices

A Refaites les phrases d'après le modèle. *(Say that the people can do the things mentioned.)*

1. Tu passes l'examen.
   Tu peux passer l'examen.

2. Il répond à la question.
3. J'entends le disque à la radio.
4. Nous trouvons ces choses à la librairie.
5. Elles finissent le chapitre cet après-midi.
6. Vous enseignez les sciences sociales au lycée.
7. Ils comptent les livres dans la salle de classe.
8. Elle offre un petit cadeau à une camarade de classe.

B Refaites l'Exercice A d'après le modèle. *(Now ask if the people want to do the things mentioned.)*

1. Tu passes l'examen.
   Tu veux passer l'examen?

C Complétez les phrases d'après les images. Suivez le modèle. *(Say that the people want to do the things pictured.)*

1. Je . . .
   Je veux faire des achats.

2. Ils . . .

3. Mme Lejeune . . .

4. Elles . . .

5. Nous . . .

6. Vous . . .

D Complétez les phrases d'après les images. Suivez le modèle. *(Say that you would like the following items. Use the conditional.)*

1. Je . . .
Je voudrais une glace.

2. Nous . . .

3. Je . . .

4. Nous . . .

5. Je . . .

6. Nous . . .

E A vous. *(You're doing your homework with Student B and you need help in translating some English words. Ask Student B.)*

1. word   —Que veut dire "word"?
           —Ça veut dire *un mot.*

2. gift
3. sentence
4. road

5. conscientious
6. thing
7. classmate

8. to take an exam
9. to pass an exam
10. to sleep late

F A vous. *(Ask Student B if he or she wants to do the following things. Student B will answer as he or she wishes.)*

1. être professeur   —Tu veux être professeur?
                       —Mais oui, je veux être professeur.
                       OR
                       —Mais non, je ne veux pas être professeur.

2. aller à l'université
3. faire du français l'année prochaine
4. passer la journée ici
5. assister aux matchs de basketball à l'école
6. offrir des cadeaux à tes parents pour la Fête des Mères (Pères)
7. faire la grasse matinée demain matin

Dans le laboratoire de chimie

DISCIPLINE	RÉSULTATS		NIVEAUX				
	Note	Place	A	B	C	D	E
Philosophie							
Composition française.							
Récitation	15						
	16						
Version latine	13 18						
Thème latin							
Grec							
Histoire							
Géographie .... }	16						
Langue (russe							
vivante (II.	19						
Mathématiques							
Physique	14,5						
Chimie	14,5						
Sciences Naturelles ...	17,5						
Dessin							
Éducation musicale ...	15						
Travaux manuels	20						
Couture	14						
Éducation physique ..	13,5						

TABLEAU D'HONNEUR   OUI — NON

CONSEIL DE DISCIPLINE

ENCOURAGEMENTS

FÉLICITATIONS

NIVEAUX
A Très satisfaisant
B Satisfaisant
C Tout juste suffisant
D Insuffisant
E Très insuffisant

APPRÉCIATIONS GÉNÉRALES :

Le Chef d'Établissement.

Résultats trimestriels

Cours à la Sorbonne

NE PAS FUMER

Ecole de jeunes filles

Un lycée mixte

Le passé composé des verbes réguliers en -er

VOCABULAIRE

déjà	*already*	**l'année dernière**	*last year*
hier	*yesterday*	**le mois dernier**	*last month*
hier matin	*yesterday morning*	**la semaine dernière**	*last week*
hier soir	*last evening, last night*	**samedi dernier**	*last Saturday*

1 The passé composé is used to talk about an action that has been completed. To form the passé composé of most verbs, you use the present tense of *avoir* and the "past participle" of the verb that is being put into the past tense. The past participle of regular -er verbs is formed by replacing the *-er* of the infinitive with *é: regarder* → *regardé:*

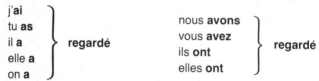

j'ai
tu as
il a   } **regardé**
elle a
on a

nous avons
vous avez
ils ont   } **regardé**
elles ont

2 The passé composé has two English equivalents:

J'**ai étudié** la leçon.
{ *I **studied** the lesson.*
{ *I'**ve studied** the lesson.*

Il **a commandé** un café.
{ *He **ordered** coffee.*
{ *He's **ordered** coffee.*

3 Now look at the following:

Nous **n'avons pas préparé** le goûter.
{ *We **didn't prepare** the snack.*
{ *We **haven't prepared** the snack.*

Tu **n'as pas raté** l'examen.
{ *You **didn't fail** the exam.*
{ *You **haven't failed** the exam.*

In negative sentences with the passé composé, *ne (n')* comes before the form of *avoir* and *pas* after it.

4 Note how adverbs of time are used with the passé composé:

J'ai regardé la télé **hier**.
***I watched** TV **yesterday**.*

Jeudi dernier j'ai joué dehors.
***Last Thursday I played** outside.*

Il a déjà écouté ce disque.
***He's already listened** to that record.*

Most adverbs of time come at the beginning or end of the sentence. Some, such as *déjà, vite, souvent,* and *toujours,* come after the form of *avoir* but before the past participle.

Exercices

A Répondez d'après le modèle.

1. Ils ont parlé à Suzanne. Et toi?
   Oui, j'ai parlé à Suzanne.

2. J'ai regardé la phrase. Et elles?
3. Nous avons apporté six fleurs jaunes. Et lui?
4. J'ai passé l'examen ce matin. Et vous?
5. Vous avez souvent passé la soirée en ville. Et eux?
6. Elles ont posé leurs questions. Et toi?
7. J'ai joué au hockey hier soir. Et vous?
8. Paul a raté l'examen de physique. Et moi?

B Tout en rond. Refaites l'Exercice A à la forme négative. Suivez le modèle.

1. Ils ont parlé à Suzanne. Et toi?
   Non, je n'ai pas parlé à Suzanne.

C A vous. *(Give Student B a command. Student B will protest, saying that he or she has already done it.)*

1. compter tes disques   —Compte tes disques!
   —Mais j'ai déjà compté mes disques!

2. regarder par la fenêtre
3. téléphoner à Jean-Luc
4. préparer un goûter
5. demander ça à ta mère
6. déjeuner maintenant

7. porter ton pantalon noir
8. fermer la porte du garage
9. apporter ces habits chez toi
10. poser cette question à ton père
11. montrer ça à ta grand-mère

Près de l'Eglise Saint-Germain-des-Prés

D Tell the last time you did the following things. You may use the expressions *hier, hier matin (soir), la semaine dernière, le mois dernier, l'année dernière, lundi (dimanche) dernier*, etc., in your answers.

1. regarder la télé   *J'ai regardé la télé hier soir.*

2. dîner au restaurant
3. porter un jean à l'école
4. étudier avec un(e) ami(e)
5. passer un examen de français

6. passer une heure à la bibliothèque
7. jouer au volleyball à l'école
8. parler des choses sérieuses avec un(e) ami(e)

CONVERSATION

Prononciation

Listen carefully and compare how the letter *o* is pronounced in the following words: *poste, école; maillot, stylo*. The sound in *poste* and *école* is an [ɔ] sound. In French, this sound is always followed by a pronounced consonant. The sound in *maillot* and *stylo* is an [o] sound. The lips are much more rounded for the [o] sound than for the [ɔ] sound.

A Listen carefully, then say the following words aloud.

la porte	la poste	l'école	Nicole
le stylo	le maillot	le drapeau	le cadeau

B Practice the [ɔ] sound. Round your lips before pronouncing the vowel, then release the final consonant sound clearly.

Elle va à Lisbonne.   Le prof de Simone va à Bonn.
Il va à Moscou.   Olivier demande un livre de poche.
Nous allons à Stockholm.   Nicole va offrir un roman à Roger.

C Now practice the [o] sound. Round your lips more than you did for the [ɔ] sound.

C'est le vélo de Gauthier.   Au revoir, Bruno.
C'est sa radio aussi.   Au revoir, Claude.
C'est le stylo d'Aude.   Au revoir, Pauline.

Parlons de vous

1. Est-ce que vous passez souvent la soirée chez vous? Qu'est-ce que vous faites? Hier soir, par exemple, est-ce que vous avez étudié?
2. Est-ce que vous aimez faire la grasse matinée? Quels jours est-ce que vous pouvez faire la grasse matinée?
3. Combien de matières ("subjects") est-ce que vous faites cette année? Quelles matières? En quelles matières est-ce que vous êtes fort? nul? Est-ce que vous êtes fort en langues étrangères?
4. Est-ce que vous réussissez toujours aux examens? Est-ce que vous ratez quelquefois les examens?

Qu'est-ce qui se passe?

Voici les livres qui sont en solde ("on sale") à la librairie aujourd'hui. Combien coûtent ces livres?

Maintenant vous parlez au vendeur (à la vendeuse) à la librairie. Imaginez la conversation.

VOUS	LE VENDEUR
—Bonjour, monsieur (mademoiselle).	—Bonjour, monsieur (mademoiselle).
—Je cherche un livre pour offrir à…	—Qu'est-ce qu'il (elle) aime?
—…	—Eh bien, j'ai ce joli livre de…
—Est-ce qu'il coûte cher?	—…francs. Ce n'est pas…
—Bon, d'accord.	—Vous voulez autre chose?
—Oui, je voudrais un livre sur…	—Voici…

On aime regarder dans les boîtes des bouquinistes.

EXPLICATIONS II

Le passé composé des verbes en -ir/-iss-, -ir et re

1 You have already learned how to form the passé composé of regular -er verbs. Now look at the following:

Il **a fini** le roman.
{ He **finished** the novel.
{ He's **finished** the novel.

Elle **a servi** le dîner.
{ She **served** dinner.
{ She's **served** dinner.

The past participle of -ir/-iss- and -ir verbs is formed by replacing the ir of the infinitive with i: finir→fini, servir→servi.

2 Now look at the following:

Nous **avons perdu** le match.
{ We **lost** the game.
{ We've **lost** the game.

Vous **avez répondu à** la question.
{ You **answered** the question.
{ You've **answered** the question.

The past participle of regular -re verbs is formed by replacing the re of the infinitive with u: perdre → perdu.

Exercices

A Mettez ("put") les phrases au passé composé. Suivez le modèle.

1. Je choisis un film sénégalais.
   J'ai choisi un film sénégalais.
2. Nous ne choisissons pas cette route.
   Nous n'avons pas choisi cette route.

3. Tu maigris, Georges!
4. Claude ne dort pas.
5. Elle grossit, n'est-ce pas?
6. Luc et Olivier ne finissent pas leurs devoirs.
7. Vous choisissez un roman très difficile.
8. Tu finis cette phrase?
9. Il ne finit pas cette longue pièce espagnole.
10. Ils servent un dîner français.
11. Paul réussit toujours à ses examens de maths.

B Tout en rond. Suivez le modèle. *(Ask Student B a question. Student B will answer, using the cue in parentheses.)*

1. Pourquoi est-ce que tu es heureux? (vendre ma voiture)
   Parce que j'ai vendu ma voiture.

2. Pourquoi est-ce que tes sœurs sont tristes? (perdre le match de tennis)
3. Pourquoi est-ce qu'il arrive si tard? (attendre son frère)
4. Pourquoi est-ce qu'ils sont fatigués? (entendre la radio des voisins jusqu'à 2 h. du matin)
5. Pourquoi est-ce que tu vas rater l'examen? (ne pas répondre à cinq questions)
6. Pourquoi est-ce que vous êtes inquiets? (perdre nos devoirs)

C Refaites le paragraphe en mettant les verbes en italique au passé composé. *(Put the italicized verbs or phrases in the passé composé.)*

Mercredi Thomas et Laurent *passent* la matinée à la maison. Ils *dorment* jusqu'à midi. A 12 h. 45 ils *déjeunent*. L'après-midi ils *jouent* au basketball et à 4 h. ils *préparent* un goûter. Ils *finissent* le goûter à 4 h. 35. Après, ils *attendent* un copain pour regarder le journal télévisé. Après le dîner, ils *choisissent* un film à la
5 télé. A 9 h. 30 leur mère *demande:* "Vous *ne travaillez pas* ce soir, mes enfants?" Ils *ne répondent pas.* Est-ce qu'ils *n'entendent pas* la question? Si, et ils *ferment* vite la télé. Ils *cherchent* leurs livres et leurs cahiers, et ils *révisent* leurs leçons jusqu'à minuit.

Les cartes de vœux

RÉVISION ET THÈME

Consultez les phrases modèles. Trouvez les expressions françaises qui correspondent à l'anglais et formez des phrases complètes d'après le modèle.

1. *Il n'a pas parlé aux étudiants la semaine dernière.*
   (You (sing.) didn't phone the bookstore last night.)
   (We didn't play soccer last month.)

2. *Elle a perdu les photos à l'université.*
   (We waited for the salespeople (f.) at the sidewalk café.)
   (They (f.) spent the evening in the gym.)

3. *Demain matin, il faut aller au cours de géométrie.*
   (This evening, we have to find those paperbacks.)
   (This afternoon, I have to review the history lesson.)

4. *Mais je n'ai pas dormi et je ne veux pas regarder les journaux.*
   (they (m.) haven't finished and they can't look for the gifts)
   (we didn't lose weight and we don't want to order ice cream bars)

5. *Il est nul en biologie et il ne va pas vouloir faire de la physique.*
   (She's good in math but isn't going to be able to take algebra.)
   (They (f.) are no good in history and won't want to take geography.)

Thème: Trouvez les expressions françaises qui correspondent à l'anglais et rédigez un paragraphe.

Simone n'est pas là?

Simone didn't attend classes yesterday.

She spent the day at home.

This morning she has to take a chemistry exam.

$H_2O = ???$

But she hasn't studied and she can't answer the questions.

$H_2O = ???$

She's no good in chemistry, and she's not going to be able to pass the exam.

AUTO-TEST

A In complete sentences, write the courses that you are taking and tell who teaches each course. Since it is your class schedule, the answers are not in the back of the book. Ask your teacher to go over your answers with you. Follow the model.

1. *Je fais du français. Madame Dupont enseigne le français.*

B Answer the questions using the pronouns given. Follow the models.

1. Elles peuvent étudier des langues étrangères. Et nous?
   Vous pouvez étudier des langues étrangères aussi.
2. Je veux aller au théâtre avec Georges. Et elle?
   Elle veut aller au théâtre avec Georges aussi.
3. Vous voulez offrir un cadeau à Guillaume. Et lui?
4. Nous pouvons réussir à l'examen. Et toi?
5. Je voudrais passer la matinée à la maison. Et vous? *(cond.)*
6. Il veut aller à l'université. Et eux?
7. Nous pouvons assister au cours de chimie. Et elles?
8. Ils veulent poser une autre question. Et nous?
9. Je voudrais faire des sciences sociales. Et vous? *(cond.)*
10. Elles peuvent sortir dimanche. Et moi?

C Using the correct form of the words given, make complete sentences in the passé composé. Follow the model.

1. Samedi / dernier / je / ne pas passer / la soirée / à / le cinéma
   Samedi dernier je n'ai pas passé la soirée au cinéma.

2. Hier / nous / attendre / l'autobus / jusqu'à / 7 h. / de / le soir
3. Le professeur / ne pas répondre / à / les questions / de / les étudiants
4. Nous / réussir / à / l'examen de biologie
5. Tu / perdre / l'argent / à / le supermarché
6. Sa sœur / choisir / deux / livre de poche / à / la librairie
7. Tu / rater / l'examen / parce que / tu / ne pas réviser / tes leçons

Proverbe

Vouloir, c'est pouvoir.

Interlude

Les appartements

One of the first things you notice when you arrive in Paris is that there are apartments everywhere—over stores, over restaurants, over banks . . . . It almost seems that there are no houses in the city. Four out of every five Parisians live in rented apartments—and that fifth Parisian probably lives in an apartment, too, but he or she owns it, rather than rents.

Why are there so many apartments? Well, the most obvious explanation is that there are about 2,500,000 people living in a city that measures only twelve miles across. There's just not room for individual houses. Besides, apartments have been a part of Parisian life for a long time. Many of today's apartments date from the mid-nineteenth century, a time when Paris was being almost totally reshaped by Napoléon III and his city planner, Baron Georges Haussmann. In those days, the city was clogged with slums, and streets were narrow. Haussmann cut spacious boulevards and avenues through Paris, tearing down more than 20,000 houses and replacing them with twice as many apartments.

Many of these older buildings have a special kind of custodian called un(e) concierge, *who usually lives in the ground-floor apartment of the building. The job of a concierge includes cleaning the common areas such as the entryway and stairs, taking in the mail, and stopping strangers who come in from the street. (Because they keep such a close watch on the comings and goings in the building, concierges have gained a reputation for being busybodies.) Since the arrival of high-rise apartment buildings after World War II, there are fewer concierges than before, but they are still very much a part of daily life in Paris and the other large cities of France.*

Qu'est-ce qui se passe dans la rue?

CHAPITRE 12

MOTS NOUVEAUX I

Tu vas **frapper à** la porte?
Le concierge habite **seul.** Il est
  assez vieux.
Il est **marié.** Voilà **sa femme.**
      fiancé.   **sa fiancée.**
La concierge habite **seule.** Elle est
  assez aimable.
Elle est **mariée.** Voilà **son mari.**
      fiancée.   **son fiancé.**
Elle rentre **bientôt.**
        tout de suite.
        enfin.
Puis[1] elle sort **tout à coup.**

—**Quel âge avez-vous?**
  Quel âge as-tu?
—**J'ai** seize **ans.**
—Tu es enfant **unique?**[2]
—Mais non. J'ai un frère **aîné,** une
  sœur **aînée** et une sœur **cadette.**
—Moi, j'ai **seulement** un frère **cadet.**

Ce garçon est très **méchant.**
        gentil.
        agréable.
        désagréable.
Sa sœur est assez **méchante,** aussi.
        gentille
        agréable
        désagréable

Are you going **to knock on** *the door?*
The concierge *lives* **alone.** *He's*
  pretty *old.*
He's **married.** *There's* **his wife.**
    engaged.   **his fiancée.**
The concierge *lives* **alone.** *She's*
  rather *nice.*
She's **married.** *There's* **her husband.**
    engaged.   **her fiancé.**
She's returning **soon.**
        right away.
        at last.
Then *she goes out* **suddenly.**

How old are you?

I'm *sixteen.*
Are you an **only** *child?*
No! I have an **older** *brother, an*
  older *sister, and a* **younger** *sister.*
I **only** *have a* **younger** *brother.*

That boy's very **naughty.**
        nice.
        pleasant.
        unpleasant.
His sister is rather **mean,** *too.*
        kind
        pleasant
        unpleasant

[1]Though *bientôt, tout de suite, enfin,* and *tout à coup* can be used either at the beginning or end of a phrase, *puis* can be used only at the beginning.
[2]Note that the indefinite determiner *(un, une)* is not used in such expressions as *enfant unique, fils unique, fille unique.*

La voiture est **au bord de la route.**
La route est **au bord de la mer.**
Le vélo est **au milieu de** la route.
Les nuages sont **au-dessus de** la mer.
La mer est **au-dessous de** la route.
Qui est **l'inconnu** (m.) là-bas? Il
  regarde **quelque chose.**
Qui est **l'inconnue** (f.)? Elle regarde
  l'oiseau (m.).[1]
Oh là là! Est-ce que cet **animal** est
  méchant?
Je pense que oui.
Je pense que non.
Je ne sais pas.

*The car's **by the roadside.***
*The road is **by the sea.***
*The bike's **in the middle of** the road.*
*The clouds are **above** the sea.*
*The sea is **below** the road.*
*Who's **the stranger** over there? He's
  looking at **something.***
*Who's **the stranger?** She's looking at
  the bird.*
*Oh dear! Is that **animal** mean?*

I think so.
I don't think so.
I don't know.

[1]The plural is *les oiseaux.*

Exercices de vocabulaire

A Répondez d'après l'image.

1. Qu'est-ce qu'il y a au milieu de cette image?
2. Qu'est-ce qu'il y a au-dessus des nuages?
3. Qu'est-ce qu'il y a au-dessous des nuages?
4. Qu'est-ce qu'il y a au bord du lac?
5. Qu'est-ce qu'il y a sur le bateau?
6. Qu'est-ce qu'il y a sous le bateau?

B Complétez chaque phrase avec le mot ou l'expression qui convient.

1. J'ai dix-neuf ans et ma sœur cadette a *(douze ans / vingt ans)*.
2. Vite! Il faut partir *(assez lentement / tout de suite)*.
3. Merci pour le livre. Tu es bien *(gentil / méchant)*.
4. J'attends la concierge. Elle arrive *(enfin / puis)*.
5. Sept jours de pluie! Tu as passé des vacances *(agréables / désagréables)*.
6. Il ne faut pas parler aux *(concierges / inconnus)*.
7. Jeanne travaille chez elle parce qu'elle aime travailler *(seule / unique)*.
8. Je n'ai pas parlé aux élèves. J'ai parlé *(bientôt / seulement)* au prof.

C Choisissez la réponse qui convient.

1. Vous êtes marié, monsieur?
   a. Oui, voilà ma femme.
   b. Oui, voilà mon mari.

2. Quel âge avez-vous, mademoiselle?
   a. Je suis fille unique.
   b. J'ai 22 ans.

3. Le concierge rentre bientôt?
   a. Oui, l'année prochaine.
   b. Oui, vers 9 h.

4. Je suis fils unique.
   a. Ah, tu n'as pas de frères.
   b. Ah, tu as seulement un frère.

5. Qui est à la porte?
   a. Je pense que oui.
   b. Je ne sais pas.

MOTS NOUVEAUX II

Ce monsieur a **une ferme.**
Il est agriculteur.
Il a un chien pour **faire peur aux**
inconnus.
Pendant la journée il travaille avec
ses **chevaux.**
A midi il aime **prendre quelque chose.**

Du matin jusqu'au soir il faut
penser à la ferme. **Heureusement**
il **a réussi à** vendre ses cochons
cette année.

This man has **a farm.**
He's a farmer.
He has a dog **to frighten** strangers.

During the day he works with his
horses.
At noon he likes **to have something to
eat (or drink).**
From morning to night he has **to think
about** the farm. **Fortunately** he
succeeded in selling his pigs this
year.

Le Zoo

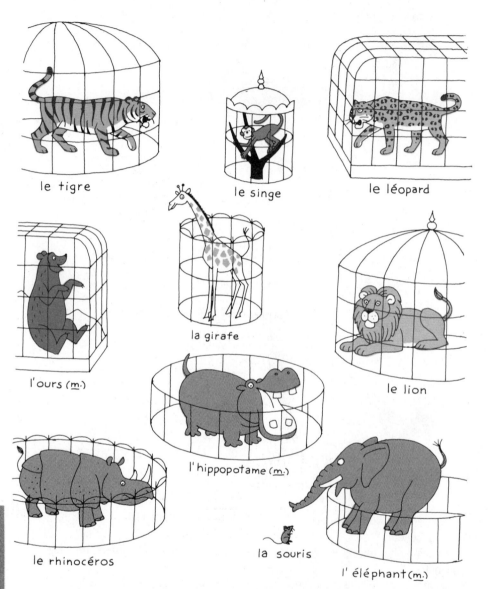

le tigre

le singe

le léopard

l'ours (m.)

la girafe

le lion

l'hippopotame (m.)

le rhinocéros

la souris

l'éléphant (m.)

Regarde **les animaux** au zoo.
Je ne comprends pas pourquoi il y a
 des **souris** *(f. pl.)* au zoo.
Elles ont peur des **ours,** mais pas
 des **rhinocéros.**

*Look at **the animals** at the zoo.*
***I don't understand** why there are*
 mice at the zoo.
*They're afraid of the **bears,** but*
 *not of the **rhinoceroses.***

Exercice de vocabulaire

Identifiez les animaux dans l'image. Suivez le modèle. Puis répondez aux questions.

1. *C'est un oiseau.*

12. Est-ce que les animaux font peur à l'agriculteur?
13. Où habite l'agriculteur?
14. On peut trouver trois grands chats au zoo. Quels chats?
15. Quel animal est-ce qu'il y a au milieu de l'image du zoo à gauche?
16. Quel animal est-ce qu'il y a au-dessous de l'ours? à gauche du léopard? à droite de la souris? au-dessus de l'hippopotame?

Ces oies sont à vendre.

Au zoo de Vincennes, près de Paris

De quelle couleur est le perroquet?

DIALOGUE

Le gros chien méchant

Sophie Beaulieu, qui a treize ans, et son frère cadet Eugène, qui a neuf ans,* vont assez souvent chez leur grand-père. Un après-midi, ils frappent à la porte de son nouvel appartement, mais il n'y a pas de réponse.

EUGÈNE	Je ne comprends pas. Pourquoi est-ce qu'il n'est pas chez lui?
5 SOPHIE	Allons demander à la concierge.

Toc! toc! toc! De l'intérieur, on entend: "Ouah, ouah, ouah! Grrr . . ."

EUGÈNE	Oh là là! C'est un gros chien méchant, ça. Je pars, moi!
LA CONCIERGE	Qui est là?
SOPHIE	C'est Sophie et Eugène Beaulieu.
10 LA CONCIERGE	Ah, bonjour les enfants! Votre grand-père n'est pas là?
SOPHIE	Non, madame. Est-ce qu'il va rentrer bientôt?
LA CONCIERGE	Malheureusement, je ne sais pas, mademoiselle Sophie. Mais entrez. Voulez-vous prendre quelque chose?
EUGÈNE	Euh . . . mais le chien?
15 LA CONCIERGE	Oh, je n'ai pas de chien! Ça, c'est un disque! Quand je suis seule, je n'aime pas répondre à la porte. C'est pour faire peur aux inconnus . . .
SOPHIE	Ça a bien réussi, n'est-ce pas, Eugène?

*The letter *f* of *neuf* is pronounced as a [v] sound before the words *heures* and *ans*.

Questionnaire

1. Quel âge a Sophie? et son frère cadet?   2. Où est-ce qu'ils vont cet après-midi?
3. Quand ils frappent à la porte de leur grand-père est-ce qu'il y a une réponse?
4. Quand ils frappent à la porte de la concierge, qu'est-ce qu'ils entendent?   5. Quand la concierge répond à sa porte, où est le chien?   6. Est-ce que la concierge est désagréable? Est-ce qu'elle a peur des inconnus?   7. Eugène ne veut pas prendre quelque chose chez la concierge. Pourquoi?   8. Est-ce que le disque réussit à faire peur aux inconnus? Est-ce qu'il fait peur à Sophie, par exemple? à Eugène?

Cette touriste aime prendre des photos.

EXPLICATIONS I

Les verbes comme <u>prendre</u>

VOCABULAIRE			
prendre	*to take; to have*[1]	**apprendre par cœur**[2]	*to memorize*
apprendre (à)	*to learn (how)*	**comprendre**	*to understand*

Prendre, and all verbs ending in *-prendre*, follow this pattern:

	SINGULAR	PLURAL
1	je **prends**	nous **prenons**
2	tu **prends**	vous **prenez**
3	il elle } **prend** on	ils elles } **prennent**

IMPERATIVE: **prends! prenons! prenez!**

1 The singular pattern is like that of regular *-re* verbs, and all three forms are pronounced alike.

2 In the 1 and 2 pl. forms, the *d* is dropped and the pronunciation of the stem vowel *e* changes from [ɑ̃], as in *dans*, to [ə] as in *le*.

3 In the 3 pl. form, too, the *d* is dropped, but in spelling another *n* is added. The pronunciation of the stem vowel becomes [ɛ] as in *mère*, and the [n] sound is strongly released.

[1] The expression *prendre quelque chose* means "to have something to eat or drink." Similarly, *il prend un café* means "He's having coffee."
[2] Note how the expression is used: *Elle apprend les mots par cœur,* "She's memorizing the words."

Exercices

A Tout en rond. Posez une question à l'Elève B, qui va répondre en employant *si*. Suivez le modèle.

   1. Tu ne veux pas apprendre ce poème?
      Si, j'apprends ce poème.

   2. Alain ne veut pas prendre quelque chose?
   3. Ils ne peuvent pas comprendre les questions?
   4. Vous ne voulez pas apprendre à jouer au tennis?
   5. Sophie ne peut pas comprendre le français?
   6. Nos copains ne veulent pas prendre l'autobus?
   7. Tu ne veux pas apprendre le russe cette année?

B Complétez le paragraphe en employant la forme correcte des verbes en italique. *(Be careful! There are regular -re verbs as well as prendre-type verbs.)*

A la gare deux garçons *(prendre)* une boisson pendant qu'ils *(attendre)* le train. Tout à coup, ils *(entendre)* deux jeunes filles qui parlent une langue étrangère.

JEAN-PATRICK	Tu *(comprendre)* cette langue?
CHRISTOPHE	Oui. Elles parlent allemand.

5 Bientôt, une des jeunes filles demande en français: "Pardon, messieurs. Où est-ce qu'on *(vendre)* les billets?" Christophe, qui *(apprendre)* l'allemand au lycée, *(répondre)* lentement en allemand. Mais les jeunes filles ne *(comprendre)* pas.

UNE JEUNE FILLE	Vous ne *(comprendre)* pas le français, monsieur?
CHRISTOPHE	Si, mademoiselle. Mais je *(comprendre)* aussi votre langue.
10		Nous *(apprendre)* l'allemand au lycée.
LA JEUNE FILLE	Ma sœur et moi, nous ne *(comprendre)* pas du tout l'allemand. Nous sommes belges.
CHRISTOPHE	Ah, vous parlez flamand, n'est-ce pas?
LA JEUNE FILLE	Oui, monsieur. Nous *(attendre)* le train pour Bruxelles. Nous
15 | | *(prendre)* le train qui part à 9 h. 25. |

A la Gare de l'Est

Les adjectifs <u>bon</u>, <u>premier</u>, <u>dernier</u>; <u>beau</u>, <u>nouveau</u>, <u>vieux</u>

1 When *bon, premier,* and *dernier* are used before a masculine noun beginning with a vowel sound they are pronounced like their corresponding feminine form. Their final consonant is pronounced and the vowel sound changes. In these examples, all except the first one in each set is pronounced the same:

un **bon** prof	le **premier** lycée	le **dernier** chapitre
une **bonne** classe	la **première** maison	la **dernière** leçon
un **bon** étudiant	le **premier** hôtel	le **dernier** examen
une **bonne** étudiante	la **première** église	la **dernière** histoire

2 There are special forms for *beau, nouveau,* and *vieux* when they occur before a masculine noun beginning with a vowel sound: *beau → bel, nouveau → nouvel,* and *vieux → vieil*. These special forms are pronounced the same as the corresponding feminine forms.

un **beau** jardin	un **nouveau** copain	un **vieux** roman
une **belle** fleur	une **nouvelle** copine	une **vieille** librairie
un **bel** inconnu	un **nouvel** ami	un **vieil** auteur
une **belle** inconnue	une **nouvelle** amie	une **vieille** histoire

3 The meaning of some adjectives may change depending on whether they are used before or after the noun. For example, when *dernier* is used before the noun, it means "very last" or "final." After the noun, it implies "most recent." Compare the two uses of *dernier* in this sentence: ***Samedi dernier** j'ai passé **le dernier examen**.*

Exercices

A Mettez ("put") l'adjectif devant chaque nom ("noun") en italique. Suivez le modèle.

1. Ce *monsieur* habite un *appartement*. (vieux)
   Ce vieux monsieur habite un vieil appartement.

2. Il y a un *arbre* près du *fleuve*. (beau)
3. Le zoo attend son *léopard* et son *hippopotame*. (premier)
4. L'*étudiant* et le *professeur* sont en route pour l'université. (nouveau)
5. Le *chapitre* et l'*examen* sont très difficiles. (dernier)
6. L'*hôtel* est à gauche du *théâtre*. (vieux)
7. Je vais prendre un *café* et un *esquimau*. (bon)
8. Le *train* et l'*autobus* partent avant minuit. (dernier)
9. L'*agriculteur* pense à son *cheval*. (vieux)
10. Ce *monsieur* regarde un *oiseau* dans le ciel. (beau)

B Tout en rond. Posez une question à l'Elève B, qui va répondre en employant les mots entre parenthèses. Suivez le modèle.

1. Qu'est-ce que tu attends? (l'autobus: premier, vert)
   J'attends le premier autobus vert.

2. Avec qui est-ce que tu as parlé? (un auteur: vieux, italien)
3. Chez qui est-ce qu'ils ont dîné? (leur ami: nouveau, belge)
4. Qui est devant le Guignol? (un enfant: beau, blond)
5. Qu'est-ce qu'elle regarde? (l'eau: beau, bleu)
6. Qu'est-ce que tu as perdu? (une affiche: beau, mexicain)
7. Qu'est-ce que le zoo a vendu? (un ours: vieux, noir)
8. Qu'est-ce que l'agriculteur a perdu? (un mouton: nouveau, blanc)

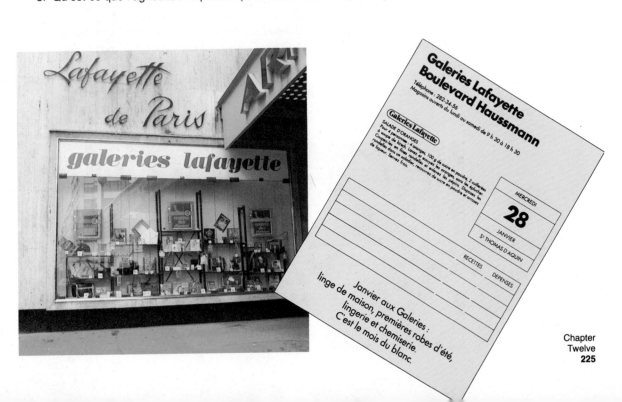

CONVERSATION

Prononciation

Two French vowel sounds that are very much alike are the [œ] sound, as in *leur* and *neuf*, and the [ø] sound, as in *eux* and *deux*.

A These words all contain the [œ] sound followed by a final pronounced consonant. Listen, then repeat.

s<u>eu</u>l   fl<u>eu</u>ve   fl<u>eu</u>r   coul<u>eu</u>r   profess<u>eu</u>r

B Now listen, then repeat these sentences containing the [œ] sound.

C'est le s<u>eu</u>l vend<u>eu</u>r.
L<u>eu</u>r s<u>œu</u>r a n<u>eu</u>f fl<u>eu</u>rs.

L'aut<u>eu</u>r déj<u>eu</u>ne à n<u>eu</u>f h<u>eu</u>res.
Le profess<u>eu</u>r est à l'intéri<u>eu</u>r.

C For the [ø] sound, the lips are more rounded than for the [œ] sound. Listen, then repeat these sentences containing the [ø] sound.

<u>Eu</u>x, ils sont bl<u>eu</u>s.
Ces messi<u>eu</u>rs sont vi<u>eu</u>x.

Ses d<u>eu</u>x nev<u>eu</u>x sont génér<u>eu</u>x.
<u>Eu</u>x, ils ont d<u>eu</u>x nev<u>eu</u>x paress<u>eu</u>x.

D Now contrast the [œ] and [ø] sounds. Listen, then repeat.

[œ]/[ø]   h<u>eu</u>re / <u>eu</u>x   pl<u>eu</u>re / pl<u>eu</u>t   p<u>eu</u>r / p<u>eu</u>   s<u>œu</u>r / c<u>eu</u>x

Parlons de vous

1. Quel âge avez-vous? Est-ce que vous avez des frères ou des sœurs? aînés ou cadets? Quel âge ont-ils? Est-ce qu'ils sont mariés ou fiancés? Est-ce qu'ils vont au lycée? à l'université?
2. Est-ce que vous avez un chien? un chat? un oiseau? Combien?
3. Est-ce que vous habitez une ferme? Est-ce que vous avez visité une ferme?
4. Est-ce que vous aimez aller au zoo? Quels animaux est-ce que vous aimez regarder? Pourquoi? Quels animaux font peur aux enfants?
5. Vous apprenez le français cette année. Qu'est-ce que vous apprenez à faire dans votre classe de français? Vous êtes fort en français?

Deux enfants avec leurs ballons

En Auvergne

Qu'est-ce qui se passe?

Michel, le jeune agriculteur, aime sa ferme. Décrivez ("describe") sa ferme.

Mais Michel est triste. Pourquoi? Heureusement Perrette apporte un animal à la ferme.
Imaginez leur conversation.

PERRETTE   Ça va?/Pourquoi pas?/Un chat fait peur aux.../Il n'est pas cher./
           méchant/Il s'appelle Pompom.

Près du Mont-Saint-Michel

Dans la vallée de la Marne

EXPLICATIONS II

L'inversion du sujet et du verbe / L'adjectif interrogatif <u>quel</u>

1 You know that in French the most common ways of asking a question are to use the same word order as for a statement, but (a) to raise the pitch of your voice on the last syllable or (b) to put *est-ce que* at the beginning. Now look at the following:

Ils font des fautes? **Font-ils** des fautes?
Il apprend le français? **Apprend-il** le français?
Elle aime les chats? **Aime-t-elle** les chats?

This is called "inversion." Although inversion is used in certain common questions such as *quel âge a-t-il?,* it is seldom used in conversation. It is the most common written form and is used in speeches and formal language.

2 In inversion, the final *t* of the 3 sing. and 3 pl. forms is always pronounced: *fait-elle, font-ils.* If the 3 sing. form ends in the letter *d,* it is pronounced as a [t] sound: *apprend-il.* If the 3 sing. form does not end in a *t* or *d,* the letter *t* is inserted with
  [t]
hyphens on both sides: *aime-t-elle.*

3 Here are some things you should know about inversion:

Inversion is almost never used with *je.* Use raised pitch or *est-ce que.*

You can use inversion with the question words *combien, comment, où, pourquoi,* and *quand: Combien de frères as-tu?, Comment allez-vous, madame?, Où allons-nous?, Pourquoi prennent-elles le train?, Quand sort ton ami?*

In negative questions, *ne* is placed before the verb, *pas* is placed after: *Ne travaillez-vous pas à la librairie?, Ne peuvent-ils pas répondre?*

In the passé composé, the form of *avoir* is inverted, and in the negative, the *ne* and *pas* are placed with it: *Avez-vous assisté au concert, monsieur?, Pourquoi n'avez-vous pas répondu aux questions?*

When the subject of the question is a noun, inversion is formed by putting the noun first, then the verb and the corresponding subject pronoun: *Les bandes sont-elles sur la table?, Marie a-t-elle parlé à ses amis?*

4 You have used inversion in expressions such as *quel âge a-t-il?,* and *quelle heure est-il?* The interrogative adjective *quel,* "which" or "what," agrees with the noun:

Quel mot est-ce que tu cherches? **Quelle robe** porte-t-elle?
Quels amis Jean attend-il? **Quelles leçons** révisent-ils?

Exercices

A You have left notes for some people and used inversion when you wrote them. Later you meet those people on the street and ask them the same questions in conversational style. Follow the models.

1. Peux-tu sortir plus tard?
   Tu peux sortir plus tard?
2. Ne veux-tu pas assister au match de hockey?
   Tu ne veux pas assister au match de hockey?

3. Attendez-vous Viviane?
4. Ne réponds-tu pas au téléphone?
5. Vas-tu au supermarché?

6. As-tu tes devoirs de français?
7. Ne prenons-nous pas notre goûter?
8. Avez-vous la voiture aujourd'hui?

B You're spending the school year abroad. You want to write your former French teacher to ask about things at school. Make questions using inversion. Follow the model.

1. Les élèves écoutent toujours des disques en classe?
   Les élèves écoutent-ils toujours des disques en classe?
2. Luc travaille toujours à la bibliothèque?
3. L'autre professeur de français est gentil?
4. Votre salle de classe est agréable?
5. Vos élèves sont sérieux?
6. Annick parle toujours très bien en classe?
7. Nicole et Marc n'aiment pas toujours parler en classe?

Un grand rocher artificiel domine le zoo de Vincennes.

C *A la Maison-Blanche. (You are press secretary to the President. Read the short statements to your classmates, who are reporters eager for further information. They will ask questions in formal style and you will answer them as you wish. Follow the model.)*

1. Nous partons. (Comment? Quand? Pourquoi?)
   Comment partez-vous? (Nous partons en avion.) Quand partez-vous? (Nous partons demain.) Pourquoi partez-vous? (Nous sommes fatigués.)

2. Il prend des esquimaux. (Combien? Où? Quand?)
3. Il va faire un voyage. (Quand? Pourquoi? Où?)
4. Elle a parlé. (Où? Comment? Pourquoi?)
5. Leurs amis arrivent. (Quand? Où? Comment?)
6. Il vend ses maisons. (Pourquoi? Quand? Combien?)

D Tout en rond. Suivez le modèle. *(You and Student B are sharing a table at a sidewalk café. As you comment on things and people, Student B asks which things or people you are looking at.)*

1. Cette dame est jolie.
   Quelle dame est-ce que tu regardes?

2. Ces garçons sont gentils.
3. Cette rue est large.
4. Ce monsieur est grand.
5. Ce garçon est sérieux.
6. Ces fleurs sont belles.
7. Cet enfant est méchant.
8. Ce magasin est petit.
9. Ces voitures sont laides.

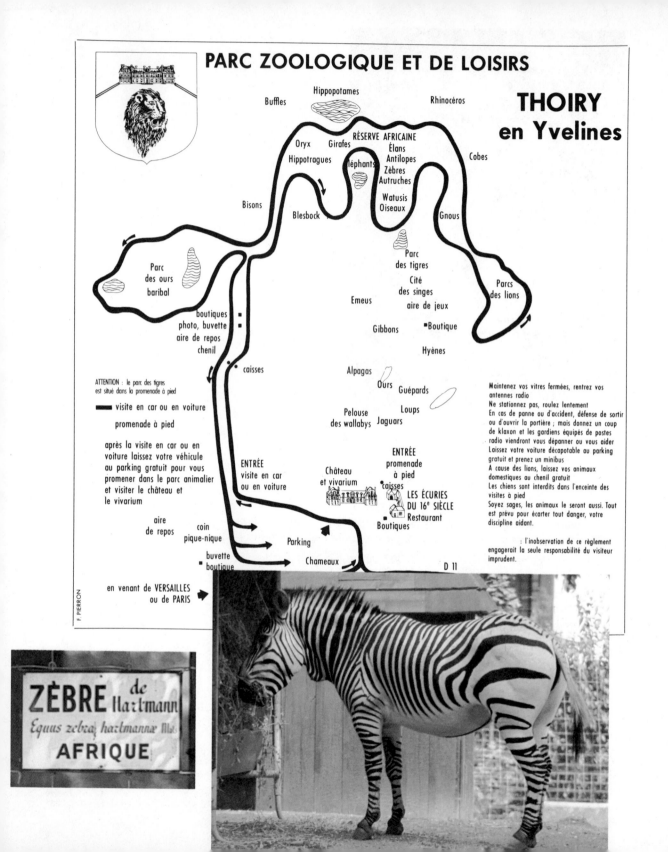

RÉVISION ET THÈME

Consultez les phrases modèles. Trouvez les expressions françaises qui correspondent à l'anglais et formez des phrases complètes d'après le modèle.

1. Anne et *son frère aîné* sont *au bord de la mer, avec leurs parents.*
   (her younger brothers)   *(on the corner, next to the bookstore)*
   (her young husband)   *(by the roadside, near the farm)*

2. Nous demandons: *"Quelle route prends-tu aujourd'hui?"*
   ("Which poem are you (pl.) *finally learning?")*
   ("Which languages do they (f.) *already understand?")*

3. Tu réponds: "Il y a *un vieux chien anglais."*
   (an old Dutch cow)
   (an old Senegalese hippopotamus)

4. Vous demandez: *"Où trouve-t-on ces léopards noirs?"*
   ("Why is he looking for that nice farmer?")
   ("When is she bringing those white mice?")

5. Va regarder *ce nouveau coq rouge* là-bas!
   (that new white hen)
   (that new gray elephant)

Thème: Trouvez les expressions françaises qui correspondent à l'anglais et rédigez un paragraphe.

Mathieu and his younger sister are in the middle of the zoo, in front of the monkeys.

She asks:"Which animals do you want to look at now?"

Mathieu answers:"There's a new Russian bear."

She asks:"Why do you like those mean animals?"

"Let's go look at that beautiful white bird over there."

AUTO-TEST

A Tell what animal the person hears. Follow the model.

1. J'entends "ouah-ouah."   *C'est un chien.*

2. J'entends "glou-glou-glou."
3. J'entends "cot-cot-cot-codèt."
4. J'entends "meuh."
5. J'entends "bèèè-bèèè."
6. J'entends "miaou."

7. J'entends "couin-couin."
8. J'entends "hii-hii."
9. J'entends "cocorico."
10. J'entends "gron-gron."

B Identify the animals, using the determiners given and the appropriate form of each adjective. Make sure the adjectives are in the correct position. Follow the model.

1. une / vieux / gris
   C'est une vieille souris grise.

2. notre / beau / russe

3. un / vieux / jaune et noir

 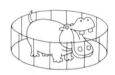

4. notre / maigre / premier

5. un / paresseux / vieux

6. leur / noir / nouveau

C Make questions using *est-ce que* or the more formal inversion construction. Follow the model.

1. Tu / apprendre à / travailler seul
   Est-ce que tu apprends à travailler seul?
   OR
   Apprends-tu à travailler seul?

2. Elle / comprendre / le flamand
3. Nous / prendre / quelque chose
4. Il / comprendre / les animaux

5. Je / prendre / une bière
6. Ils / apprendre / les mots
7. Vous / prendre / le train

D Make questions using the appropriate form of the interrogative adjective *quel*. You may use *est-ce que* or inversion. Follow the model.

1. Nous avons choisi un hôtel.
   Quel hôtel est-ce que vous avez choisi?
   OR
   Quel hôtel avez-vous choisi?

2. Elles posent des questions.
3. Il vend des animaux.

Les portes de Thoiry

4. J'entends des enfants.
5. On sert des boissons.
6. Nous avons étudié un chapitre.
7. J'ai raté un examen.

Poème

MEA CULPA°

C'est ma faute
C'est ma faute
C'est ma très grande faute d'orthographe°
Voilà comment j'écris°
Giraffe.

mea culpa *(Latin)* = ma
    faute

l'orthographe *(f.)*:
    spelling
écrire: *to write*

Jacques Prévert, *Histoires*
© Editions Gallimard, 1963

Proverbe

On apprend à tout âge.

Interlude

La Guadeloupe

Visitors to the Caribbean island of Guadeloupe are first impressed by the stunning beaches of white sand, tan crushed seashells, and black volcanic ash. The island is actually two islands—Grande Terre and Basse Terre—separated by a narrow channel, la rivière Salée. Guadeloupe is only about half the size of Rhode Island, but because of its small population (less than 350,000), it has whole expanses of empty beach.

Christopher Columbus landed there in 1493 and gave Guadeloupe its name, after the Spanish monastery of Our Lady of Guadalupe. Tragically, as later Europeans arrived to fight over the land, most members of the original Carib tribes were killed or driven away. African slaves were brought in to work the sugarcane fields. (Their descendants make up the majority of the population today, and créole—the language that resulted from the contact between French and the African languages—is heard everywhere on the island, from the principal city, Pointe-à-Pitre, to the capital, Basse-Terre.) Slavery was abolished in 1848, and in 1946 Guadeloupe became an overseas département—one of the ninety or so administrative units into which France is divided.

The climate and, some would say, the people of Guadeloupe are warmer than in France proper. The French is more melodic, the food spicier, and the music more rhythmic. Reggae and American soul music are popular, especially with young people. Teenagers often gather at the beach to dance, swim, and roast a whole pig or lamb.

The Guadeloupeans have some strong ties to mainland France. Books, films, and TV programs are imported from France, and many Guadeloupeans follow certain French customs. But the people of Guadeloupe also have their own literature, their own customs—in short, their own culture. So in one sense, Guadeloupe is part of France on an island 400 miles off the coast of Venezuela. In another sense, it's something far, far different . . . .

CHAPITRE 13

MOTS NOUVEAUX I

le juge

le pilote
l'hôtesse de l'air (f.)   le steward
l'avocate (f.)   l'avocat (m.)

le médecin
l'infirmière (f.)   l'infirmier (m.)
le dentiste
la dentiste

l'ingénieur (m.)
le pharmacien   la pharmacie   la pharmacienne

la secrétaire
l'homme d'affaires (m.)
la femme d'affaires
le secrétaire
l'employé (de bureau)   l'employée (de bureau)

—Quelle est **la profession** de ton père?	What's your father's **profession?**
—Il est médecin.[1]	He's a doctor.
—Que fait ta mère?	What does your mother do?
—Elle est médecin aussi.[2] Moi, je veux être ingénieur.	She's a doctor too. I want to be an engineer.

[1] Remember that when a noun or subject pronoun and the verb *être* are immediately followed by certain types of nouns, such as professions, the French do not use the indefinite determiner *(un, une, des)*.

[2] Though *le pilote, le médecin, l'ingénieur,* and *le juge* are masculine nouns, they are also used in speaking of women. Thus *Voilà le juge* would be used even if the judge were a woman.

Une pharmacie ancienne à Paris.

–Que fait votre ami **malien?** Est-ce qu'il a **un emploi?**

–Oui, il est **employé** dans **un bureau de tourisme.**

–Il aime **ce travail?**[1]

–Oui, il est vraiment **passionné par le tourisme.** Tu vas peut-être **le rencontrer** là-bas.

Mon amie **malienne** est **passionnée par** la chimie.

Elle va **faire un stage** dans une pharmacie à Paris.

Je crois qu'elle va habiter chez sa tante.

C'est un **ancien** professeur de chimie qui habite un appartement **ancien.**[2]

      moderne

    une maison **ancienne.**

     moderne.

Tu vas peut-être *la* rencontrer en ville.

*What does your **Malian** friend do? Does he have **a job?***

*Yes, he's a **clerk** in **a tourist office.***

*Does he like **that work**?*

*Yes, he's really **enthusiastic about the tourist business.** Maybe you'll **run into him** there.*

*My **Malian** friend is **enthusiastic about** chemistry.*

*She's going **to train** in a pharmacy in Paris.*

***I think** she's going to live with her aunt.*

*She's a **former** chemistry professor who lives in an **old** apartment.*

      modern

    *an **old** house.*

     modern

*Maybe you'll run into **her** in town.*

[1] The plural of *le travail* is *les travaux.*
[2] When *ancien, -ne* is used before a noun, it means "former." After a noun, it means "old."

Exercice de vocabulaire

Répondez d'après les images. Suivez le modèle.

1. Quel est son emploi?
   Elle est vendeuse.

2. Que fait son mari?

3. Que fait sa fille?

4. Quelle est sa
   profession?

5. Que fait ton oncle?

6. Que fait ce monsieur?

7. Que fait ta sœur
   aînée?

8. Que fait-elle?

9. Qu'est-ce qu'ils font?

10. Quelle est sa
    profession?

11. Que fait ton amie?

12. Que fait leur neveu?

13. Qu'est-ce qu'elles font?

14. Qu'est-ce qu'ils font?

Pharmaciennes au travail

MOTS NOUVEAUX II

la lettre

le facteur

l'ouvrier (m.) l'ouvrière (f.)

la ménagère

le soldat le marin

l'acteur (m.) l'actrice (f.)

l'artiste (m.) l'artiste (f.)

–Que veux-tu faire **comme profession?**	*What do you want to do **for a living?***
–**Comme toi,** je veux être artiste.	***Like you,** I want to be an artist.*
–**Je vois que** tu aimes **dessiner.**	***I see that** you like **to draw.***
–Et je **fais des progrès** à l'école.	*And I**'m making progress** in school.*
–On va **jouer une pièce.**	*We're going **to put on a play.***
–Tu vas **jouer un rôle?**	*Are you going **to play a part?***
–Bien sûr! **Le rôle principal.**	*Of course! **The lead.***
–**Ça alors!** Toujours **les rôles principaux.**	***How about that!** Always **the leads.***
–Ton frère fait son **service militaire?**	*Is your brother doing his **military service?***
–Oui, il est soldat.	*Yes, he's a soldier.*

Exercices de vocabulaire

A Répondez d'après les images. Suivez les modèles.

1. Qui travaille dans un café?
   La serveuse travaille dans un café.

2. Qu'est-ce qu'ils font?
   Ils sont acteurs.

3. Qui travaille dans une usine?

4. Qu'est-ce qu'ils font?

5. Qui apporte les lettres?

6. Qui aime la mer?

A la caserne de Vincennes

7. Qui travaille à la maison, va au marché, prépare le dîner, fait la vaisselle, etc.?

8. Qu'est-ce qu'ils font comme profession?

B Qu'est-ce qu'ils veulent faire comme profession? Suivez le modèle. *(According to the statements, tell what the people want to be.)*

1. Son frère fait un stage à Lyon dans un grand hôpital.
   Il veut être médecin. OR *Il veut être infirmier.*

2. Nous sommes passionnés par le théâtre.
3. Je dessine des animaux—des chiens, des chats et des chevaux.
4. Mon frère aime regarder les bateaux dans le port.
5. Tu aimes beaucoup les avions, Olivier.
6. Je veux travailler à la poste comme mon frère.
7. Ma cousine aime son travail. Elle fait un stage à Air France.
8. Thierry et son frère aîné aiment travailler dans un bureau.
9. Ma sœur cadette fait un stage dans une usine.
10. Ses nièces font des progrès. Aujourd'hui elles sont inconnues. Mais bientôt elles vont jouer des rôles principaux.
11. Elles aiment bien travailler dans la pharmacie de leur oncle.

DIALOGUE

A Boston

Hamidou va travailler pour Air Mali.* Il fait un stage de six mois à Boston pour apprendre l'anglais. Un jour, après ses cours, il rencontre Thierry, un autre jeune Noir.

HAMIDOU	Tu fais des progrès en anglais!
5 THIERRY	Oui, je crois que ça va assez bien.
HAMIDOU	Tu aimes le livre?
THIERRY	Oui, mais je le trouve difficile.
HAMIDOU	Tu vas rester à Boston?
THIERRY	Non, je suis de la Guadeloupe. Je suis dans le tourisme, moi. Mon père a
10	un hôtel près de Pointe-à-Pitre.
HAMIDOU	Ah, je vois. Moi, je suis malien. Je veux être pilote et pour les professions
	comme pilote, steward et hôtesse de l'air, il faut pouvoir parler anglais.

*Air Mali is the national airline of the Republic of Mali, a French-speaking country in West Africa.

Questionnaire

1. Que fait Hamidou à Boston?   2. Qui est-ce qu'il rencontre?   3. Est-ce que Thierry fait des progrès en anglais?   4. Est-ce qu'il n'aime pas le livre?   5. Qu'est-ce que Thierry fait comme profession? Que fait son père?   6. Qu'est-ce qu'Hamidou veut faire comme profession? Pourquoi est-ce qu'il apprend l'anglais?

EXPLICATIONS I

Les verbes <u>voir</u> et <u>croire</u>

The two verbs *voir*, "to see," and *croire*, "to believe, to think," follow the same pattern in the present tense:

	SINGULAR		PLURAL	
1	je	**vois** / **crois**	nous	**voyons** / **croyons**
2	tu	**vois** / **crois**	vous	**voyez** / **croyez**
3	il elle on	**voit, croit**	ils elles	**voient, croient**

IMPERATIVE: **vois! voyons! voyez!**
crois! croyons! croyez!

1 The 1 and 2 pl. stem of these two verbs ends in *-oy-*. For all other forms the stem ends in *-oi-*. The endings are regular.

2 Look at the following:

Je **vois que** tu as maigri.
{ *I **see that** you've lost weight.*
{ *I **see** you've lost weight.*

Ils **croient qu**'il a fini?
{ *Do they **think that** he's finished?*
{ *Do they **think** he's finished?*

In English we often omit the word "that," but *que* can never be omitted.

Exercices

A Tout en rond. Posez une question à l'Elève B, qui va répondre en employant le verbe *voir*. Suivez le modèle.

1. Tu entends les animaux?
   Oui, et je vois les animaux aussi.

2. Ils entendent le beau cheval noir?
3. Nous entendons le petit chat gris?
4. Il entend les oiseaux bruns?
5. Vous entendez le facteur à la porte?
6. Tu entends la vendeuse à côté?
7. Elles entendent les canards sur le lac?

B Répondez aux questions en employant le verbe *croire* + *que*. Suivez le modèle.

1. Qui joue le rôle principal? (Je...cette actrice....)
   Je crois que cette actrice joue le rôle principal.

2. Qui veut être avocate? (Nous...Marianne....)
3. Qui est homme d'affaires? (Elle...le père de Mireille....)
4. Qui a téléphoné à la boutique? (Elles...votre mère....)
5. Qui étudie beaucoup? (Tu...je....)
6. Qui va au cinéma? (Vous...ils....)
7. Qui fait son service militaire? (On...Paul....)

Femme d'affaires dans son bureau

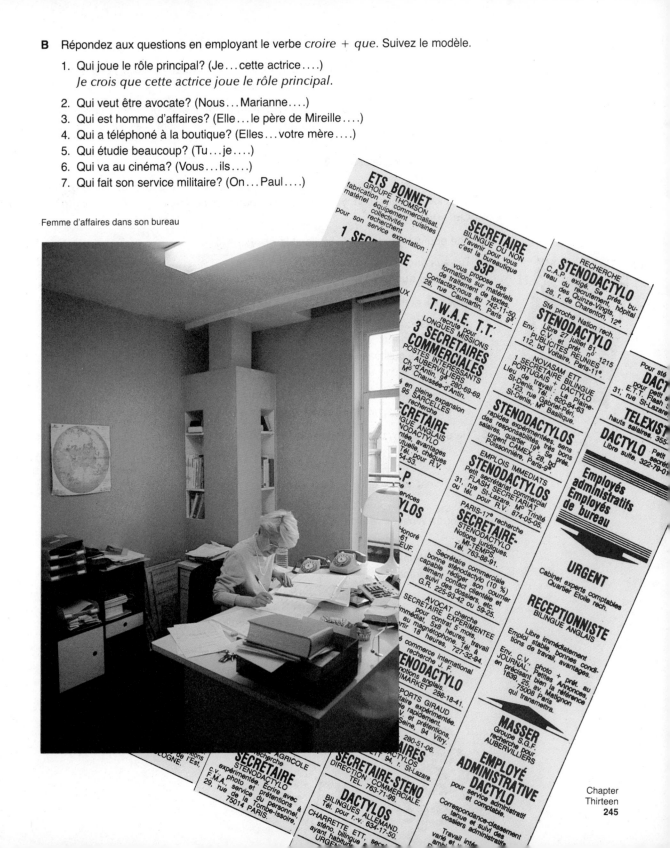

Les pronoms interrogatifs

1. To ask about things, you have used *qu'est-ce que* ("what") as object of a question and *qu'est-ce qui* ("what") as subject of a question.

2. To ask about people, you have used *qui est-ce que* ("who" or "whom") as object of a question and *qui* ("who") as subject of a question. There is also a long form, *qui est-ce qui,* but you will not need to use this form.

   Qui est-ce qui a téléphoné?   **Qui** a téléphoné?

3. *Est-ce que* is never used with inversion. So when "what" or "who(m)" is the object of an inverted question, you can use the short forms *qui* and *que: Que vois-tu? Qui vois-tu?*

4. The equivalent of "what" by itself is *quoi:*

   Tu veux **quoi?**
   Qu'est-ce que tu veux?   *What* do you want?

   Now look at the following:

   A quoi est-ce qu'ils jouent?   *What* are they playing?
   Avec quoi est-ce qu'il travaille?   *What* is he working **with?**
   A qui est-ce qu'il parle?   *Who* is he talking **to?**
   De qui est-ce qu'il parle?   *Who* is he talking **about?**

   When a preposition is used in a "what" question, you use the preposition + *quoi est-ce que.* In a "who" question, you use the preposition + *qui est-ce que.*

5. Here is a review of the interrogative pronouns that you have learned:

	PEOPLE	THINGS
Who/What as subject	**Qui** est là?	
	Qui est-ce qui est là?	**Qu'est-ce qui** est là?
Who(m)/What as object	**Qui est-ce que** tu vois?	**Qu'est-ce que** tu vois?
	Qui vois-tu?	**Que** vois-tu?
Who(m)/What as object of preposition	**A qui est-ce qu'**il pense?	**A quoi est-ce qu'**il pense?
	A qui pense-t-il?	**A quoi** pense-t-il?
	De qui est-ce qu'il a peur?	**De quoi est-ce qu'**il a peur?
	De qui a-t-il peur?	**De quoi** a-t-il peur?
	Avec qui est-ce qu'il fait ses devoirs?	**Avec quoi est-ce qu'**il fait ses devoirs?

Exercices

A Formez des questions en employant *qu'est-ce que* ou *qui est-ce que*. Suivez les modèles.

1. Ils attendent *leurs copains*.
   Qui est-ce qu'ils attendent?
2. Nous avons aimé *ces dessins animés*.
   Qu'est-ce que nous avons aimé?

3. Elles regardent *ce beau nuage blanc*.
4. Vous entendez *les gens à côté*.
5. Tu as trouvé *les billets*.
6. Ils ont écouté *l'auteur célèbre*.
7. Ils ont regardé *les belles jeunes filles grecques*.
8. Vous n'aimez pas *votre nouvelle voisine*.
9. Tu n'as pas fini *tes devoirs*.

B Tout en rond. Suivez le modèle. *(Give Student B a message. Student B doesn't understand and asks a "who" question. You will answer.)*

1. M. Germain a téléphoné.
   - M. Germain a téléphoné.
   - Qui a téléphoné?
   - M. Germain.

2. Ton voisin a perdu son chien.
3. Annick frappe à la porte.
4. Les Dupont arrivent ce soir.
5. Le mari de Jeanne a un singe.
6. Le concierge demande cinquante francs.
7. Toi et moi, nous avons réussi à l'examen.

C Posez la même question en employant *est-ce que*. Suivez les modèles. *(Ask the same question in conversational style.)*

1. Que fais-tu?
   Qu'est-ce que tu fais?
2. Qui attendent-ils?
   Qui est-ce qu'ils attendent?

3. Qu'attendent-elles?
4. Qu'entendent-ils?
5. Que veux-tu?
6. Qui regardez-vous?
7. Qui dessine-t-il?
8. Qui demande-t-on?
9. Que prends-tu?
10. Qui cherches-tu?

D Formez des questions d'après le modèle. Remplacez (''replace'') les mots en italique par à qui ou à quoi.

1. J'ai donné l'argent *à la vendeuse.*
   A qui est-ce que tu as donné l'argent?
2. Nous jouons *au volleyball.*
   A quoi est-ce que vous jouez?

3. Ils ont parlé *aux avocats.*
4. Elle pense *au printemps.*
5. Le tigre fait peur *aux enfants.*

6. On a posé la question *à Yves.*
7. Yves a répondu *à la question.*
8. Nous pensons *à l'examen.*

E A vous. *(Tell Student B something, completing each sentence with a thing. Student B will ask a ''what'' question and you will answer.)*

1. Je réponds à...   —Je réponds à la lettre.
                      —A quoi est-ce que tu réponds?
                      —A la lettre.

2. Les élèves pensent à...
3. Hier nous avons joué à...
4. Petit Jacques a peur de...
5. Hier soir j'ai assisté à...

Now complete each sentence with a person. Student B will ask a ''who'' question and you will answer.

1. Je réponds à...   —Je réponds au professeur.
                      —A qui est-ce que tu réponds?
                      —Au professeur.

2. Les élèves pensent à...
3. Hier nous avons parlé à...
4. Petit Jacques a peur de...
5. Hier soir j'ai assisté au concert avec...

En permission a
La Rochelle

Les adjectifs pluriels placés avant le nom

1 Look at the following:

Voici les **jeunes** médecins.   Voici les **jeunes** ménagères.
Voici les **jeunes** ouvriers.   Voici les **jeunes** ouvrières.

J'aime les **grands** rôles.   J'aime les **grandes** pièces.
J'aime les **grands** acteurs.   J'aime les **grandes** actrices.

Où sont les **bons** dentistes?   Où sont les **bonnes** dentistes?
Où sont les **bons** infirmiers?   Où sont les **bonnes** infirmières?

Voilà les **nouveaux** pharmaciens.   Voilà les **nouvelles** pharmaciennes.
Voilà les **nouveaux** avocats.   Voilà les **nouvelles** avocates.

Before a noun beginning with a vowel sound, the *s* or *x* of a plural adjective is a liaison consonant, pronounced [z].

2 When a plural adjective comes before a noun, the indefinite determiner *des* becomes *de:*

J'ai **des moutons blancs.**   *but:* J'ai **de beaux moutons.**
Je joue **des rôles principaux.**   Je joue **de bons rôles.**

Exercices

A Tout en rond. *(Ask Student B if he or she sees something or someone. Student B will say that he or she sees others too.)*

1. Tu vois ce bel arbre?
Bien sûr, et les autres beaux arbres aussi.

2. Tu vois cette bonne ouvrière?   6. Tu vois ce nouvel avion?
3. Tu vois cet ancien élève?   7. Tu vois cette ancienne actrice?
4. Tu vois cette grande église?   8. Tu vois ce jeune employé?
5. Tu vois ce bon acteur?   9. Tu vois ce nouvel hôtel?

B A vous. Posez une question à l'Elève B, qui va répondre *oui* en employant *ce sont*.

1. ces habits / nouveau

   −Ces habits sont nouveaux?
   −Oui, ce sont de nouveaux habits.

2. ces infirmières / bon
3. ces vaches / gros
4. ces bibliothèques / vieux
5. ces oiseaux / beau
6. ces films / long
7. ces avocats / grand
8. ces lions / gros
9. ces bureaux de tourisme / bon

CONVERSATION ET LECTURE

Prononciation

The [j] sound is very much like the first sound in the English word "yes," but it is pronounced with greater tension.

A Listen carefully, then say these words aloud. Be careful to pronounce a distinct [j] sound at the end of each word.

fille   feuille   vieille   famille   soleil   sommeil

B In these words, the [j] sound comes between two vowel sounds. Note that the [j] sound is always part of the second syllable.

maillot   cahier   papier   juillet   crayon   travailler

C Now say these one-syllable words aloud. Be careful not to insert an [i] sound before the [j] sound.

bien   pied   ciel   pièce   nièce   mieux   vieux

D Now say these sentences containing the [j] sound.

Hier j'ai travaillé à Lyon.
Le chien du concierge a sommeil.
Sa fiancée travaille à Marseille.

La fille italienne est inquiète.
Il y a une vieille pièce canadienne.
Le premier monsieur est au milieu.

Parlons de vous

1. Qu'est-ce que vous croyez que vous allez choisir comme profession? Pourquoi? Est-ce qu'il faut aller à l'université? Est-ce qu'il faut faire un stage? Où est-ce qu'on fait le stage?
2. Qu'est-ce que vous étudiez maintenant qui ("which") va être important pour cette profession?
3. Est-ce que vous avez un emploi? Si "oui," où est-ce que vous travaillez? Quand? l'après-midi? le soir? le week-end? en été? Vous êtes passionné par ce travail?

Les amis sénégalais

la Normandie
Deauville

Les parents de Christian et de Mireille Villon ont loué° une villa à Deauville en Normandie,* où ils passent le mois d'août. Christian et Mireille ont des amis à Deauville et ils sortent souvent avec eux pendant leurs vacances. Cet
5 après-midi, par exemple, ils vont jouer aux boules* avec Olivier Diop.

Olivier est sénégalais. Lui et sa sœur cadette, Lamine, passent leurs vacances chez un oncle. Leur oncle, qui travaille à Paris pour l'UNESCO,* est ingénieur agronome.°
10 Cet été, lui aussi, il a loué une villa à Deauville.

louer: *to rent*

agronome: *agricultural*

*La Normandie (Normandy) is a region in northwestern France, bordered on one side by the English Channel *(La Manche)*. Deauville is a fashionable resort town noted for its racecourse.
*Les boules is a popular game in France, much like lawn bowling. Players roll a heavy ball toward a smaller ball *(le cochonnet)*. The player or team to come closest to the smaller ball wins.
*UNESCO, the United Nations Educational, Scientific, and Cultural Organization, has its headquarters in Paris.

Vendeuses de mangues au Sénégal

Olivier, qui a dix-huit ans, est un copain de lycée de Christian. Ils vont au lycée Saint-Louis* à Paris où Olivier prépare le concours d'entrée° à l'Ecole Polytechnique.* Beaucoup de° jeunes gens africains passent trois ou quatre

15 années dans les écoles françaises, surtout° pour faire des études supérieures.° Après, ils rentrent d'habitude° chez eux pour travailler.

Lamine, la sœur d'Olivier, passe les mois d'été avec son frère et son oncle. Mais elle attend toujours des lettres de

20 ses parents, et elle leur° écrit° souvent. Elle a vraiment le mal du pays.° Plus tard, Olivier va rentrer à Paris, mais Lamine, qui a seulement seize ans, va rentrer à Dakar. Elle, elle ne veut pas rester en France. Après ses études de lycée, elle veut aller à l'université de Dakar. Son père a une

25 grande pharmacie là-bas et Lamine veut devenir° pharmacienne comme lui.

le concours d'entrée:
   entrance exam
beaucoup de: *a lot of*
surtout: *especially*
les études supé-
   rieures *(f.pl.):*
   advanced studies
d'habitude: *usually*
leur: *(here) to them*
écrire: *to write*
avoir le mal du pays:
   to be homesick

devenir: *to become*

*Saint-Louis (Louis IX) was king of France from 1226 to 1270. He is remembered as a very fair and honest king, who insisted upon equal justice for all people, rich and poor. It is said that he used to sit under a large oak tree in the Bois de Vincennes, now a large park in Paris, and people would come to him personally to plead their cause.

*In order to attend a *Grande Ecole,* French students must take a very difficult entrance exam, the *concours.* After completing the regular course at the *lycée,* a student may spend an additional year or more just preparing for the *concours* at the school of his or her choice. There are about fifty *Grandes Ecoles,* each having its own specialty: chemistry and physics, fine arts, teacher-training, diplomacy and political science, and so forth. There is even a special school to train future high-level government employees. The Ecole Polytechnique, one of the *Grandes Ecoles,* trains civil and military engineers.

Questionnaire

1. Où est-ce que les Villon passent le mois d'août? 2. Vous croyez que Christian et Mireille aiment passer leurs vacances là-bas? Pourquoi? 3. Avec qui est-ce que les Diop passent leurs vacances? 4. Quelle est la profession de ce monsieur? Où travaille-t-il? 5. Quel âge a Olivier? A quel lycée est-ce qu'il va? Que fait-il là? 6. Est-ce qu'il y a d'autres jeunes gens africains dans les lycées français? 7. Quel âge a la sœur cadette d'Olivier? Pourquoi est-elle un peu ("a little") triste? A qui est-ce qu'elle écrit quand elle est triste? 8. Et vous, est-ce que vous avez des amis qui sont étrangers? Font-ils leurs études en Amérique? Que veulent-ils faire plus tard?

EXPLICATIONS II

Les pronoms compléments d'objet direct: le, la, l', les

1 Look at the following:

Tu vois **le dentiste?** Tu vois **le chat?**	Oui, je **le** vois.	*Yes, I see* **him.** *Yes, I see* **it.**
Tu vois **la vendeuse?** Tu vois **la vache?**	Oui, je **la** vois.	*Yes, I see* **her.** *Yes, I see* **it.**
Tu vois **les avocates?** Tu vois **les chiens?**	Oui, je **les** vois.	*Yes, I see* **them.**

The French equivalents of the direct object pronouns "him," "her," and "it" are *le* and *la,* depending upon the gender of the noun they are replacing. The equivalent of "them" is *les.* Note that these pronouns are placed between the subject and the verb.

2 Before a vowel sound, there is elision and liaison:

Elles **l'**écoutent.   *They're listening to* **him (her, it).**
Elles **les** écoutent.   *They're listening to* **them.**

3 *Le, la, l',* and *les* replace the entire object of the verb:

Tu vois **cet avion dans le ciel?**   Oui, je **le** vois.
Tu vends **ta vieille voiture bleue?**   Oui, je **la** vends.

Ecole des Beaux-Arts: élève d'une classe de sculpture

4 In negative sentences, the direct object pronoun comes between *ne* and the verb:

Elles le regardent?   Non, elles **ne le** regardent **pas.**
Vous l'apportez?   Non, nous **ne l'**apportons **pas.**
Tu les attends?   Non, je **ne les** attends **pas.**

5 A pronoun that is the object of a verb in the infinitive comes immediately before the infinitive:

Ils veulent **faire ce travail?**   Oui, ils veulent **le faire.**
Tu peux **apprendre cette phrase?**   Oui, je peux **l'apprendre.**
Tu ne vas pas **rater ces examens?**   Non, je ne vais pas **les rater.**

6 Verbs that do not require a preposition in French take a direct object: *attendre, chercher, demander, écouter, regarder:*

Je **les attends.**   *I'm waiting for them.*
Je **le demande.**   *I'm asking for it (him).*
Je **la regarde.**   *I'm looking at it (her).*
Je **l'écoute.**   *I'm listening to him (her, it).*

Exercices

A Substitution. Remplacez les mots en italique par l'objet direct *le.* Suivez le modèle.

1. Nous vendons *notre vieux cheval gris* aujourd'hui.
   Nous le vendons aujourd'hui.

2. On regarde *le juge.*   6. Tout à coup ils voient *le pilote.*
3. Tu comprends *le russe* peut-être.   7. Vous demandez *mon argent.*
4. Elle joue *le rôle principal* ce soir.   8. Ils choisissent *ce gros chat.*
5. Nous prenons *ton stylo jaune.*   9. Je prépare *le dîner* tout de suite.

B Tout en rond. Posez une question à l'Elève B, qui va répondre en employant l'objet direct *la.* Suivez le modèle.

1. Tu choisis *cette actrice* pour le rôle?
   Oui, je la choisis pour le rôle.

2. Tu fermes *la porte?*   6. Tu comprends *la leçon de chinois?*
3. Tu crois *cette histoire?*   7. Tu vends *ta vache* au marché?
4. Tu portes *ta nouvelle robe?*   8. Tu vois *l'ouvrière là-bas?*
5. Tu regardes *la secrétaire?*   9. Tu finis *la pièce?*

C Répondez à la forme négative en employant le pronom direct *l'.* Suivez le modèle.

1. Tu habites *la maison* en face de l'hôpital?
   Non, je ne l'habite pas.

2. Ils attendent *le facteur?*
3. Elle enseigne *l'espagnol?*
4. Tu étudies *la biologie?*
5. Il aime *son emploi?*
6. Vous écoutez *ce bel oiseau?*
7. Elle apprend *le rôle* par cœur?
8. Ils apportent *leur argent* à la banque?

D Tout en rond. Posez une question à l'Elève B, qui va répondre en employant l'objet direct *les*. Suivez le modèle.

1. Tu vois *l'avocat et le juge?*
   Bien sûr, je les vois.

2. Ils regardent *les montagnes?*
3. Tu vois *ces beaux nuages blancs?*
4. Il voit *cette infirmière et son mari?*
5. Tu apprends *les poèmes?*

6. Elle attend *les nouvelles employées?*
7. Ils aiment *les matchs de basketball?*
8. Il apporte *les billets* demain?
9. On attend *les vendeuses occupées?*

E A vous. *(Ask Student B if he or she is going to do the things mentioned. Student B will answer honestly, using the direct object pronoun le, la, l', or les.)*

1. passer la soirée chez toi

   —Tu vas passer la soirée chez toi?
   —Oui, je vais la passer chez moi.
   OR
   —Non, je ne vais pas la passer chez moi.

2. voir tes amis après la classe
3. vendre ton vélo
4. rater le prochain examen de français
5. prendre la voiture ce soir
6. apporter ton déjeuner à l'école demain
7. étudier le français ce soir
8. passer les vacances de Noël dans l'état ("state") de Floride

Devant le Palais de Justice

Les nombres et les dates

	VOCABULAIRE		
cent *hundred*	**fois** *times (in multiplication)*	**mille** *thousand*	

Numbers above 69 are formed differently from the lower numbers.

1   For 70 to 79, add the numbers 10 to 19 to the word *soixante: soixante-dix* (70), *soixante et onze* (71), *soixante-douze* (72), etc.

2   The French equivalent of 80 is *quatre-vingts*. For 81 to 99, add the numbers 1 to 19: *quatre-vingts, quatre-vingt-un* (81), *quatre-vingt-deux* (82)...*quatre-vingt-dix* (90), *quatre-vingt-onze* (91), *quatre-vingt-douze* (92), etc. The final *s*, which appears only in the word for 80, is a liaison consonant before a vowel sound: *quatre-vingts animaux*. Note, too, that the word *et* does not appear in 81 or 91.

3   The number 100 is *cent*.[1] It is never preceded by *un*. To form the numbers 101 to 199, simply add 1 to 99 after the word *cent: cent un, cent deux*...*cent quatre-vingt-dix-neuf.*

4   Numbers above 199 follow the same pattern: *deux cents, deux cent un*...*neuf cent quatre-vingt-dix-neuf.* Note that there is an *s* on *cent* only in the round numbers: 200, 300, etc. *Mille* does not add an *s: deux mille.*

5   What would the following mean?

quatorze cent quatre-vingt douze   dix-sept cent soixante-seize

They are famous dates. Another way of saying dates after the year 1000 is to use the word *mille:*[2]

mil quatre cent quatre-vingt-douze   mil sept cent soixante-seize

Exercices

A   Read the following numbers aloud.

1. 62, 72, 82, 92, 102.
2. 51, 61, 71, 81, 91.
3. 128, 254, 349, 736, 987.

Read the following dates aloud.

4. 1492, 1620, 1776, 1979, 2001.

B   Read the problems aloud and give the solution. Follow the model.

1. 60 + 24 = ?   *Combien font 60 et 24? 60 et 24 font 84.*
2. 78 − 3 = ?   *Combien font 78 moins 3? 78 moins 3 font 75.*
3. 2 × 46 = ?   *Combien font 2 fois 46? 2 fois 46 font 92.*

4. 60 + 11 = ?   6. 9 × 9 = ?   8. 72 + 27 = ?
5. 3 × 25 = ?   7. 89 − 3 = ?   9. 10 × 10 = ?

[1]The *t* is silent, except in the expressions *cent ans* and *cent hommes.*
[2]When it is written out in dates, *mille* is spelled *mil.*

C Répondez *non* aux questions et expliquez ("explain") votre réponse. Suivez le modèle.

1. Tu aimes cette robe?
   Non, je ne l'aime pas parce qu'elle coûte deux cent cinquante-cinq francs.

2. Vous allez prendre ces billets?

3. Tu veux cet oiseau?

4. Ils veulent cette télé?

5. Tu vas demander ce vélo?

6. Vous allez prendre ces chaussures?

7. On veut voir la photo?

8. Vous aimez ces voitures?

RÉVISION ET THÈME

Consultez les phrases modèles. Trouvez les expressions françaises qui correspondent à l'anglais et formez des phrases complètes d'après le modèle.

1. *Monsieur Bertaud est pharmacien dans une nouvelle pharmacie.*
   (Anne and Monique are doctors in a small hospital.)
   (Adèle is a clerk in a large tourist office.)

2. *Je crois que le jean est laid, et je ne le porte pas.*
   (They think the shoes are expensive, and they don't take them.)
   (We think the books are hard, and we don't like them.)

3. Un jour *vous apprenez* qu'on cherche *de jeunes vendeurs.*
        (they learn)   *(handsome actors)*
        (you (sing.) *learn)*   *(good poets)*

4. Il y a déjà *cent cinquante élèves qui veulent apprendre l'anglais.*
          (75 engineers who want to take the test)
          (80 lawyers who want to see the judge)

5. *Tu vois que tu ne vas pas faire de progrès.*
   (We see)
   (They see)

Thème: Trouvez les expressions françaises qui correspondent à l'anglais et rédigez un paragraphe.

Marion is a saleswoman in a small boutique.

She thinks the work is easy, but she doesn't like it.

One day she learns that they're looking for unknown young actresses.

But there are already 91 girls who want to play the lead.

She sees that she isn't going to succeed.

AUTO-TEST

A Tell who the people or what the buildings are, and describe them using the correct form of the adjective given. Follow the models.

1. petit
   C'est une petite boutique.

2. nouveau
   Ce sont de nouveaux ingénieurs.

3. jeune

4. grand

5. vieux

6. vieux

7. jeune

8. beau

9. mauvais

B Answer the questions using the appropriate direct object pronoun. Follow the models.

1. Nous allons jouer *les rôles principaux?* (Oui…)
   Oui, vous allez les jouer.
2. Cette ménagère aime *son travail?* (Non…)
   Non, elle ne l'aime pas.

3. Cette infirmière malienne habite *ce grand appartement?* (Oui…)
4. Ce jeune employé va faire *son stage* à Lyon? (Non…)
5. Tu rencontres *le facteur* devant la maison? (Non…)
6. Vous voyez *ces jeunes marins portugais?* (Oui…)
7. Ils vont vendre *ces deux mille livres de poche?* (Oui…)
8. Tu vois *ce gros homme d'affaires?* (Oui…)
9. On sert *le petit déjeuner* dans ce café? (Non…)
10. Ils croient *cette vieille histoire?* (Non…)

C Answer the questions with complete sentences, choosing the correct response. Follow the model.

1. De quoi a-t-il peur? (du chien/du concierge)
   Il a peur du chien.

2. Que dessines-tu? (une pharmacie/un pilote)
3. Qui regarde-t-il? (les gens à côté/le café du coin)
4. A qui pense-t-elle? (à sa ferme/à son mari)
5. Qu'est-ce que j'ai rencontré dans le parc? (un copain/une souris)

D Write the following numbers in numerals.

1. soixante-quatre; quatre-vingt-huit; quarante-neuf.
2. quatre-vingt-seize; soixante-dix-sept; cinquante et un.
3. cent vingt-deux; trois cent quatorze; huit cent trente-trois.
4. mille quatre cent six; quatre mille sept cent soixante-deux.
5. quarante-deux mille neuf cent quarante-cinq.

Poème

PAGE D'ÉCRITURE°　　　　　　　　l'écriture *(f.): writing*

Deux et deux quatre
quatre et quatre huit
huit et huit font seize...
Répétez!° dit le maître°　　　　　　répéter: *to repeat*
5　Deux et deux quatre　　　　　　　le maître: *teacher*
quatre et quatre huit
huit et huit font seize.
Mais voilà l'oiseau-lyre°　　　　　　l'oiseau-lyre *(m.): lyre-bird*
qui passe dans le ciel
10　l'enfant le voit
l'enfant l'entend
l'enfant l'appelle:°　　　　　　　　appeler: *to call*
Sauve-moi°　　　　　　　　　　　　sauver: *to save*
joue avec moi
15　oiseau!
Alors l'oiseau descend°　　　　　　descendre: *to come down*
et joue avec l'enfant...

　　　　　Jacques Prévert, *Paroles*
　　　　　© Editions Gallimard, 1949

Proverbe

Voir, c'est croire.

Interlude

Les surprises-parties

Here's the situation: you're in France for a visit, and some friends have invited you to une surprise-party *at their house on Saturday night. You are getting ready to go over, but you aren't quite sure what to expect from the evening. You need some pointers.*

First off, a surprise-party *usually does not involve hiding behind the couch and jumping out when the guest of honor arrives; the word is used for all sorts of parties. Teenagers often call their get-togethers* boums *or* super-boums, *depending on the size of the party.*

In France, it's considered very good manners to bring something for the person giving the party. This doesn't have to be anything big—maybe some flowers, or a small box of chocolates. If the party is informal, it's usually a good idea to bring along some food or drink, too, though your host will usually let you know if these things are needed.

You should go prepared to dance. And by the way, you might brush up on the rock-and-roll steps from the Fifties because, along with all the current styles of dancing, French young people still love the older music, too.

When you're tired of dancing, be ready to talk for a few hours. Topics of conversation won't be so terribly different from those at American parties, though you may find politics being discussed a lot more than you're used to. The French teenager is usually very interested in this subject, and can talk about it at great length—and with a great deal of understanding.

Finally, don't be surprised if your host's parents are at the party. French families tend to do a lot of things together, so it seems only right to them that parents be there. And, believe it or not, they usually don't put a damper on the fun—in fact, you may even see them do a rock-and-roll step that will put the rest of you to shame!

Vitrine de la confiserie Du Roi Soleil, Versailles

CHAPITRE 14

MOTS NOUVEAUX I

la chanson

chanter

le piano

l'électrophone (m.)

la danse

danser

jouer de la guitare

la guitare

jouer du piano

le gâteau d'anniversaire

le sandwich

—Jeudi c'est **l'anniversaire** *(m.)* de Pierre. François va **organiser une surprise-party.**[1]

—**Dis donc!** On va danser?

—Bien sûr. Tu veux nous **accompagner?**

Surtout il ne faut pas **oublier la musique.**

François va **emprunter** des disques à Anne.

Anne va **prêter** son électrophone à François.

*Thursday is Pierre's **birthday**.*

*François is going **to organize a party.***

Say! Are we going to dance?

*Of course. Do you want **to go with** us?*

Above all** we mustn't **forget the music.

*François is going **to borrow** some records **from** Anne.*

*Anne is going **to lend** her record player **to** François.*

[1] *Une surprise-party is any informal party. The plural form is les surprises-parties.*

—Qui est-ce que François va **inviter**
  à **cette fête?**

Who(m) is François going **to invite**
  to **this party?**

—Il va inviter **quelques** amis.
  quelques amies.
  plusieurs garçons.
  plusieurs filles.
  beaucoup de monde.

He's going to invite **a few** friends.
  several boys.
  several girls.
  a lot of people.

—Qu'est-ce que vous **pensez de**[1]
  ses **invités?**

What do you **think of** his **guests?**

—**Chaque invité** est **sympa.**[2]
  amusant.
  intéressant.
  ennuyeux.

Each guest is **nice.**
  amusing.
  interesting.
  boring.

—**Chaque invitée** est **sympa.**
  amusante.
  intéressante.
  ennuyeuse.

Each guest is **nice.**
  amusing.
  interesting.
  boring.

—N'oublie pas **le gâteau, les sandwichs,**
  les boissons . . .

Don't forget **the cake, the sandwiches,**
  the drinks . . .

—Et les cadeaux! Il ne faut pas les
  laisser ici.

And the presents! We mustn't **leave**
  them **here.**

—**Bon courage!** Tu veux emprunter ma
  voiture?

Chin up! Do you want to borrow my
  car?

—Je vais **faire une visite à** mes amis.

I'm going **to visit** my friends.

—Qu'est-ce que tu vas **dire à** ton ami?

What are you going **to say to** your
  friend?

—Je vais **lui** dire: **Félicitations!**

I'm going to say **"Congratulations"**
  to him.

—Et à ton amie?

And to your friend?

—Je vais **lui** dire: **Bon anniversaire!**

I'm going to say **"Happy Birthday"**
  to her.

        leur dire: **Bonne chance!**

        to say **"Good luck" to them.**

Il faut **remercier** mes amis.

I have **to thank** my friends.

—**Je te remercie pour** le cadeau.

Thank you for the gift.

—**Il n'y a pas de quoi.**

You're welcome.

---

[1]*Penser à* means "to think about"; *penser de* means "to think of" or "to have an opinion about."
[2]*Sympa* is short for *sympathique*. Even in the plural its form does not change: *Ses voisines sont sympa.*

Exercices de vocabulaire

A Pour chaque expression à gauche, choisissez une réponse à droite.

1. Aujourd'hui j'ai quinze ans.
2. Il va y avoir beaucoup de monde?
3. Nous avons réussi à nos examens.
4. Pourquoi est-ce que tu remercies ce monsieur?
5. Tu peux prêter cinq francs à Jean?

a. Bon anniversaire!
b. Félicitations!
c. Il a prêté cet électrophone à mon petit frère.
d. Non. Malheureusement, j'ai oublié mon argent.
e. On a invité plusieurs amis, je crois.

B *Qu'est-ce qu'on fait à la Maison des Jeunes?* Répondez d'après les images. Suivez le modèle.

1. on
   On joue aux cartes.

2. je

3. nous

4. il

5. tu

6. ils

Un magasin de musique à Versailles

Une classe de danse à Genève

MOTS NOUVEAUX II

 le timbre

 l'enveloppe (f.)

 le paquet

 la carte postale

 la botte

 le parapluie

 l'imperméable (m.)

 le réveil

 la montre

 le complet

 le manteau

 la veste

 le sac

 le portefeuille

 la bague

 le bracelet

 le collier

 le gant

 le foulard

 la cravate

 la ceinture

 le mouchoir

—**De quoi est-ce que tu as besoin?**
—J'ai surtout **besoin de** gants.

What do you need?
*I especially **need** gloves.*

—J'ai besoin de trouver un cadeau.
—Tu **as de la chance.** On vend de belles choses ici.
—Quoi **donc?**[1]
—Regarde . . . ce bracelet est **parfait.**
          cette bague   **parfaite.**
—Nous **n'avons pas de chance.** Il (elle) est trop cher (chère).

I need to find a gift.
*You**'re lucky.** They sell beautiful things here.*
Like what?
*Look . . . this bracelet is **perfect.***
          this ring   **perfect.**
*We**'re unlucky.** It's too expensive.*

—Voilà M. Debas.
—Qui **donc?**
—M. Debas. Il travaille pour **une société** danoise.
—Ah, il **est dans les affaires.**

There's M. Debas.
Who??
*M. Debas. He works for **a** Danish **company.***
*Ah, he**'s in business.***

[1]*Donc* is often used to reinforce a question or exclamation: *Que voulez-vous donc?* "What on earth do you want?" *Pensez donc!* "Just think!"

Exercices de vocabulaire

A Répondez à la question d'après les images. Suivez le modèle.

De quoi est-ce que tu as besoin?

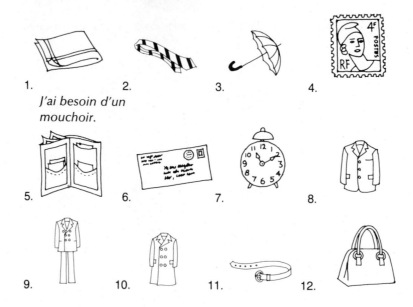

1.

J'ai besoin d'un mouchoir.

2.

3.

4.

5.

6.

7.

8.

9.

10.

11.

12.

B Répondez d'après les images. Suivez le modèle.

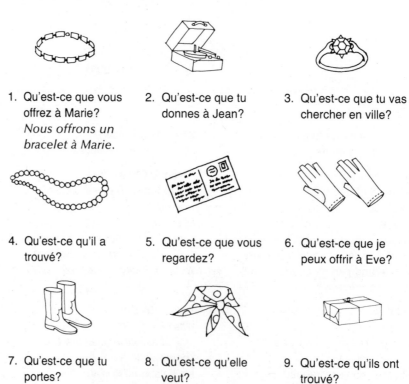

1. Qu'est-ce que vous offrez à Marie?
Nous offrons un bracelet à Marie.

2. Qu'est-ce que tu donnes à Jean?

3. Qu'est-ce que tu vas chercher en ville?

4. Qu'est-ce qu'il a trouvé?

5. Qu'est-ce que vous regardez?

6. Qu'est-ce que je peux offrir à Eve?

7. Qu'est-ce que tu portes?

8. Qu'est-ce qu'elle veut?

9. Qu'est-ce qu'ils ont trouvé?

DIALOGUE

Une surprise-party

Samedi prochain c'est l'anniversaire de Jeanne-Marie, et son amie Denise organise une surprise-party. D'abord elle a invité Christophe et Madeleine, et maintenant elle téléphone à René pour l'inviter. Elle veut aussi lui emprunter un électrophone et quelques disques.

5   RENÉ   Tu invites ta nouvelle voisine? Madeleine me dit qu'elle est sympa.

     DENISE   Oui, je la trouve très intéressante. Et son frère aussi. Il joue bien de la guitare, lui. Je vais leur téléphoner ce soir. Il y a aussi Jacqueline.

     RENÉ   Qui donc?

     DENISE   L'étudiante américaine. Sa famille passe l'année en France pour le travail
10   de son père. Sa société a un bureau à Paris. J'ai joué au tennis avec elle dimanche dernier.

     RENÉ   Je crois qu'il va y avoir beaucoup de monde à cette petite fête!

Questionnaire

1. Quel jour est l'anniversaire de Jeanne-Marie?   2. Que fait Denise?   3. Qui est-ce qu'elle a invité d'abord? Et maintenant?   4. Qu'est-ce qu'elle veut emprunter à René? 5. Qu'est-ce que René demande à Denise?   6. Qui pense que la voisine de Denise est sympa? Et Denise, qu'est-ce qu'elle pense de sa voisine? Qu'est-ce qu'elle pense du frère de sa voisine?   7. Qui est l'autre jeune fille que Denise va inviter?   8. Pourquoi est-ce que Jacqueline passe l'année en France?   9. Ça va être vraiment une petite fête?

EXPLICATIONS I

Les verbes dire, écrire, lire

VOCABULAIRE					
dire	_to say, to tell_	**écrire**	_to write_	**lire**	_to read_

	SINGULAR	PLURAL
1	je **dis**	nous **disons**
2	tu **dis**	vous **dites**
3	il elle on } **dit**	ils elles } **disent**

IMPERATIVE: **dis! disons! dites!**

The plural stem is _dis-_. In the singular, the _s_ is dropped from the stem, and the endings _-s, -s, -t_ are added. Note that the 2 pl. form is irregular. It has the ending _-tes,_ which also occurs in _vous êtes_ and _vous faites._

	SINGULAR	PLURAL
1	j'**écris**	nous **écrivons**
2	tu **écris**	vous **écrivez**
3	il elle on } **écrit**	ils elles } **écrivent**

IMPERATIVE: **écris! écrivons! écrivez!**

The plural stem is _écriv-_. In the singular, the _v_ is dropped from the stem, and the endings _-s, -s, -t_ are added.

	SINGULAR	PLURAL
1	je **lis**	nous **lisons**
2	tu **lis**	vous **lisez**
3	il elle on } **lit**	ils elles } **lisent**

IMPERATIVE: **lis! lisons! lisez!**

The plural stem is _lis-_. In the singular, the _s_ is dropped from the stem, and the endings _-s, -s, -t_ are added.

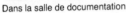
Dans la salle de documentation

Quelle revue cherches-tu?

Exercices

A Substitution. Suivez le modèle. *(Tell what kind of work the students are doing in school.)*

1. tu   *Tu dis que tu n'écris pas bien.*
           C'est peut-être vrai, mais tu lis très bien.

2. Jeanne	4. les lycéens	6. Diane et Caroline
3. nous	5. je	7. vous

B Tout en rond. Posez une question à l'Elève B, qui va répondre *non*. Suivez le modèle.

1. Tu lis le roman?
    Non, je ne lis pas le roman.

2. Tu écris la carte postale?
3. Il dit "bon courage"?
4. J'écris ces lettres aujourd'hui?
5. Tu dis "bonjour" chaque matin?

6. Je lis ces livres de poche?
7. Il écrit l'histoire?
8. Je dis "bon anniversaire"?
9. Elle lit le journal du soir?

C Complétez le paragraphe en employant la forme correcte du verbe en italique.

Cette semaine dans ma classe de français nous *(lire)* quelques poèmes de Prévert. Ils sont intéressants, mais je les trouve difficiles. Chaque jour en classe on *(lire)* pendant cinq ou dix minutes. Les autres élèves *(lire)* bien le français, mais pas moi. La semaine prochaine je crois que nous allons *(écrire)* un essai ("essay")
5 sur ces poèmes.

Nous *(écrire)* toujours des essais! Les professeurs *(dire)* que c'est un bon exercice. Et ils croient que c'est facile. Mes amis et moi, nous *(dire)* que c'est un exercice très difficile!

Est-ce que vous *(lire)* des poèmes français dans votre classe? Est-ce que vous
10 *(écrire)* un essai chaque semaine? Quoi donc? Vous *(dire)* qu'on n'*(écrire)* pas d'essais dans votre lycée? Je voudrais bien aller à un lycée où les élèves n'*(écrire)* pas d'essais.

Vitrine d'une boutique pour hommes, rue Montmartre

Les pronoms compléments d'objet indirect: <u>lui</u>, <u>leur</u>

1 Look at the following:

Tu téléphones **à Jean?** Oui, je **lui** téléphone.
Tu donnes le paquet **au facteur?** Oui, je **lui** donne le paquet.

Tu réponds **à Jean et à Louis?** Oui, je **leur** réponds.
Tu prêtes mon parapluie **aux facteurs?** Oui, je **leur** prête ton parapluie.

The construction *à* + person is often replaced by an *indirect* object pronoun. The French equivalent of the English indirect object pronouns "him" and "her" is *lui*. The equivalent of "them" is *leur*.

2 Like direct object pronouns, indirect object pronouns replace the entire object of the verb, not just a noun:

Vous empruntez un crayon **à la nouvelle secrétaire belge?** Oui, nous **lui** empruntons un crayon.

Elle parle **aux jeunes agents qui travaillent là-bas?** Oui, elle **leur** parle.

3 Indirect object pronouns have the same position in a sentence as direct object pronouns:

DIRECT	INDIRECT
Elles **ne l'**invitent **pas?**	Non, elles **ne lui** parlent pas.
Elle va **les inviter?**	Oui, elle va **leur parler** demain.

Exercices

A Substitution. Remplacez les mots en italique en employant *lui* ou *leur*. Suivez les modèles.

1. Le professeur répond *à un élève.*
   Le professeur lui répond.
2. Tu écris des lettres *à tes grands-parents.*
   Tu leur écris des lettres.

3. Nous écrivons *à Colette.*
4. Joseph téléphone *au médecin à Paris.*
5. Cet homme lit un roman *à sa fille et à ses deux fils.*
6. L'auteur parle *aux étudiants du cours d'anglais.*
7. Nicole apporte le journal *à papa.*
8. La pharmacienne pose des questions *à la nouvelle infirmière.*
9. Ils disent "bonjour" *au concierge.*
10. Ces histoires font peur *à nos petits frères.*

Les étudiants jouent de la musique dans les stations de métro.

B   Tout en rond. Posez une question à l'Elève B, qui va répondre d'après le modèle.

1. Qu'est-ce que tu prêtes à Anne? (un réveil)
   Je lui prête un réveil.

2. Qu'est-ce que tu écris à tes amis? (une longue lettre)
3. Qu'est-ce que tu empruntes à tes cousins? (la voiture)
4. Qu'est-ce qu'ils offrent à leur père? (une cravate bleue)
5. Qu'est-ce que tu montres à ton amie? (une belle image)
6. Qu'est-ce qu'elle donne à ses sœurs? (des paquets)
7. Qu'est-ce qu'ils disent à leurs amis? (quelques mots)
8. Qu'est-ce que tu offres à Lisette? (une jolie montre)
9. Qu'est-ce qu'il emprunte à sa mère? (plusieurs timbres)

C   Répondez aux questions d'après le modèle.

1. Ils vendent leur bateau à voiles aux Dupont.
   (a) Qu'est-ce qu'ils vendent *aux Dupont?*
       Ils leur vendent leur bateau à voiles.
   (b) A qui est-ce qu'ils vendent *leur bateau à voiles?*
       Ils le vendent aux Dupont.

2. Il prête son livre d'algèbre à Paul.
   (a) Qu'est-ce qu'il prête *à Paul?*
   (b) A qui est-ce qu'il prête *son livre d'algèbre?*

3. Les professeurs lisent plusieurs poèmes russes aux étudiants.
   (a) Qu'est-ce qu'ils lisent *aux étudiants?*
   (b) A qui est-ce qu'ils lisent *les poèmes?*

4. Patrick emprunte la voiture à ses parents.
   (a) Qu'est-ce qu'il emprunte *à ses parents?*
   (b) A qui est-ce qu'il emprunte *la voiture?*

CONVERSATION ET LECTURE

Prononciation

The [ə] sound in one-syllable words is pronounced when it comes after a word ending in a consonant sound but is often not pronounced when it comes after a word ending in a vowel sound. Listen to the words *le, de,* and *ne* in the following sentences.

Il le fait.
La salle de classe.
Ils ne sont pas français.

but: Je lø fais.
Pas dø westerns.
Nous nø sommes pas français.

In the left-hand column, *le, de,* and *ne* come after words ending in the pronounced consonant *l*, so the letter *e* is pronounced [ə]. In the right-hand column, they come after words ending in a vowel sound, so the letter *e* is not pronounced.

A Practice pronouncing and dropping the [ə] sound in the word *le.*

Il le fait.
Vous lø faites.

Ils le croient.
Nous lø croyons.

Il le voit?
Qui lø voit?

B Practice pronouncing and dropping the [ə] sound in the word *ne.*

Il ne va pas.
Tu nø vas pas.

Il ne parle pas.
Je nø parle pas.

Il ne grossit pas.
Tu nø grossis pas.

C Listen to these sentences, then say them aloud.

Je nø vois pas lø stade.
Vous nø faites pas dø fautes.
On nø sort pas dø l'école.

Vous nø jouez pas dø matchs.
Nous nø prenons pas dø café.
Je nø comprends pas lø français.

Parlons de vous

1. Quand est-ce que vous invitez vos amis chez vous? Vous les invitez à des fêtes? Est-ce que vous aimez organiser des fêtes? Vous aimez aller à des surprises-parties? Qu'est-ce que vous faites aux surprises-parties?
2. Est-ce que vous aimez la musique? Vous aimez danser? chanter? Vous apprenez quelques chansons françaises dans votre classe de français?
3. Est-ce que vous jouez du piano? de la guitare? d'un autre instrument? de la flûte, du violon, de la clarinette ou de la trompette, peut-être?
4. Est-ce que vous écrivez des lettres en français à un correspondant ou à une correspondante ("pen pal") en France ou au Québec?

Pourquoi les langues étrangères?

Souvent les élèves demandent à leurs professeurs pourquoi l'étude° des langues étrangères est importante. Pour répondre à cette question, un professeur de français, qui enseigne à San Francisco, a organisé une petite conférence pour ses élèves. Il a invité des gens qui habitent San Francisco, mais qui ont besoin de parler une langue étrangère au cours de° leur travail: une caissière° de banque, un interprète,° un avocat, une journaliste, une dactylo° et un homme et une femme d'affaires. Voici, par exemple, le discours° d'une jeune femme, Mlle Patricia Robinson, qui a parlé aux élèves.

"Au mois de juin 1972 j'ai fini mes études à l'université. Quatre mois plus tard, j'ai trouvé un emploi dans une grande société de transport.° Je travaille toujours pour cette même société. Et je crois que la petite histoire que je vais raconter° va vous° montrer l'importance de l'étude des langues étrangères—même° ici à San Francisco. Alors voilà mon histoire:

"Un matin, le patron° entre dans mon bureau et me demande: 'Pat, vous avez étudié le français au lycée, n'est-ce pas?' Je lui réponds: 'Pendant trois ans seulement.' 'Alors, est-ce que vous pouvez traduire° cette feuille d'expédition?'° me demande-t-il. Je regarde la feuille pendant un moment et puis je lui dis: 'Je crois que je peux la traduire, mais je vais avoir besoin d'un dictionnaire.'

l'étude (f.): *study*

au cours de: *in the course of*
le caissier, la caissière: *cashier*
l'interprète (m. & f.): *interpreter*
la dactylo: *typist*
le discours: *speech*
la société de transport: *moving company*
raconter: *to tell*
vous: *(here) (to) you*
même: *(here) even*
le patron, la patronne: *boss*

traduire: *to translate*
la feuille d'expédition: *packing list*

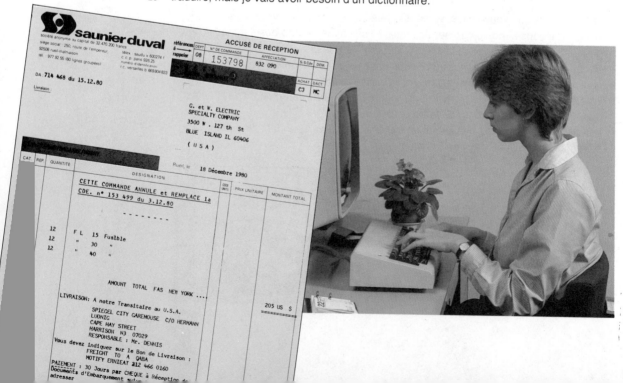

"Un mois après, c'est presque la même histoire. Le patron me dit: 'Pat, il y a un monsieur au° téléphone. C'est un attaché du Consulat Général de France.* Parlez avec lui, s'il vous plaît.' Je vais au téléphone et je vois tout de suite

30 que ce jeune diplomate est vraiment très bouleversé.° Il est surtout difficile de comprendre une langue étrangère au téléphone et ce monsieur me parle beaucoup trop vite. Mais enfin je comprends qu'il croit qu'on a perdu ses meubles.° Tout à coup je vois que l'adresse sur la feuille

35 d'expédition n'est pas correcte. Bientôt on règle° le problème et les meubles arrivent chez le diplomate.

"Maintenant je travaille dans le secteur° international de la société. Je parle souvent français et chaque année je fais des voyages en° France et en Belgique° pour mon travail.

40 "Alors, vous me demandez si l'étude des langues étrangères est importante. Pour moi, la réponse est certainement° oui."

au: *(here) on the*

bouleversé,-e: *upset*

les meubles *(m.pl.)*: *furniture*
régler: *to solve*

le secteur: *division*
en: *(here) to*
la Belgique: *Belgium*

certainement: *definitely*

Questionnaire

1. Quelle question est-ce que les élèves posent souvent à leurs professeurs?
2. Pourquoi est-ce que le prof à San Francisco a organisé une conférence? Qui est-ce qu'il a invité à la conférence? Que font ces gens comme travail?
3. Quand est-ce que Mlle Robinson a fini ses études?   4. Quand son patron lui montre la feuille d'expédition est-ce qu'elle peut la traduire? De quoi est-ce qu'elle a besoin?   5. Est-ce que Mlle Robinson dit qu'il est difficile de parler français au téléphone? Pourquoi est-ce que l'attaché n'a pas ses meubles?   6. Et vous, est-ce que vous pouvez penser à des emplois ou à des situations où la connaissance ("knowledge") d'une langue étrangère peut être importante?

*Many countries have consulates in major foreign cities. For example, if a large number of its citizens are living in a particular foreign city for business or political reasons, a country may open a consulate to offer any help or services the people may need. Consulates also issue travelers' visas to citizens of the host country and, in general, help in the exchange of cultural and commercial information between nations. Attachés are diplomats with specialized responsibilities; for example, business or cultural exchanges.

EXPLICATIONS II

Les pronoms compléments d'objet direct et indirect: <u>me</u>, <u>te</u>, <u>nous</u>, <u>vous</u>

1 Look at the following:

DIRECT Il { le / la / les } remercie. Il { me / te / nous / vous } remercie.

INDIRECT Il { lui / leur } donne le paquet. Il { me / te / nous / vous } donne le paquet.

Me, te, nous, and *vous* can be used as either direct or indirect objects.

2 As with *le, la,* and *les,* there is elision and liaison before a verb beginning with a vowel sound:

Il { l' / les } accompagne. Il { m' / t' / nous / vous } accompagne.

3 *Me, te, nous,* and *vous* have the same position in the sentence as other object pronouns:

Ils **ne vous croient pas.**
Je **veux te remercier.**

Elle **ne nous écrit pas** de lettres.
Il **va m'emprunter** des cravates.

Exercices

A Tout en rond. Posez une question à l'Elève B, qui va répondre *oui*. Suivez le modèle.

1. Il me demande des enveloppes?   *Oui, il te demande des enveloppes.*

2. Ils me parlent?
3. Ils me font une visite en août?
4. Elle me comprend?
5. Le professeur de chimie me regarde?

6. Elle me dit quelque chose?
7. Maman me cherche?
8. On me trouve sympa?
9. Elles me voient?
10. Tu me prêtes cette cravate?

B Tout en rond. Posez une question à l'Elève B, qui va répondre *non*. Suivez le modèle.

1. Gérard te prête l'argent?   *Non, il ne me prête pas l'argent.*

2. Jeanne te demande l'heure?
3. Charles te donne la veste?
4. Ils te comprennent?
5. Elle te donne ce mouchoir?

6. Elle te téléphone à 11 h.?
7. Louise te remercie?
8. Les souris te font peur?
9. Il te prête son manteau?

C Répondez aux questions en employant le mot entre parenthèses. Suivez le modèle.

1. Qui t'offre un portefeuille?   (ma tante)
   C'est ma tante qui m'offre un portefeuille.

2. Qui m'écoute?   (le professeur)
3. Qui t'emprunte le réveil?   (ma sœur)
4. Qui vous invite à la fête?   (François)
5. Qui peut m'entendre?   (le concierge)
6. Qui nous attend?   (le dentiste)
7. Qui va vous accompagner?   (l'avocat)
8. Qui va m'apporter le parapluie?   (maman)
9. Qui va nous écrire quelques lettres?   (Hélène)

Timbres pour collectionneurs

D Lisez les paragraphes en employant *nous*. Puis relisez les paragraphes en employant *vous*.

Nous sommes des amis de Jean. Il ____ invite chez lui. Il ____ téléphone chaque soir et il ____ prête ses disques aussi. Il aime ____ voir presque chaque jour. Il ____ accompagne au cinéma, il ____ attend après la dernière classe, et il ____ écrit des cartes postales quand il est en vacances. Surtout il ____ comprend bien.

Nous entrons dans un bureau de tourisme.
D'abord on ____ pose beaucoup de questions.
Puis on ____ dit que la France est très belle . . .
      on ____ montre de belles plages de la Côte d'Azur . . .
      on ____ parle des villes anciennes . . .
      on ____ offre un voyage intéressant . . .
Alors enfin on ____ vend un billet d'avion!

E Complétez chaque phrase avec le pronom qui convient.

1. Nous ne . . . voyons pas. (leur, lui, le)
2. C'est un garçon aimable. Il veut . . . remercier. (te, eux, toi)
3. Tu vas . . . emprunter des gants et un parapluie? (nous, les, l')
4. Malheureusement il ne peut pas . . . prêter cet argent. (la, les, vous)
5. Je . . . offre un cadeau pour son anniversaire. (l', t', lui)
6. Pourquoi est-ce qu'il . . . laisse chez lui? (lui, la, leur)
7. Qu'est-ce que vous . . . dites? (les, leur, elles)
8. Il a oublié ses gants. Il . . . cherche maintenant. (lui, les, leur)

On peut toujours offrir des fleurs.

RÉVISION ET THÈME

Consultez les phrases modèles. Trouvez les expressions françaises qui correspondent à l'anglais et formez des phrases complètes d'après le modèle.

1. *J'ai emprunté une enveloppe à Chantal.*
   (They borrowed ties from Dad.)
   (We lent stamps to several friends.)

2. Nous voulons *vous offrir un foulard.*
   (to give her a wallet)
   (to visit them)

3. *Tu dis: Elle croit que j'écris des poèmes intéressants.*
   (We say: We think they write French songs.)
   (You (pl.) say: They think we write boring stories.)

4. Elle peut *te montrer un complet.*
   (give me a jacket)
   (bring us an alarm clock)

5. *Elle dit:* Mais *j'ai toujours besoin d'un manteau. Et je n'ai pas de gants.*
   (They say)   *(she really needs a raincoat. And she doesn't have a belt.)*
   (I say)   *(they still need scarves. And they don't have any purses.)*

6. Alors, *tu m'écris une longue lettre.*
   (I'm giving you (sing.) *a beautiful necklace)*
   (we're giving them the old record player)

Thème: Trouvez les expressions françaises qui correspondent à l'anglais et rédigez un paragraphe.

1. Yesterday, Solange lent Maryse an umbrella.

2. Now Maryse wants to bring her a gift.

3. Maryse's brother says: "I think she likes detective novels. You can give her a book."

4. Maryse answers: "But she especially needs an umbrella."

5. "And I don't have any money."

6. "So you give her a small umbrella."

AUTO-TEST

A First answer the question according to the picture using *lui* or *leur*. Then write a sentence using *le, la, l'*, or *les* to replace the item pictured. Follow the model.

1. Qu'est-ce que nous pouvons offrir à ton frère?
   Vous pouvez lui offrir l'imperméable.
   Vous pouvez l'offrir à mon frère.

2. Qu'est-ce qu'il prête à Denise?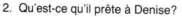

3. Qu'est-ce que tu montres à Grégoire?

4. Qu'est-ce que vous empruntez à Marguerite?

5. Qu'est-ce que vous écrivez à vos grands-parents?

6. Qu'est-ce qu'il faut emprunter à Roger et à Charles?

7. Qu'est-ce que tes parents vont offrir à grand-maman?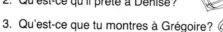

8. Qu'est-ce qu'ils veulent donner à leur fille cadette?

B Answer the questions in the negative. Follow the model.

1. Est-ce que tu me donnes ce portefeuille?
   Non, je ne te donne pas ce portefeuille.

2. Est-ce que vous nous montrez votre nouveau manteau?
3. Est-ce qu'ils lui posent d'autres questions?
4. Est-ce que tu me vends ces timbres?
5. Est-ce qu'elle leur parle maintenant?
6. Est-ce qu'elles vont te lire sa lettre?
7. Est-ce qu'elles vous prêtent ce foulard aujourd'hui?
8. Est-ce que tu leur empruntes le parapluie?
9. Est-ce que tu veux nous faire une visite?

La Cathédrale de Notre-Dame à Paris

Poème

LE VIEUX PIANO

Lorsque° je vais chez ma cousine,
Elle ouvre son vieux piano.
Malheureusement, il joue faux,°
Le piano de ma cousine.

5   Mon cousin est sourd comme un pot,°
Et il sourit° dans la cuisine°
Lorsqu'il voit taper° ma cousine
Sur son vieux piano si faux.

Mais que peut penser la voisine?
10 Elle doit° me trouver bien sot°
Lorsque j'écoute ma cousine
Taper sur son vieux piano.

lorsque = quand

jouer faux: *to be out of tune*

sourd . . .pot: *deaf as a post*
sourire: *to smile*
la cuisine (here): *kitchen*
taper: *to hit (keys)*

devoir: *must*
sot = bête

"Le vieux piano" from *La Lanterne magique* by Maurice Carême.
Paris: Editions Ouvrières. Reprinted with the permission of La
Fondation Maurice Carême. All rights reserved.

Proverbe

Ne choisit pas qui emprunte.

Interlude

Le dîner

When was the last time you took an hour and a half to eat dinner? If you were a dinner guest in a French home, you would certainly be at the table for that length of time. The French have a great love of good food and fine cooking, and like to take enough time to appreciate a meal fully.

How can a meal last so long? Well, in order for everyone to better appreciate the food, each dish is served in separate courses, rather than all on the same plate. So if your dinner begins with a quiche (custard-and-cheese pie), you can be sure that the main course is still to come. And between courses, there is a rest period of several minutes while the plates are cleared from the table.

A traditional dinner begins around 8:00 P.M. with the entrée—either soup or an hors-d'œuvre (literally, "outside the main work"), which may be crudités (raw vegetables), pâté (a fancy meat "spread" or "loaf"), or some other light dish. Then comes the main dish (le plat principal), which may be accompanied by one or two vegetables. The salad course—usually just lettuce tossed in an oil-and-vinegar dressing—is next, followed by a selection of cheeses. Dessert comes afterward, and then the meal is topped off by a very small cup of black coffee.

There is always plenty of fresh-baked bread and wine to go along with the meal. (The French say that a meal without wine is like a day without sunshine.) But more important than bread and wine, perhaps, is conversation. For the French, a meal is a social event, so talking is one of the main activities during dinner—which is another reason their meals last so long! In their opinion, good food, good conversation, and enough time to enjoy both are the key to an ideal evening.

Ce sont des escargots de Bourgogne.

CHAPITRE 15

MOTS NOUVEAUX I

Les Hors-d'œuvre (m.pl.)

la soupe

l'oignon (m.)

la soupe à l'oignon

le poisson

les escargots (m.pl.)

les huîtres (f.pl.)

le saucisson

le pâté

La Viande

le bifteck

le rôti de porc

le jambon

le gigot

le coq au vin

le pain

le beurre

la salade

la confiture

l'oeuf (m.)

[1]Les hors-d'œuvre, or appetizers, are a first course.
   The h in hors-d'œuvre and haricots is an "aspirate h," and when plural determiners appear before them, there is no liaison: les huîtres, but les haricots verts, des hors-d'œuvre.
[2]Snails are very popular in France. They are cooked in butter, garlic, and herbs.

Les Légumes (m.pl.)

les haricots verts (m.pl.) les petits pois (m.pl.)

le riz   la pomme de terre   les pommes frites (f.pl.)

Les Boissons (f.pl.)

l'eau minérale (f.)   le vin   le lait

le thé   la crème   le sucre   le café

Les Desserts (m.pl.)

la pomme

la tarte aux pommes   la crème caramel   le chocolat   la mousse au chocolat

le fromage   les pâtisseries (f.pl.)   les fruits (m.pl.)

[1]Wine is served regularly at dinner. White wine is usually served with fish and fowl, red wine with most other meats. Mineral, or spring, water is the main type of drinking water.

[2]Cheese is served as a separate course before dessert. *Mousse* is a whipped, very rich, pudding-like dessert. *Crème caramel* is baked, molded custard with a caramel sauce.

[3]When in English we speak of "fruit" as a singular noun, the French use a plural.

Exercices de vocabulaire

A Répondez à la question d'après les images. Suivez le modèle.

Qu'est-ce qu'il aime?

1.

Il aime le poisson.

2.

3.

4.

5.

6.

7.

8.

9.

10.

11.

12.

B Répondez à la question d'après les images. Suivez le modèle.

Qu'est-ce que tu prends?

1.

Je prends du gigot.

2.

3.

4.

5.

6.

7.

8.

C Répondez à la question d'après les images. Suivez le modèle.

Qu'est-ce qu'ils ont commandé?

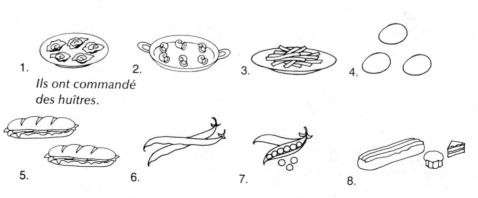

1.

Ils ont commandé des huîtres.

2.

3.

4.

5.

6.

7.

8.

MOTS NOUVEAUX II

–Pour **commencer, messieurs-dames?**[1]

–**Une salade niçoise**[2] pour **tout le monde.**

–Oui, et **ensuite?**

–**Une omelette** pour **les demoiselles** et **un croque-monsieur** pour moi.[3]

–**Bon appétit** à tout le monde.

–Papa . . .

–Tu veux de l'eau?

–Non merci. Papa . . .

–**Chut!** Tu veux du riz?

–Non merci. Je n'aime pas le riz. Papa . . .

–**Oh ça va, ça va!**

–Le dessert est **excellent, hein?**
La tarte **excellente**

–Je ne sais pas. Je suis **au régime.** Demandons **l'addition** (f.).

–**Ça fait combien?**

–Cent quarante francs.

–Est-ce qu'il faut laisser **un pourboire?**

–Non, **le service est compris.**[4]

*Ladies. Gentlemen. What would you like **to start** with?*
*A salade niçoise for **everyone.***

*Yes, and **then?***
*An omelet for **the young ladies** and a croque-monsieur for me.*

Enjoy your meal, everyone.
Dad . . .
Do you want some water?
No, thank you. Dad . . .
***Hush!** Do you want some rice?*
No, thank you. I don't like rice.
Dad . . .
That's enough!

*The dessert is **excellent, huh?***
The pie excellent
*I don't know. I'm **on a diet.** Let's ask for **the check.***
That comes to how much?
One hundred forty francs.
*Do we have to leave **a tip?***
*No, **the tip's included.***

---

[1]The expression *messieurs-dames,* like "ladies and gentlemen," is always plural. Note that the man is addressed first in French.

[2]A *salade niçoise* usually contains lettuce to line the bowl, tomatoes, black olives, green peppers, radishes, tuna, and anchovies. Note that in English, too, we speak of a Virginia ham, a Maine lobster, and so on. In French, geographical adjectives are more common, and there is a special adjective form for the name of almost every province, city, and town. Thus: Paris–parisien, parisienne; Nice–niçois, niçoise; Marseille–marseillais, marseillaise; Lyon–lyonnais, lyonnaise; Provence–provençal, provençale, etc. We would not normally translate such names as *salade niçoise* into English.

[3]*Un croque-monsieur,* a grilled ham and swiss cheese sandwich, is a popular snack or lunch. The plural form is the same: *les croque-monsieur.*

[4]In France the tip is usually already added into the cost of the meal when you receive the check.

Exercice de vocabulaire

Complétez les phrases avec le mot ou l'expression qui convient.

1. Si tout le monde a fini, demandons *(l'addition / le pourboire)* au garçon.
2. On vend d'excellents *(légumes / régimes)* dans ce supermarché.
3. Si tu es au régime, prends *(une salade / une glace)*.
4. Le service n'est pas compris. Il faut laisser *(un café / un pourboire)*.
5. Qu'est-ce que vous voulez comme dessert, *(croque-monsieur / messieurs-dames)*?
6. D'abord je prends des huîtres et *(ensuite / pour commencer)* une omelette.

Le marchand vend des oranges.

Le Restaurant Maxim's à Paris

DIALOGUE

Au restaurant

Les Valjean déjeunent dans un petit restaurant du Vieux Nice* avec leurs deux filles.

Nice

LE GARÇON	Pour commencer, messieurs-dames?
M. VALJEAN	De la soupe à l'oignon pour tout le monde, s'il vous plaît.
LE GARÇON	Oui, et ensuite?
5 M. VALJEAN	Une salade niçoise pour ces demoiselles, du jambon pour madame, et moi, je voudrais du coq au vin.
LE GARÇON	Bien, monsieur.
MME VALJEAN	Tu oublies ton régime, hein?
M. VALJEAN	Chut! J'ai faim.

*Nice is a city on the *Côte d'Azur. Le Vieux Nice* is the beautiful, very old section of the town.

Questionnaire

1. Où déjeunent les Valjean?   2. Qu'est-ce que M. Valjean commande pour commencer?   3. Qu'est-ce que les deux filles vont prendre? Et Mme Valjean, que prend-elle? Et M. Valjean?   4. Qu'est-ce que Mme Valjean demande à son mari? Comment est-ce qu'il lui répond? Est-ce que vous croyez qu'il aime son régime?

EXPLICATIONS I

Les verbes en -cer et -ger

<table>
<tr><td colspan="4" align="center">VOCABULAIRE</td></tr>
<tr><td>annoncer</td><td>to announce</td><td>manger</td><td>to eat</td></tr>
<tr><td>commencer</td><td>to begin, to start</td><td>nager</td><td>to swim</td></tr>
<tr><td>prononcer</td><td>to pronounce</td><td>plonger</td><td>to dive</td></tr>
</table>

		SINGULAR			PLURAL
1	je {	commenc**e** mang**e**		nous {	commen**ç**ons mang**e**ons
2	tu {	commenc**es** mang**es**		vous {	commenc**ez** mang**ez**
3	il elle } on	commenc**e**, mang**e**		ils elles }	commenc**ent**, mang**ent**

IMPERATIVE: **commence!** **commençons!** **commencez!**
              mange!   **mangeons!**   **mangez!**

Verbs that end in -cer and -ger are regular but show a spelling peculiarity. Since c is pronounced with a "hard" sound [k] before the letter o (c**o**mme, haric**o**ts), to maintain the "soft" sound [s], the c becomes ç in the 1 pl. form. Like c, g is also pronounced with a "hard" sound [g] before the letter o (g**o**mme, gig**o**t). So an e is inserted in the 1 pl. form to maintain the "soft" sound [ʒ].

Exercices

A Complétez les phrases en employant la forme correcte du verbe *annoncer*, *commencer* ou *prononcer*.

1. Mes parents _____ que nous allons faire une visite à mon oncle.
2. Quand nous lisons, nous ne _____ pas chaque mot.
3. La fête _____ tout de suite.
4. Nous _____ bien le français, n'est-ce pas?
5. Après le dîner, nous _____ nos devoirs de chimie.
6. Le professeur de géométrie a _____ un examen.
7. On _____ que l'avion arrive à 11 h. 30.
8. Le secrétaire va vous _____ au Président.
9. Pour _____, messieurs-dames?
10. Le printemps _____ le vingt et un mars.
11. Les élèves _____ chaque mot lentement.
12. Les jours froids _____ l'hiver.

B Tout en rond. Posez une question à l'Elève B, qui va répondre *oui*. Suivez le modèle.

1. Nous mangeons des pâtisseries. Et elles?
   Oui, elles mangent des pâtisseries.

2. Je mange trop. Et vous?
3. Il plonge très bien. Et moi?
4. En été, je nage chaque matin. Et vous?
5. Vous avez mangé des pommes frites. Et lui?
6. Elle nage à la piscine en ville. Et eux?
7. Vous nagez comme un poisson. Et elle?
8. Elles plongent dans l'eau. Et vous?

Tu veux une glace à la vanille?

Le partitif

1 In French, when you speak of a thing or things *in general,* you use the definite determiner:

Les œufs sont blancs.   *Eggs* are white.
Les pommes de terre sont blanches.   *Potatoes* are white.
Le sucre est blanc.   *Sugar* is white.
La crème est blanche.   *Cream* is white.

2 To speak of "some" for things that you can count, such as eggs and potatoes, you use *des.* In English, we often omit the word "some":

J'ai commandé **des œufs.**   *I ordered (some) eggs.*
J'ai commandé **des pommes de terre.**   *I ordered (some) potatoes.*

3 For things that you cannot count, such as sugar, cream, and water, the equivalent of "some" is *du, de la,* or *de l'.* This is called the "partitive." Again, "some" is often omitted in English:

Tu veux **du sucre?**   *Do you want (some) sugar?*
Tu veux **de la crème?**   *Do you want (some) cream?*
Tu veux **de l'eau?**   *Do you want (some) water?*

4 You have seen that after a negative the indefinite determiners *(un, une, des)* often become *de,* meaning "any":

Il annonce **un examen.**   Il **n'**annonce **pas d'examen.**
Il porte **des gants.**   Il **ne** porte **pas de gants.**

The same is true of the partitive forms *du, de la,* and *de l':*

Je veux **du sucre.**   Je **ne** veux **pas de sucre.**
Je veux **de l'eau.**   Je **ne** veux **pas d'eau.**

5 Remember that in such expressions as *avoir besoin de,* the *de* becomes *du, de la, de l',* or *des* only when specific items are being referred to. When a partitive "some" is meant, it remains *de* (or *d'*):

J'ai besoin **des œufs.**   *I need the eggs.*
J'ai besoin **d'œufs.**   *I need (some) eggs.*

Exercices

A Répondez d'après les modèles.

1. Est-ce qu'ils ont commandé du gigot?   *Oui, ils aiment le gigot.*
2. Est-ce qu'elle a mangé des escargots?   *Oui, elle aime les escargots.*

3. Est-ce qu'il a préparé des petits pois?
4. Est-ce qu'il a commandé de la mousse au chocolat?
5. Est-ce qu'elles ont mangé du fromage?
6. Est-ce qu'elle a préparé des pommes de terre?
7. Est-ce qu'ils ont servi du vin?
8. Est-ce qu'elles ont commandé de la salade?
9. Est-ce qu'il a mangé du rôti de porc?
10. Est-ce qu'elle a commandé de l'eau minérale?

B A vous. Posez une question à l'Elève B, qui va choisir une réponse.

1. commander comme légume / les haricots verts, les petits pois

    —Qu'est-ce que tu as commandé comme légume?
    —J'ai commandé des haricots verts.

2. apporter à la poste / les paquets, les lettres
3. servir comme dessert / les fruits, les pâtisseries
4. préparer pour le déjeuner / les croque-monsieur, les omelettes
5. apporter à la surprise-party / les sandwichs, les boissons
6. préparer / les pommes de terre, les pommes frites
7. choisir comme hors-d'œuvre / les escargots, les huîtres

C A vous. Posez la question à vos invités, qui vont choisir une réponse.

    —Qu'est-ce que vous voulez comme boisson?
    —Du vin blanc, s'il vous plaît.

D Répondez aux questions comme vous voulez. Suivez le modèle.

1. Qu'est-ce que la serveuse apporte?
   Elle apporte de la salade.

2. Qu'est-ce qu'on prend après le dîner?

3. Qu'est-ce qu'on prend comme hors-d'œuvre?

4. Qu'est-ce qu'il veut pour commencer?

5. Qu'est-ce qu'elle choisit comme viande?

6. Qu'est-ce que tu prends comme déjeuner?

7. Qu'est-ce qu'ils veulent comme goûter?

8. Qu'est-ce qu'il prépare pour le dîner?

E Répondez à la forme négative. Suivez le modèle.

1. Ils ont commandé des haricots verts, n'est-ce pas?
   Non, ils n'ont pas commandé de haricots verts.

2. Elles ont vendu des esquimaux, n'est-ce pas?
3. La serveuse a apporté de l'eau minérale, n'est-ce pas?
4. Elle prépare du coq au vin, n'est-ce pas?
5. Elles ont commandé des sandwichs, n'est-ce pas?
6. Elle a servi de la crème caramel, n'est-ce pas?
7. Elles commandent des croque-monsieur, n'est-ce pas?
8. Il a apporté du riz, n'est-ce pas?

F Make sentences in French to express each of the following things. Use the conditional form *je voudrais* for "I'd like."

1. Say that you like bread but don't like potatoes.
2. Say that you'd like a grilled ham and swiss cheese sandwich.
3. Say that you need eggs and milk.
4. Say that you don't like leg of lamb.
5. Say that to begin you'd like onion soup.
6. Say that for dessert you'd like pastries and for a drink, mineral water.
7. Say that you don't want a first course.
8. Say that you'd like fish, rice, and peas.

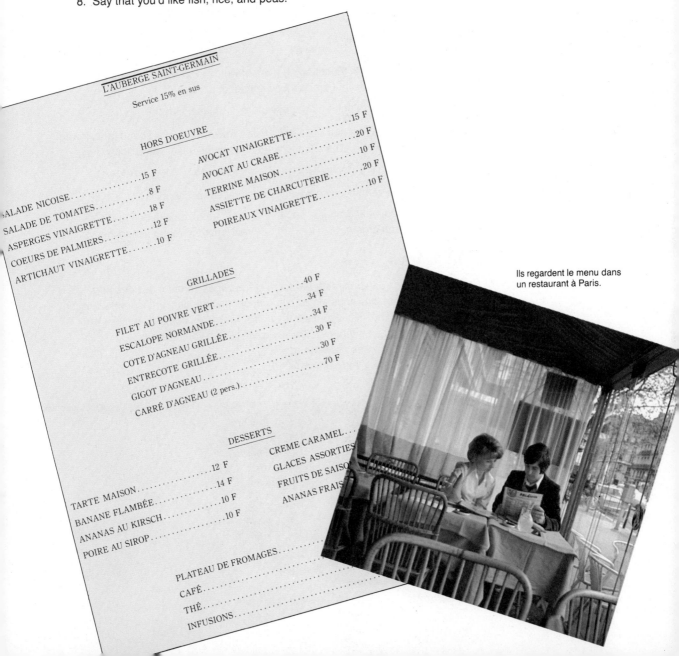

L'AUBERGE SAINT-GERMAIN

Service 15% en sus

HORS D'OEUVRE

	AVOCAT VINAIGRETTE..............15 F
	AVOCAT AU CRABE..............20 F
	TERRINE MAISON..............10 F
SALADE NICOISE..............15 F	ASSIETTE DE CHARCUTERIE..........20 F
SALADE DE TOMATES..............8 F	POIREAUX VINAIGRETTE..............10 F
ASPERGES VINAIGRETTE..........18 F	
COEURS DE PALMIERS..............12 F	
ARTICHAUT VINAIGRETTE.......10 F	

GRILLADES

FILET AU POIVRE VERT.....................40 F
ESCALOPE NORMANDE.....................34 F
COTE D'AGNEAU GRILLÉE.................34 F
ENTRECOTE GRILLÉE.......................30 F
GIGOT D'AGNEAU..........................30 F
CARRÉ D'AGNEAU (2 pers.).................70 F

DESSERTS

	CREME CARAMEL....
	GLACES ASSORTIES
TARTE MAISON..............12 F	FRUITS DE SAISO
BANANE FLAMBÉE..............14 F	ANANAS FRAIS
ANANAS AU KIRSCH..............10 F	
POIRE AU SIROP..............10 F	

PLATEAU DE FROMAGES.............

CAFÉ....................

THÉ....................

INFUSIONS....................

Ils regardent le menu dans un restaurant à Paris.

CONVERSATION

Prononciation

The following words all end in the nasal vowel sound [ɑ̃].

Jean	quand	vent	blanc	temps	grand

A Listen to these words, then say them aloud. Be careful to pronounce the [ɑ̃] sound quickly and with tension.

flamand	enfant	pendant	lentement	entend

B Now say these words containing the nasal vowel sound [ɑ̃] followed by a pronounced consonant.

bande	grande	France	banque	tante	prendre

C Practice the [ɑ̃] sound in the following pairs of words. The first word ends in the [ɑ̃] sound; the second ends in a pronounced consonant.

temps/tante	gens/j'entre	vent/vendre	blanc/blanche

D In the following pairs, the first word ends in the *nonnasal* vowel sound [a] followed by a pronounced *m* or *n*. The second word ends in the nasal vowel sound [ɑ̃].

[a]/[ɑ̃] Anne/en dame/dans Cannes/quand Jeanne/Jean

E Now repeat these sentences containing the nasal vowel sound [ɑ̃].

Ces gens sont vraiment grands.
L'enfant prend son argent.

L'agent entre dans la banque.
Grand-maman rentre dimanche.

Parlons de vous

1. Quand vous dînez dans un restaurant, est-ce que vous commandez des hors-d'œuvre? Qu'est-ce que vous aimez commander comme dessert? comme boisson?
2. Est-ce que vous aimez les légumes? les fruits? le riz? les pommes de terre?
3. Est-ce que vous êtes au régime? Si oui, qu'est-ce que vous mangez?
4. Qu'est-ce que vous prenez comme goûter?
5. Qu'avez-vous mangé à votre dîner d'hier?

Elle fait des crêpes pour tous les goûts.

Qu'est-ce qui se passe?

Nous sommes au restaurant. Quelles sont les spécialités ("specialties") ce soir?

Now order your dinner from a waiter, asking questions about the food and making substitutions if you wish.

EXPLICATIONS II

Les pronoms compléments d'objet: <u>y</u>, <u>en</u>

1 In Chapter 14 you saw that *à* + person becomes *lui* or *leur:*

Je parle **à Jean.** Je **lui** parle.
Je parle **à Jean et à David.** Je **leur** parle.

Now look at the following:

Il rentre **à Paris.**	Il **y** rentre.	*He's returning **there.***
Il répond **à la question.**	Il **y** répond.	*He's answering **it.***
Je réponds **aux lettres.**	J'**y** réponds.	*I'm answering **them.***

The construction *à* + place or thing is replaced by *y.* Note that there is elision in the 1 sing. form *(j'y).* There is also liaison [z] in all plural forms *(nous y, vous y, ils y, elles y),* and liaison [n] after *on (on y).*

2 *Y* is also used to replace expressions of location introduced by such words as *en, dans, devant, derrière, sur,* etc.:

Je vais **en ville.** J'**y** vais.
Ils entrent **dans l'hôtel.** Ils **y** entrent.

3 Look at the following:

Il prend **du jambon.**	Il **en** prend.	*He's having **some.***
J'ai peur **des chiens.**	J'**en** ai peur.	*I'm afraid **of them.***
Vous sortez **d'ici?**	Vous **en** sortez?	*Are you leaving **here?***

The construction *de* + place or thing is replaced by *en.* Again, there is elision in the 1 sing. form *(j'en)* and liaison after *on* and the four plural subject pronouns. The *n* of *en* is also a liaison consonant before a vowel sound: *nous en avons.*

4 Look at the position of *y* and *en* in negative sentences and in sentences where the verb is followed by another verb in the infinitive:

Il **n'y** rentre pas. *He **isn't returning there.***
Il **n'en** commande pas. *He **isn't ordering any.***
Il va **y** rentrer. *He's going **to return there.***
Il veut **en** commander. *He wants **to order some.***

Y and *en* have the same position as any other object pronoun. In negative sentences, the *e* of *ne* is elided before *y* and *en.*

En Alsace.

Exercices

A Répondez en employant le pronom *y*. Suivez le modèle.

1. Vous faites un stage *à l'hôpital?*   *Oui, nous y faisons un stage.*

2. Vous téléphonez *à la pharmacie?*
3. Tu assistes *aux matchs?*
4. Tu vas *à l'aéroport?*
5. Tu réponds *aux questions?*

6. Vous rentrez *à Washington?*
7. Vous dînez *au restaurant?*
8. Tu restes *à Paris?*
9. Vous allez *en ville?*

B Répondez en employant le pronom *en*. Suivez le modèle.

1. Tu as besoin *de chaussettes?*   *Oui, j'en ai besoin.*

2. Tu veux *du pain?*
3. Tu demandes *de l'argent?*
4. Tu as peur *des animaux?*
5. Tu écoutes *des bandes?*

6. Vous écrivez *des lettres?*
7. Vous avez besoin *du stylo?*
8. Vous parlez *de ce chapitre?*
9. Vous prenez *de la crème?*

C Répondez à la forme négative, en employant *y* ou *en*. Suivez les modèles.

1. Ils sont *au coin de la rue?*   *Non, ils n'y sont pas.*
2. Il a besoin *de l'électrophone?*   *Non, il n'en a pas besoin.*

3. Il pleut *sur la Côte d'Azur?*
4. Elle répond *aux lettres?*
5. Elles mangent *des pommes?*
6. Elle a *du vin?*

7. Elles vont *à la banque?*
8. Ils ont peur *de ces avions?*
9. Elle travaille *dans le jardin?*
10. Il prend *du jambon?*

D Répondez en employant *y* ou *en*. Suivez les modèles.

1. Tu veux parler *de vos cours?*   *Oui, je veux en parler.*
2. Vous voulez dîner *en ville?*   *Oui, nous voulons y dîner.*

3. Tu peux apporter *de la salade?*
4. Vous pouvez assister *à la pièce?*
5. Tu veux prendre *des œufs?*
6. Vous allez rentrer *à Cannes?*
7. Tu veux commander *du rôti de porc?*
8. Vous voulez nager *dans ce fleuve?*

E Répondez en employant le pronom qui convient: *lui, leur* ou *y*. Choisissez la réponse correcte. Suivez le modèle.

1. Qu'est-ce qu'on apporte à la banque? (de l'argent / des lettres)
   On y apporte de l'argent.

2. Qu'est-ce qu'on donne au garçon de restaurant? (un portefeuille / un pourboire)
3. Qu'est-ce qu'on peut commander au café? (un esquimau / un foulard)
4. Qu'est-ce qu'on donne au facteur? (de l'argent / des lettres)
5. Qu'est-ce qu'on trouve dans un restaurant? (des huîtres / des timbres)
6. Qu'est-ce qu'on trouve à la ferme? (des singes / des vaches)
7. Qu'est-ce qu'on offre aux invités? (des hors-d'œuvre / des mouchoirs)

F Répondez en employant le pronom qui convient: *y* ou *en*. Choisissez la réponse correcte. Suivez le modèle.

1. Qu'est-ce qui ne plonge pas dans l'eau? (le canard / la poule)
   La poule n'y plonge pas.

2. Qui joue des rôles principaux? (l'actrice / l'ouvrière)
3. Qu'est-ce qui mange des fruits? (le lion / l'ours)
4. Qui ne veut pas être dans les affaires? (l'artiste / l'employé de bureau)
5. Qui apporte des paquets? (le marin / le facteur)
6. Qu'est-ce qui nage dans l'eau? (l'hippopotame / le tigre)
7. Qui parle devant le juge? (l'avocat / le steward)

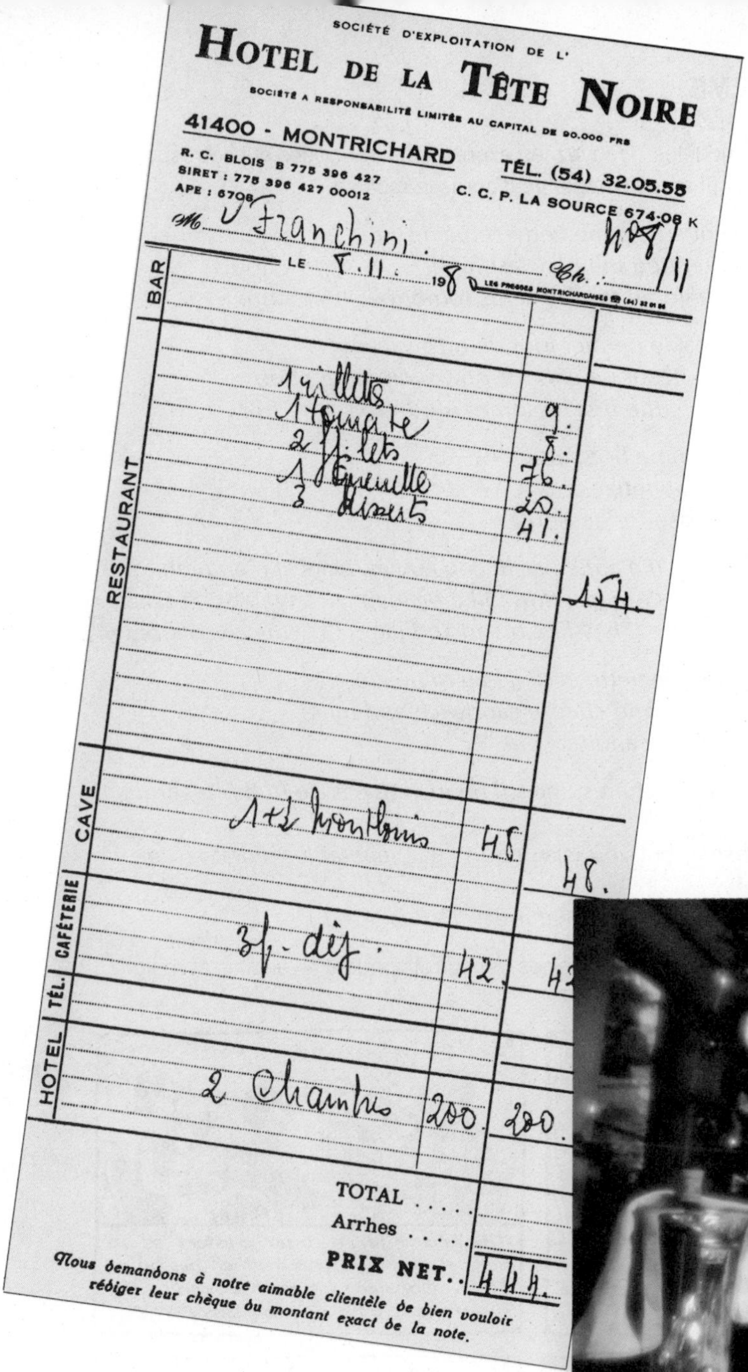

SOCIÉTÉ D'EXPLOITATION DE L'

HOTEL DE LA TÊTE NOIRE

SOCIÉTÉ A RESPONSABILITÉ LIMITÉE AU CAPITAL DE 90.000 FRS

41400 - MONTRICHARD

R. C. BLOIS B 775 396 427
SIRET : 775 396 427 00012
APE : 6708

TÉL. (54) 32.05.55
C. C. P. LA SOURCE 674-08 K

M. Franchini

LE 7.11. 19 8   Ch. :

LES PRESSES MONTRICHARDAISES

BAR		
RESTAURANT		
	1 rillettes	9.
	1 tomate	8.
	2 filets	76.
	1 grenouille	20.
	3 divers	41.
		154.
CAVE	1 t² montlouis	48.	48.
CAFÉTERIE	3 p. déj.	42.	42.
HOTEL TÉL.	2 chambres	200.	200.

TOTAL . . . . .
Arrhes . . . . .
PRIX NET . . 444.

Nous demandons à notre aimable clientèle de bien vouloir rédiger leur chèque du montant exact de la note.

A ta santé!

RÉVISION ET THÈME

Consultez les phrases modèles. Trouvez les expressions françaises qui correspondent à l'anglais et formez des phrases complètes d'après le modèle.

1. Les frères Legrand *sont au régime cette semaine.*
   (attended the play last night)
   (are going to play cards tomorrow afternoon)

2. *J'y rentre* parce que c'est *le dernier jour de mes vacances.*
   (We swim there)   (our neighbors' new swimming pool)
   (We begin there)   (the first lesson of our book)

3. *Ils prennent du vin comme boisson.*
   (We have snails for an appetizer.)
   (I have chocolate mousse for dessert.)

4. Je prends *du coq au vin. Il n'aime pas le coq au vin. Alors, il n'en prend pas.*
   (beans)   (You (pl.) don't like beans.)   (you don't take any)
   (bread and jam) (They like bread and jam.)   (they want some)

5. Ensuite je voudrais *une omelette et de l'eau minérale.*
   (a ham and cheese sandwich and milk)
   (a pastry and tea)

6. *Les pommes ne sont pas chères, mais il ne mange pas de fruits. Les fruits sont bons!*
   (Peas aren't expensive, but you (sing.) don't eat vegetables. Potatoes are good.)
   (Steak is expensive, so we don't eat meat. Fish is good.)

Thème: Trouvez les expressions françaises qui correspondent à l'anglais et rédigez un paragraphe.

The Laurent family is having dinner at a restaurant tonight. They're there because it's Mme Laurent's birthday.

The two children order oysters as an hors d'oeuvre. Their mother has onion soup. Monsieur Laurent doesn't like onions. So he doesn't have any.

Then everyone has leg of lamb, rice, peas, and a green salad.

The dinner is expensive, but M. Laurent doesn't leave a tip. The tip's included.

AUTO-TEST

A Answer the questions using the cues in parentheses. Follow the model.

1. Quand est-ce que vous commencez? (bientôt)
   Nous commençons bientôt.

2. Qu'est-ce que vous mangez? (des sandwichs)
3. Qu'est-ce que vous prononcez? (ces phrases espagnoles)
4. Quand est-ce que vous nagez? (avant le déjeuner)
5. Qu'est-ce que vous commencez? (la nouvelle leçon)
6. Quand est-ce que vous dansez? (ce soir)
7. Où est-ce que vous plongez? (dans le lac)
8. Qui est-ce que vous remerciez? (les employés de bureau)

B Answer the questions using the cues in parentheses. Follow the model.

1. Tu veux du jambon? (le gigot)   *Non, je veux du gigot.*

2. Vous mangez des pommes de terre? (le riz)
3. Il a besoin de confiture? (le beurre)
4. Vous voulez des omelettes? (les croque-monsieur)
5. Est-ce qu'il y a des huîtres? (la soupe à l'oignon et les escargots)
6. Elles ont besoin de pain? (les œufs et le fromage)

C Answer the questions in the negative, using the appropriate pronoun: *y* or *en*.
Follow the models.

1. Tu fais des voyages?   *Non, je n'en fais pas.*
2. Nous allons au stade?   *Non, vous n'y allez pas.*

3. Elles choisissent des fruits?
4. On va à la terrasse d'un café?
5. Il sert des petits pois?
6. Ils vont à la librairie?

7. Elles vendent des journaux?
8. Il rentre à son bureau?
9. Elle arrive au zoo?
10. Tu veux des livres de poche?

Proverbe

Il ne faut pas mettre tous ses œufs dans le même panier.

Interlude

La cuisine française

One of the things that the French are proudest of is their cooking. They do not mind telling visitors that the best food in the world is served there. They know that their cuisine is famous everywhere, and that it has been so for centuries.

A French cook may spend an entire day shopping for and preparing a special dinner. Shopping for food in France is not always the same as it is here. The French do have supermarkets, but many cooks prefer to buy their food fresh every day from small specialty shops. So, for milk, cheese, and eggs, they go to the dairy shop (la crémerie). *For beef, there is the butcher shop* (la boucherie). *Fish is found at the fish shop* (la poissonnerie), *and bread at the bakery* (la boulangerie). *Vegetables may be bought from the vegetable merchant* (le marchand de légumes).

Each region of France has its own special dishes, some of which are popular throughout the country. Many of these regional dishes started out as simple peasant meals, made with whatever ingredients were at hand. For example, one very famous dish is bouillabaisse, *a thick soup made from various kinds of fish with tomatoes, garlic, and olive oil. This dish comes from Provence, which has large fishing ports. Another well-known dish is* bœuf bourguignon, *a rich beef stew made with red wine and onions. It comes from the Burgundy region of eastern France, where many fine wines are produced.*

Dishes like these are not served at every meal, of course. But even ordinary family meals in France are prepared with great care. Many French cooks refuse to buy canned or frozen products, preferring to start from scratch. This might seem like a lot of trouble to you, but they think a good meal is worth the trouble. And after eating in France, you probably would be willing to admit that they're right.

Michel Guérard est un chef célèbre.

CHAPITRE 16

MOTS NOUVEAUX I

la cuisine

la cuisinière

l'évier (m.)

le réfrigérateur

la fourchette

l'assiette (f.)

la nappe

le couteau

la cuillère

la tasse

la serviette

la soucoupe

le sel

le verre

le poivre

Je n'aime pas **faire le ménage.**	*I don't like **to do housework.***
faire la cuisine.	***to cook.***
J'aime **mettre le couvert.**	*I like **to set the table.***
débarrasser la table.	***to clear the table.***

la salle à manger

Attention! Le chien va
      casser la vaisselle!
      les bols!
    cacher les serviettes!

Watch out! The dog's going
      to break *the dishes!*
      the bowls!
    to hide *the napkins!*

le croissant

le pain grillé

—Qu'est-ce que tu prends comme
  petit déjeuner?
—Du pain grillé et **un bol de café au
  lait.**[1]
—C'est un petit déjeuner **typiquement**
  français.

What do you have for breakfast?

*Some toast and **a bowl of café au
  lait.***
*That's a **typically** French breakfast.*

[1]*Café au lait,* which is prepared by mixing equal parts of coffee and hot milk, is often served in bowls
rather than cups. Note that the French breakfast is a small meal. Generally it consists only of some type
of bread and butter or jam and a bowl of *café au lait.*

Exercices de vocabulaire

A Répondez d'après les images. Suivez le modèle.

1. Qu'est-ce que j'ai oublié?
   Tu as oublié le poivre.

2. Qu'est-ce que tu as emprunté à Agnès?

3. Qu'est-ce qu'il a perdu?

4. Qu'est-ce qu'elle a trouvé?

5. Qu'est-ce que tu as prêté à Guillaume?

6. Qu'est-ce que vous avez vendu?

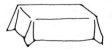

7. Qu'est-ce qu'ils ont apporté?

8. Qu'est-ce qu'elles ont choisi?

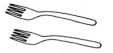

9. Qu'est-ce qu'ils ont réussi à trouver?

10. Qu'est-ce qu'elle a demandé?

B Répondez d'après l'image.

1. Qu'est-ce qu'il y a sur la soucoupe?
2. Qu'est-ce qu'il y a à droite du couteau?
3. Combien de fourchettes est-ce qu'il y a? Combien de couteaux?
4. Qu'est-ce qu'il y a à gauche des fourchettes?
5. Qu'est-ce qu'il y a à droite du sel?
6. Qu'est-ce qu'il y a à côté de la tasse?
7. Qu'est-ce qu'il y a sur l'assiette?

MOTS NOUVEAUX II

—Tu aimes **la cuisine provençale?**[1]
—Oui, on prépare toujours **un repas provençal** pour le déjeuner de dimanche.

—Hier soir j'ai préparé une salade niçoise.
—**C'est bon, ça.** Et **la veille?**
—**Une bouillabaisse.**[2]
—Tu aimes faire la cuisine aussi.
—Oui, et **la veille de Noël,** c'est toujours papa qui fait la cuisine.

Do you like **Provençal cooking?**
Yes, we always make a **Provençal meal** for Sunday lunch.

Last night I made a salade niçoise.
That's good. And the night before?
A bouillabaisse.
You like to cook too.
Yes, and **on Christmas Eve** it's always Dad who does the cooking.

l'ail (m.)   l'huile (f.)   la tomate

—Préparons une bouillabaisse.
—Il faut **mettre beaucoup d**'ail.
　　　　beaucoup de tomates.
　　　　assez de poisson.
　　　　assez d'huile.
—C'est bon, ça.

Let's make bouillabaisse.
You have **to put in a lot of** garlic.
　　　　a lot of tomatoes.
　　　　enough fish.
　　　　enough oil.
That's good.

—Tu **as bonne mine, ma vieille.**
—Tu crois?
—Tu **as mauvaise mine, mon vieux.**
　　Qu'est-ce qui ne va pas?
—On **a mis trop d**'ail dans la bouillabaisse.

You**'re looking good, old girl.**
You think so?
You **look ill, old buddy.**
　　What's wrong?
They **put too much** garlic in the bouillabaisse.

[1] *Provençal*, the adjective form of the name Provence, is used to describe the area in southeast France that includes the Mediterranean coast. Provençal dishes often include olive oil, garlic, anchovies, herbs, and tomatoes. Note the other forms of the adjective: *des repas provençaux, des villes provençales.*
[2] *Bouillabaisse*, a Provençal fish soup, was originally a simple fisherman's meal. It is now a popular dish, and restaurants serve a more elaborate version of it.

Les raisins sont mûrs en automne.

Exercice de vocabulaire

Complétez les phrases avec le mot ou l'expression qui convient.

1. Après le dîner il faut *(aller dans la salle à manger / débarrasser la table)*.
2. On fait la vaisselle dans *(la cuisinière / l'évier)*.
3. Il faut attendre jusqu'à *(la veille / la vieille)* de Noël pour ouvrir les cadeaux.
4. Il est presque sept heures du soir. Il faut *(faire le ménage / mettre le couvert)*.
5. Qu'est-ce qui ne va pas? Tu as *(bonne / mauvaise)* mine.
6. Qu'est-ce que tu fais avec cet argent? Chut! Je le *(cache / casse)*.
7. Tu restes toujours au soleil? Tu es déjà rouge comme *(une cuisine / une tomate)*.
8. Qu'est-ce qu'il y a dans ce verre? *(De l'ail / De l'huile)* pour la salade.
9. Qu'est-ce que tu vas mettre dans la bouillabaisse? *(Du poisson / Des boissons)*, bien sûr.
10. Onze tasses et douze soucoupes! *(Il n'y a pas assez de / Il y a trop de)* tasses.
11. Pierre est bien bronzé. Il a *(bonne / mauvaise)* mine, n'est-ce pas?

On vend du poisson sur les quais du Vieux Port à Marseille.

DIALOGUE

La bouillabaisse

Colette habite Paris, mais cet été, elle passe quelques semaines chez son oncle et sa tante à Marseille.* Ce matin Colette a rencontré son copain Hugues. Elle lui a parlé de son dîner de la veille.

Marseille

	HUGUES	Qu'est-ce qui ne va pas, ma vieille? Tu n'as pas bonne mine aujourd'hui.
5	COLETTE	Hier soir des amis ont voulu me préparer un repas typiquement provençal.
	HUGUES	Qu'est-ce que tu as mangé? Du poison?*
	COLETTE	Non, du poisson. Ils ont fait une bouillabaisse.
	HUGUES	Ah! Mais c'est bon, ça!
	COLETTE	Pas la bouillabaisse de mes amis. Ils ont mis trop d'ail, pas assez d'huile, et
10		ils ont oublié les tomates. Quel gâchis!*

*Marseille, on the Mediterranean, was established in the sixth century B.C. and is the oldest city in France. With a population of roughly 900,000, it is second only to Paris in size and is one of the principal ports of Europe. Note that it is spelled Marseilles in English.

*The words le poison ("poison") and le poisson differ by only one sound: [z] versus [s]. Try the tongue twister: Poisson sans boisson, c'est poison.

*Quel gâchis: "What a mess!"

Questionnaire

1. Où habite Colette?   2. Où est-ce qu'elle passe quelques semaines?   3. Qui est-ce qu'elle a rencontré ce matin?   4. De quoi est-ce qu'ils ont parlé?   5. Est-ce que Colette a bonne mine?   6. Qu'est-ce que ses amis ont voulu lui préparer?   7. Qu'est-ce qu'il y a dans une bouillabaisse? Qu'en pense Hugues?   8. Est-ce que Colette a aimé le repas? Pourquoi?

EXPLICATIONS I

Le verbe mettre

The verb *mettre* means "to put (in), to place, to set; to put on (clothing)."

	SINGULAR	PLURAL
1	je **mets**	nous **mettons**
2	tu **mets**	vous **mettez**
3	il elle } **met** on	ils elles } **mettent**

IMPERATIVE: **mets! mettons! mettez!**

1 The plural forms of *mettre* follow the pattern of other *-re* verbs. The infinitive ending is dropped and the plural endings are added to the stem *mett-*.

2 In the singular, the second *t* is dropped, and the ending *-s* is added to the 1 and 2 sing. forms. All three singular forms are pronounced the same.

Exercice

Répondez à la forme négative. Suivez le modèle.

1. Est-ce que tu mets du beurre sur le pain?
   Non, je ne mets pas de beurre sur le pain.

2. Est-ce qu'ils mettent le couvert?
3. Est-ce que je mets assez de sel?
4. Est-ce que tu mets du sucre dans le café?
5. Est-ce que nous mettons trop de poivre dans la soupe?
6. Est-ce que vous mettez la nappe sur la table?
7. Est-ce qu'elle met cette jupe aujourd'hui?

La Méditerranée
2
place de l'Odéon
Dan 46.75

ouvert après le spectacle

grâce à "la Méditerranée" la mer arrive place de l'Odéon. Elle y dépose ses fruits et ses fleurs. Mais ils ne fanent pas comme sur le sable. Ils y revivent et se mangent au soleil.

Jean Cocteau ✳ 1960

La Méditerranée

Belons au Champagne, les 6 ....
Soupe de poissons ....
Consommé d'écrevisses ....
Filet de barbue aux aromates ....
Saint-Pierre à l'oseille ....
Sole au Vermouth ....
La Bouillabaisse Marseillaise ....
Homard aux aromates ....
Pavé de loup au Brouilly ....
Turbotin braisé au Champagne, pour 2 personnes ....

On sert la bouillabaisse marseillaise
à La Méditerranée.

Participes passés irréguliers

You know how to form the passé composé of regular verbs, using *avoir* and a past participle. Irregular verbs tend to have irregular past participles:

1 The past participles of verbs like *prendre* end in *-is:*

prendre	il prend	il a **pris**
apprendre	il apprend	il a **appris**
comprendre	il comprend	il a **compris**

2 The past participle of *mettre* is like that of *prendre:*

mettre	il met	il a **mis**

3 The following verbs have past participles ending in *-u:*

voir	il voit	il a **vu**
croire	il croit	il a **cru**
lire	il lit	il a **lu**
pouvoir	il peut	il a **pu**
pleuvoir	il pleut	il a **plu**
vouloir	il veut	il a **voulu**

4 The past participles of *ouvrir* and *offrir* end in *-ert:*

ouvrir	il ouvre	il a **ouvert**
offrir	il offre	il a **offert**

5 The past participles of *faire, dire,* and *écrire* are like the 3 sing. form:

faire	il fait	il a **fait**
dire	il dit	il a **dit**
écrire	il écrit	il a **écrit**

6 The past participles of *avoir* and *être* are highly irregular:

avoir	il a	il a **eu**
être	il est	il a **été**

Exercices

A Mettez les phrases au présent. Suivez le modèle.

1. Vous avez dit "félicitations" à l'actrice.
   Vous dites "félicitations" à l'actrice.

2. Il a plu à la campagne.
3. J'ai pu y assister mercredi.
4. Vous avez voulu l'accompagner à l'hôpital?
5. Nous avons compris plusieurs phrases.
6. Tu as eu de la chance, mon vieux.
7. Elle a vu beaucoup de choses.
8. Ils ont été très aimables.

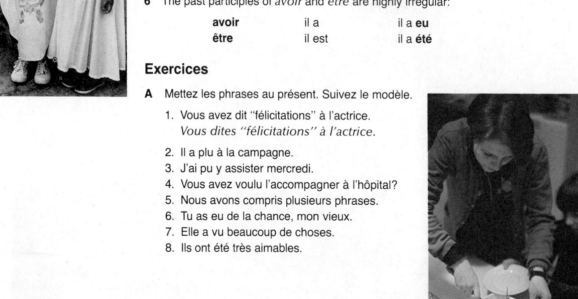

Tu veux un morceau de bûche de Noël?

Cette cuisine est petite, mais bien équipée.

B A vous. Posez une question à l'Elève B, qui va répondre *oui*.

1. pouvoir aller à la fête   —Tu as pu aller à la fête?
                                          —Oui, j'ai pu aller à la fête.

2. faire la vaisselle ce matin
3. avoir raison
4. mettre assez de crème
5. dire "bonjour" au prof

6. voir la nouvelle bibliothèque
7. croire cette vieille histoire
8. vouloir faire de l'alpinisme
9. prendre du thé

C Tout en rond. Suivez le modèle. *(Complain to Student B that people aren't doing their work. Student B will protest that the work is already done.)*

1. Elle ne met pas les tasses sur la table.
   Mais si! Elle a déjà mis les tasses sur la table.

2. Il n'ouvre pas les fenêtres de la cuisine.
3. Tu ne fais pas le ménage pour ta mère.
4. Vous ne lisez pas le chapitre aux enfants.
5. Ils ne font pas la vaisselle après le repas.
6. Vous n'écrivez pas les réponses.
7. Elle n'offre pas de vin aux invités.
8. Tu ne mets pas les fruits sur la grande assiette.

D Répondez aux questions.
1. Est-ce que vous avez lu quelques bons livres cette année? Quels livres? Vous avez lu ces livres pour votre cours d'anglais?
2. Vous avez vu quelques bons films? Quels films? Vous avez vu ces films à la télé?
3. Qu'est-ce que vous avez fait hier soir? Et la veille?
4. Qu'est-ce qu'on vous a offert comme cadeaux de Noël l'année dernière? On les a mis sous un arbre de Noël? Vous avez ouvert les paquets la veille de Noël?

CONVERSATION

Prononciation

The [ɥ] sound has no English equivalent. It is pronounced with the lips pursed and the tip of the tongue against the lower front teeth.

A Listen carefully to these words, then say them aloud.

huit   lui   nuit   puis   je suis
juillet   nuage   pluie   suédois   tout de suite

B In the following pairs, the first word contains the [y] sound, the second contains the [ɥ] sound.

[y]/[ɥ]   lu/lui   su/suis   nu/nuage   pu/puis   plu/pluie

C In the following pairs, the first word contains the [w] sound, the second contains the [ɥ] sound.

[w]/[ɥ]   oui/huit   Louis/lui   jouer/juillet

D Listen to the sentences, then say them aloud.

Je suis suédois.   Tu es suédoise. Et lui?
Les nuages apportent la pluie.   Il n'y a pas de pluie en juillet.

Parlons de vous

1. Vous faites le ménage quelquefois? Vous allez au marché? Quand vous n'allez pas au lycée, qu'est-ce que vous faites le matin? Vous faites la grasse matinée peut-être? Vous avez fait la grasse matinée cette semaine?
2. Est-ce que vous mettez le couvert chez vous? Vous avez mis le couvert hier soir? Vous débarrassez la table? Vous faites la vaisselle? Qui a fait la vaisselle chez vous hier soir?
3. Est-ce que vous aimez faire la cuisine? Qui fait la cuisine chez vous? Est-ce que vous aimez la cuisine française? la cuisine italienne?

Qu'est-ce qui se passe?

Vous allez ouvrir votre nouveau restaurant demain. Qu'est-ce qu'il faut mettre sur chaque table?

Trois heures plus tard. Maintenant vous êtes le nouveau garçon. Dites à Madame comment vous avez préparé les tables.

Cet artisan tunisien travaille à la main.

A Tunis

EXPLICATIONS II

Les pronoms compléments d'objet au passé composé

1 Look at the following:

Tu as téléphoné **à Luc?**	Oui, je **lui** ai téléphoné.
Elle a écrit **à ses parents?**	Oui, elle **leur** a écrit.
Vous avez assisté **au match?**	Oui, nous **y** avons assisté.
Ils ont commandé **du gigot?**	Oui, ils **en** ont commandé.

In the passé composé, object pronouns come before the form of *avoir*.

2 Note what happens with the direct object pronouns *le, la,* and *les:*

Elle a attendu **son mari?**	Oui, elle **l'**a attendu.
but: Il a attendu **sa femme?**	Oui, il **l'**a attendu**e**.
Elles ont attendu **leurs maris?**	Oui, elles **les** ont attendu**s**.
Ils ont attendu **leurs femmes?**	Oui, ils **les** ont attendu**es**.

The past participle agrees with the preceding direct object. If the direct object is feminine singular, an *e* is added; if it is masculine plural, an *s* is added; if it is feminine plural, an *es* is added. Note that *le* and *la* are elided to *l'*, and that the *s* of *les* is a liaison consonant.

If *en* is used as a pronoun, the past participle does not change, even if *en* replaces a feminine noun: *Tu prends des pâtisseries?* → *J'en ai déjà pris.*

3 When *me, te, nous,* and *vous* are used as *indirect* objects, the past participle does not agree:

Marie, Jean **t'**a téléphoné?	Oui, il **m'**a téléphoné.
André et Luc, Jean **vous** a téléphoné?	Oui, il **nous** a téléphoné.

When they are used as *direct* objects, the past participle does agree:

André, le prof **t'**a regardé**?**	Oui, il **m'**a regardé.
Marie, le prof **t'**a regardé**e?**	Oui, il **m'**a regardé**e**.
M. Dulac, le prof **vous** a regardé**?**	Oui, il **m'**a regardé.
Mme Dulac, le prof **vous** a regardé**e?**	Oui, il **m'**a regardé**e**.
André et Luc, le prof **vous** a regardé**s?**	Oui, il **nous** a regardé**s**.
Anne et Marie, le prof **vous** a regardé**es?**	Oui, il **nous** a regardé**es**.

Note that with the direct object pronoun *vous,* the past participle may have any of the four forms, depending upon who is being spoken to. Again there is elision *(me* and *te → m', t')* and the *s* of *nous* and *vous* is a liaison consonant.

4 Note the following:

Tu as écrit **la lettre?**	Oui, je **l'**ai **écrite**.
Tu as compris **les leçons?**	Oui, je **les** ai **comprises**.
Tu as pris **les couteaux?**	Oui, je **les** ai **pris**.

When an *e* is added to a past participle that ends in a consonant, the consonant is pronounced. If a past participle already ends in an *s*, no *s* is added to make masculine plural agreement.

5 In the negative, the object pronoun comes between the *ne (n')* and the form of *avoir*; the *pas* comes after the form of *avoir*:

Ils **n'**ont **pas** pris **d'œufs?**　　　　　　Non, ils **n'en** ont **pas** pris.

Tu **n'**as **pas** écrit **la réponse?**　　　　　Non, je **ne l'**ai **pas** écrite.

Elle **n'**a **pas** ouvert **les lettres?**　　　　Non, elle **ne les** a **pas** ouvertes.

Exercices

A　Répondez aux questions en employant *lui* ou *leur*. Suivez le modèle.

1. Ils ont donné l'argent *au vendeur?*
   Oui, ils lui ont donné l'argent.

2. Vous avez téléphoné *au médecin?*
3. Nous avons écrit *aux marins?*
4. Elle a fait une visite *à ses nièces?*
5. Tu as dit "bon anniversaire" *à ta secrétaire?*
6. Elles ont posé des questions *aux hommes et aux femmes d'affaires?*
7. Henri a offert des portefeuilles *à ses sœurs?*
8. Elle a emprunté un foulard *à sa mère?*

B　Répondez aux questions en employant *y* ou *en*. Suivez le modèle.

1. Ils ont joué *au football américain* la semaine dernière?
   Oui, ils y ont joué la semaine dernière.

2. Ils ont réussi *à l'examen de sciences sociales?*
3. Tu as commandé *de la mousse au chocolat?*
4. Nous avons dîné *en ville* mardi?
5. Il a assisté *aux cours de maths?*
6. Vous avez choisi *des tasses et des soucoupes?*
7. Elle a offert *de la tarte aux pommes* à Marcel?
8. Vous avez eu besoin *de l'argent?*
9. Elle a dormi *en classe?*

C A vous. *(Ask Student B who did the following things. Student B will admit that he or she did it.)*

1. faire la vaisselle —Qui a fait la vaisselle?
   —C'est moi qui l'ai faite.

2. préparer la bouillabaisse
3. ouvrir ce paquet
4. prendre ma guitare
5. écrire cette carte postale

6. prendre le gâteau
7. mettre la fourchette sur le bureau
8. laisser cette cravate ici
9. perdre ce portefeuille

D A vous. *(Ask Student B about two actions. Student B will say that the people did the first thing, but not the second.)*

1. Tu as cherché tes colliers? (trouver)
   —Tu as cherché tes colliers? Tu les as trouvés?
   —Je les ai cherchés, mais je ne les ai pas trouvés.

2. Ils ont annoncé les chansons? (chanter?)
3. Tu as appris ces mots? (écrire?)
4. Elle a préparé les tomates? (manger?)
5. Tu as perdu les enveloppes? (trouver?)
6. Ils ont choisi ces bottes? (mettre?)
7. Tu as lu ces poèmes chinois? (comprendre?)
8. Elles ont entendu ces histoires? (croire?)

E Répondez aux questions en employant *m', t', nous,* ou *vous.* Suivez le modèle.

1. Papa m'a écoutée? Il m'a répondu?
   Oui, il t'a écoutée. Oui, il t'a répondu.

2. M. Leblanc t'a compris? Il t'a prêté son parapluie?
3. Nicole nous a attendues? Elle nous a apporté le livre de biologie?
4. Les Robert nous ont invités à une fête? Ils nous ont téléphoné?
5. Le facteur vous a rencontrées? Il vous a donné un grand paquet?
6. Luc vous a vue à la bibliothèque? Il vous a emprunté un stylo?
7. L'hôtesse de l'air t'a remerciée? Elle t'a offert du thé?
8. Le professeur vous a entendus? Elle vous a posé des questions?

F A vous. Posez une question à l'Elève B, qui va répondre *non.*

1. mettre ton imperméable   —Tu as mis ton imperméable?
                                   —Non, je ne l'ai pas mis.

2. ouvrir la fenêtre
3. écrire la lettre
4. faire tes devoirs
5. écrire ces poèmes

6. comprendre la question
7. dire ces longues phrases
8. apprendre ces danses
9. mettre tes bagues

G Répondez *oui* ou *non* en employant *l', les, lui, leur, y* ou *en.*

1. Vous avez réussi à *votre dernier examen de français?*
2. Vous avez fait *vos devoirs* hier soir?
3. Vous avez donné vos devoirs *au professeur* ce matin?
4. Vous avez regardé *la télé* hier?
5. Vous avez débarrassé *la table* après le dîner hier soir?
6. Vous avez pris *des œufs* ce matin?
7. Vous avez compris *ce chapitre?*

RÉVISION ET THÈME

Consultez les phrases modèles. Trouvez les expressions françaises qui correspondent à l'anglais et formez des phrases complètes d'après le modèle.

1. *Nous avons pu prononcer les mots.*
   (I was able to begin my work.)
   (She wanted to put on her raincoat.)

2. *Je l'ai ouvert dans la salle à manger et il m'a dit "félicitations!"*
   (She saw us at the movies and we said "happy birthday" to her.)
   (She gave them (f.pl.) to the children and they told her "thank you.")

3. *Tu n'as pas apporté ton portefeuille, alors il faut faire de l'auto-stop.*
   (I didn't set the table, so I have to do the housework.)
   (We didn't do the cooking, so we have to do the dishes.)

4. *Il a appris les chansons et il les a chantées à la surprise-party.*
   (She understood the answers and wrote them in her notebook.)
   (I found the salt and pepper and put them in the kitchen.)

5. *"On y met les verres?" m'a demandé le garçon.*
   ("They (m.) put the knives there," the doctor told us.)
   ("I put the spoons and forks there," the housewife answered him.)

6. *Tu as vendu la cuisinière, n'est-ce pas?*
   (He's hidden the napkins and the tablecloth, hasn't he?)
   (We broke the cup and saucer, didn't we?)

Thème: Trouvez les expressions françaises qui correspondent à l'anglais et rédigez un paragraphe.

Bruno and Diane wanted to go shopping.

Their father met them at the door and said to them: "Ah, no!"

"You didn't prepare the meal, so you have to clear the table!"

They took the dishes and put them in the sink.

"You're leaving the dishes there?" their father asked them.

"We cleared the table, didn't we?" Bruno answered him.

AUTO-TEST

A Answer the questions in the present tense, using the appropriate direct object pronoun. Follow the model.

1. Tu as mis *la cravate* dans le paquet?
   Je la mets dans le paquet maintenant.

2. Elles ont mis *l'eau* sur la cuisinière?
3. Vous avez mis *le couvert,* mes filles?
4. Il a mis *le lait* dans le réfrigérateur?
5. Ils ont mis *les fleurs* dans la salle à manger?
6. Elle a mis *ses gants?*
7. Tu as mis *ton vélo* dans le garage?

B Answer in the negative using the appropriate direct object pronoun. Follow the model.

1. Tu as préparé *la bouillabaisse?*
   Non, je ne l'ai pas préparée.

2. Il a oublié *le sel et le poivre?*
3. Ils ont cassé *ces verres?*
4. Tu as ouvert *la lettre?*
5. Vous avez vu *les infirmières?*
6. Nous avons compris *le chapitre?*
7. Les ménagères ont cru *le vendeur?*
8. Il a remercié *l'avocate?*
9. Elles ont fait *leurs robes?*

C Answer using the cues in parentheses. In each case, assume that *m'* and *t'* represent one female; *nous* and *vous,* several females. Follow the models.

1. Qui as-tu cru? (vous)
2. A qui a-t-elle parlé? (vous)

   Je vous ai crues.
   Elle vous a parlé.

3. A qui a-t-il téléphoné? (t')
4. A qui ont-elles répondu? (m')
5. Qui as-tu vu? (vous)
6. A qui a-t-il écrit? (m')
7. Qui as-tu choisi? (t')
8. Qui a-t-elle rencontré? (nous)

D Answer using the appropriate direct object pronoun, *l', les,* or the pronoun *en.* Then answer a second time using the appropriate indirect object pronoun, *lui, leur,* or the pronoun *y.* Follow the model.

1. Tu as écrit cette lettre à ta tante?
   Oui, je l'ai écrite à ma tante. Je lui ai écrit cette lettre.

2. Elles ont pris leurs repas en ville?
3. Vous avez dit "bon courage" aux soldats?
4. J'ai montré la nappe et les serviettes à cette femme?
5. Tu as offert cette nouvelle veste à ton frère?
6. Il a mis des cuillères dans l'évier?
7. Ils ont prêté l'électrophone et la radio à leurs neveux?

Poème

DÉJEUNER DU MATIN

Il a mis le café
Dans la tasse
Il a mis le lait
Dans la tasse de café
5   Il a mis le sucre
Dans le café au lait
Avec la petite cuiller°   la cuiller = la cuillère
Il a tourné
Il a bu° le café au lait   il a bu: *he drank*
10 Et il a reposé° la tasse   reposer: *to put back*
Sans me parler°   sans me parler: *without speaking to me*
Il a allumé°   allumer: *to light*
Une cigarette
Il a fait des ronds°   le rond: *ring*
15 Avec la fumée°   la fumée: *smoke*
Il a mis les cendres°   la cendre: *ash*
Dans le cendrier°   le cendrier: *ashtray*
Sans me parler
Sans me regarder
20 Il s'est levé°   il s'est levé: *he got up*
Il a mis
Son chapeau sur sa tête°   la tête: *head*
Il a mis
Son manteau de pluie°   le manteau de pluie = l'imperméable
25 Parce qu'il pleuvait°   il pleuvait: *it was raining*
Et il est parti°   il est parti: *he left*
Sous la pluie
Sans une parole°   la parole = le mot
Sans me regarder
30 Et moi j'ai pris
Ma tête dans ma main°   la main: *hand*
Et j'ai pleuré.°   pleurer: *to cry*

Jacques Prévert, *Paroles*
© Editions Gallimard, 1949

Proverbe

Qui casse les verres les paie.

Interlude

Les voyages

If you said that you were going to London or Amsterdam on a trip, your friends would probably be terribly impressed, and would have all sorts of questions to ask. In France, the same announcement would probably be met with a mildly interested "Ah bon?" ("Oh, really?"). Why wouldn't they be impressed by such a trip? Because, for them, other countries are not so far away.

Travel between countries is quite common in Europe. Remember that the countries are all rather small in area. So driving to another country over the weekend is not very difficult. Driving from Paris to Brussels, for example, would take no longer than driving from Boston to New York City.

How do Europeans get around? Well, many of them drive their own cars, which are usually smaller than American ones. France manufactures many cars each year, including the Citroën, Peugeot, and Renault. European highways have higher speed limits (135 km per hour, or 70 m.p.h.), so trips by car go very fast. However, gasoline is much more expensive there.

If you don't want to drive, you can take your car along with you on the train, and just sit back for the ride. Many trains have special cars for carrying automobiles. The trains are very good, and can take you almost anywhere. They are quite fast, too—a new train between Paris and Lyon (the TGV—train à grande vitesse) travels at speeds up to 443 km per hour, or 230 m.p.h.

Many young people prefer l'auto-stop. While hitchhiking is always risky, in Europe it is much less dangerous and far more common. Others may bike across the continent.

However they go, Europeans travel a lot. And as they travel, they learn the many languages and about the people and cultures around them. They are very much aware that understanding other people and how they live makes life more interesting.

Frontière entre la France et l'Espagne

CHAPITRE 17

MOTS NOUVEAUX I

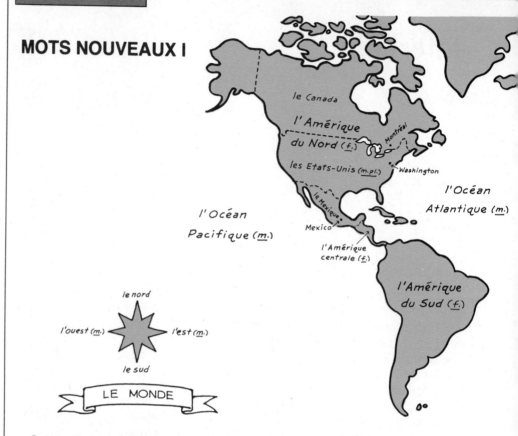

le Canada

l'Amérique
du Nord (*f.*)

les Etats-Unis (*m.pl.*)

Montréal

Washington

l'Océan
Atlantique (*m.*)

l'Océan
Pacifique (*m.*)

le Mexique

Mexico

l'Amérique
centrale (*f.*)

l'Amérique
du Sud (*f.*)

le nord

l'ouest (*m.*)   l'est (*m.*)

le sud

LE MONDE

—Quels sont tes **projets** *(m. pl.)* pour l'été?
—J'ai **une** nouvelle **caravane.**
—**Ah bon.**
—On va **faire du camping.**
　　　　partir en voyage.
　　　　partir en vacances.
　　　　être en vacances.
　　　　prendre des vacances en Europe.
　　　　passer des vacances au Canada.
　　　　passer huit jours en France.
　　　　passer quinze jours aux Etats-Unis.

*What are your **plans** for the summer?*
*I have **a** new **camper.***
Oh really.
*We're going **to go camping.***
　　　　to leave on a trip.
　　　　to leave on vacation.
　　　　to be on vacation.
　　　　***to take a vacation in** Europe.*
　　　　***to spend a vacation in** Canada.*
　　　　***to spend a week in** France.*
　　　　***to spend two weeks in** the U.S.*

—Quel **pays** est-ce que tu vas **visiter?**[1]
　Quels **pays**
　Quel **continent**
—Je vais visiter le Canada.
　　　　　la France.
　　　　　l'Europe.

*Which **country** are you going **to visit?***
*Which **countries***
*Which **continent***
I'm going to visit Canada.
　　　　　France.
　　　　　Europe.

[1] *Visiter* is used with places; *faire une visite à* is used with people.

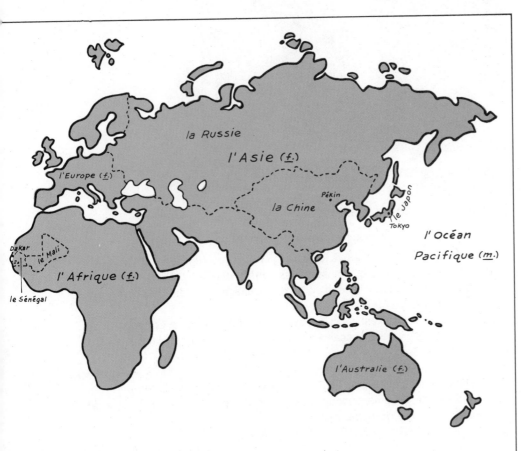

Lucie **est partie il y a huit jours.**
il y a un an.
il y a longtemps.
Elle est partie **comme** un oiseau.

—Elle a téléphoné.
—Il y a combien de temps?
—Il y a une heure.
une minute.
dix minutes.

—D'où est-ce qu'elle a téléphoné?
—D'Europe.
Du Canada.
Des Etats-Unis.

Son avion arrive **de bonne heure.**
à l'heure.
en retard.

Lucie **left a week ago.**
a year ago.
a long time ago.
Like a bird she left.

She telephoned.
How long ago?
An hour ago.
A minute
Ten minutes

Where did she call **from?**
From Europe.
From Canada.
From the U.S.

Her plane's arriving **early.**
on time.
late.

POUR LE PLAISIR DU CAMPEMENT   TENTES PAR WOODS

Québec: un magasin

Exercice de vocabulaire

Complétez les phrases avec le mot ou l'expression qui convient.

1. Je n'aime pas ce train. Il arrive toujours (à l'heure/en retard).
2. L'Asie, l'Afrique, l'Europe, etc., sont (des continents/des pays).
3. Il y a trois pays dans l'Amérique du Nord: le Canada, les Etats-Unis et (l'Amérique Centrale/le Mexique).
4. Il y a un continent qui est aussi un pays—c'est (l'Australie/le Canada).
5. Quels sont tes projets de vacances? (Je vais passer/J'ai passé) huit jours en Amérique du Sud.
6. Le Japon est (un continent/un pays).
7. Je pense à mes projets pour l'été. (Ah bon!/Il y a combien de temps?)
8. Ce monsieur est vraiment ennuyeux. Est-ce qu'il a parlé longtemps? (Il y a deux heures!/Presque deux heures!)
9. D'où est-ce qu'elles arrivent? (De Bonn./De bonne heure.)
10. Vous prenez la caravane? Oui, nous voulons faire (de l'auto-stop/du camping) cet été.
11. Tu vas au Mexique? Oui, ma grand-mère y habite. Elle est très vieille et je voudrais (la visiter/lui faire une visite).
12. Tu n'as pas bonne mine, mon vieux! Ah, je suis très fatigué, mais demain—enfin!— (je pars en vacances/je passe mes vacances).
13. Il a laissé son emploi il y a longtemps? Oui, (l'année dernière/il y a trois jours).

MOTS NOUVEAUX II

Où **se trouve** la Manche?

La Manche **se trouve au nord de** la France.

La mer Méditerranée se trouve **au sud de** la France.

La Suisse se trouve **à l'est de** la France.

L'océan Atlantique se trouve **à l'ouest de** la France.

*Where **is** the English Channel?*

*The English Channel **is located to the north of France**.*

*The Mediterranean Sea is located **to the south of** France.*

*Switzerland is **east of** France.*

*The Atlantic Ocean is **west of** France.*

Exercice de vocabulaire

Répondez aux questions d'après la carte. Suivez le modèle.

1. Quel pays se trouve au nord de l'Allemagne et de la Pologne?
   La Suède se trouve au nord de l'Allemagne et de la Pologne.

2. Quel pays se trouve à l'ouest de l'Espagne?
3. Quel pays se trouve à l'est de la Suisse?
4. Quel pays se trouve à l'est de l'Allemagne?
5. Quel pays se trouve au sud-ouest de la France?
6. Quel pays se trouve au nord-ouest de la France?
7. Quel pays se trouve au sud-est de la Yougoslavie?
8. Quel pays se trouve au nord de la Suisse et de l'Autriche?
9. Quel pays se trouve au nord-est de l'Angleterre et à l'ouest de la Suède?

Vue d'Avignon

DIALOGUE

Un voyage en voiture

Marie-Thérèse et sa sœur, Hélène, ne passent pas leurs vacances en France cet été. Elles sont parties pour la Grèce avec une amie, Gisèle, qui a une deux-chevaux.* En route, les filles veulent aussi visiter l'Italie et la Yougoslavie. Pendant le voyage, elles parlent des projets de vacances des parents de Gisèle.

Avignon

5   MARIE-THÉRÈSE   Tes parents restent à Avignon* cet été?

      GISÈLE   Non, non, ils sont déjà partis en voyage il y a quinze jours.

      MARIE-THÉRÈSE   Ah bon! Où est-ce qu'ils sont allés?

      GISÈLE   Au Portugal.

      HÉLÈNE   Ils font le voyage en voiture?

10   GISÈLE   Bien sûr. Eux, ils ont leur jolie caravane. Ce n'est pas du tout comme cette deux-chevaux!

*The *deux-chevaux* (2-CV) is a very small, inexpensive French car. Its name comes from the amount of horsepower it has under the French system. Very few French teenagers own cars. Those who do usually have a car such as a 2-CV.

*Avignon is a city of 90,000 population in the southeast of France. It is especially well-known for its unfinished stone bridge, *le pont Saint-Bénézet,* which crosses part way over the Rhône River. Since 1947 there has been an annual summer cultural festival there, with both indoor and street performances.

Questionnaire

1. Est-ce que Marie-Thérèse passe ses vacances en France cet été?   2. Où est-ce qu'elle va? Est-ce qu'elle y va seule?   3. Qui a une voiture? C'est une voiture américaine?   4. Quels autres pays est-ce que les filles veulent visiter en route?   5. De quoi est-ce qu'elles parlent pendant le voyage?   6. Est-ce que les parents de Gisèle passent l'été à Avignon? Où est-ce qu'ils sont allés? Quand est-ce qu'ils sont partis?   7. Est-ce qu'ils ont pris le train? Comment est-ce qu'ils font le voyage?   8. Est-ce que les parents de Gisèle ont une deux-chevaux aussi? Qu'est-ce qu'ils ont?

EXPLICATIONS I

Le verbe <u>venir</u>

VOCABULAIRE					
venir	*to come*	**devenir**	*to become*	**revenir**	*to come back*

	SINGULAR	PLURAL
1	je **viens**	nous **venons**
2	tu **viens**	vous **venez**
3	il elle } **vient** on	ils elles } **viennent**

IMPERATIVE: **viens! venons! venez!**
PAST PARTICIPLE: **venu**

1 The 1 and 2 pl. forms are regular. The *-ir* is dropped from the infinitive, and the endings *-ons* and *-ez* are added.

2 The singular stem is *vien-*, to which the regular endings *-s,-s,* and *-t* are added. All three forms are pronounced alike: [vjɛ̃].

3 The 3 pl. form is *viennent*. The *-nn-* is clearly released, and thus there is no nasal vowel sound: [vjɛn].

4 All verbs whose infinitive form ends in *-venir* follow this pattern. Two of the most common are *devenir* and *revenir*. Their past participles are *devenu* and *revenu*.

5 When *venir* is followed by a verb in the infinitive, its English equivalent is just what you would expect:

Je **viens manger.**	*I'm **coming to eat.***
Nous **venons** les **voir** demain.	*We're **coming to see** them tomorrow.*

However, when *venir* is followed by *de* plus a verb in the infinitive, it means "to have just." This is called the "immediate past":

Je **viens de manger.**	{ *I've **just eaten.*** { *I **just ate.***
Nous **venons de** les **voir.**	{ *We've **just seen** them.* { *We **just saw** them.*

Deux jeunes filles avec leur 2-CV

Exercices

A Répondez d'après le modèle.

1. Vous venez toujours de bonne heure. Et moi?
   Tu viens toujours de bonne heure aussi.

2. Je reviens lundi matin. Et eux?
3. Yvette et Christine deviennent gentilles. Et Julie?
4. Il vient souvent en retard. Et nous?
5. Tu deviens grand. Et lui?
6. Nous revenons à pied. Et elles?
7. Ils viennent des Etats-Unis. Et vous?

B Refaites les phrases en employant *venir de* + l'infinitif. Suivez le modèle.

1. Nous avons rencontré les ouvriers.
   Nous venons de rencontrer les ouvriers.

2. Il a plu.
3. Ils ont vu le nouvel électrophone.
4. Nous avons fait nos projets de vacances.
5. Elles ont entendu la musique espagnole.
6. Tu as pris un Coca.
7. Je lui ai offert un manteau.
8. Tu m'as emprunté quelques timbres.

C Tout en rond. Suivez le modèle. *(Tell Student B something. When he or she asks if it happened a long time ago, you will say that it just happened.)*

1. Elle a perdu sa bague.   —Elle a perdu sa bague.
                                —Il y a longtemps?
                                —Non, elle vient de la perdre.

2. Il a écrit une carte postale.
3. Nous avons lu ce roman.
4. Elles ont débarrassé la table.
5. On a appris ces poèmes.
6. Elles ont ouvert ces enveloppes.
7. J'ai vendu mes souris blanches.
8. Ils ont mis le couvert.
9. Nous avons pris quelque chose.

A Monaco

TGV à Lyon

TRAINS AUTOS COUCHETTES

économisez votre énergie en faisant le plein de sommeil

Le passé composé avec <u>être</u>

VOCABULAIRE

descendre[1]	*to come down, to go down*	**mourir**	*to die*
descendre de	*to get out of, to get off*	**naître**	*to be born*
monter	*to come up, to go up, to climb*	**retourner**	*to go back*
monter dans	*to get in, to get on*	**tomber**	*to fall*

---

1 The verbs above and those below, which you already know, form their passé composé with *être*.

arriver	**entrer**	**aller**	**rentrer**	**rester**
partir	**sortir**	**venir**	**revenir**	**devenir**

2 When a verb forms its passé composé with *être*, its past participle agrees with the subject of the verb in gender and number. For example, the passé composé of *sortir* is as follows:

	SINGULAR		PLURAL	
1	je suis	**sorti** / **sortie**	nous sommes	**sortis** / **sorties**
2	tu es	**sorti** / **sortie**	vous êtes	**sorti** / **sortie** / **sortis** / **sorties**
3	il est elle est on est	**sorti** **sortie** **sorti**	ils sont elles sont	**sortis** **sorties**

3 *Naître* and *mourir* are irregular verbs. For now you need only know their past participles.

Louis Pasteur est **né** en 1822.   Il est **mort** en 1895.
Marie Curie est **née** en 1867.   Elle est **morte** en 1934.

Exercices

A Refaites les phrases au passé composé. Suivez le modèle.

1. Elle va à Cannes cet été.
   Elle est allée à Cannes cet été.

2. Isabelle vient plus tard, vers midi.
3. Le train de Lyon part à 3 h. 15.
4. Notre chat gris tombe de l'arbre.
5. Marlène reste au gymnase mais Agnès rentre chez elle.
6. Bernard rentre dimanche soir, le deux avril.
7. Leur fils aîné devient steward.
8. Quand est-ce qu'Elisabeth arrive?

---

[1]*Descendre* is a regular *-re* verb.

B Substitution. Suivez le modèle. *(When two forms of the past participle are possible, show both.)*

1. Nous avons assisté au cours d'algèbre. (aller)
   Nous sommes allés au cours d'algèbre.
   Nous sommes allées au cours d'algèbre.

2. Ils ont commencé à 8 h. (venir)
3. Elle a déjeuné à Lyon? (naître)
4. J'ai joué à la plage. (descendre)
5. Tu as chanté lentement. (monter)

6. Il a dormi à l'hôtel. (retourner)
7. Nous avons dîné à l'heure. (partir)
8. Tu as frappé à la porte? (aller)
9. Elle a parlé du magasin. (sortir)

C A vous. Posez une question à l'Elève B, qui va répondre au passé composé en employant *déjà* (1-5) et *y* (7-12).

1. ton frère / partir —Ton frère part bientôt?
   —Il est déjà parti.

2. ton grand-père / sortir
3. tes voisins / rentrer

4. ta camarade de classe / revenir
5. tes cousines / descendre

6. ton frère / aller —Ton frère va à Montréal?
   —Il y est allé hier.

7. ton prof / retourner
8. tes amis / arriver
9. ton père / rentrer

10. ta cousine / aller
11. ta tante / revenir
12. tes parents / rester quelques heures

D Refaites le paragraphe au passé composé.

Samedi, *je fais* du camping avec ma famille. Nous *partons* de bonne heure et nous *arrivons* à la campagne vers 2 h. de l'après-midi. Nous *passons* deux jours pas loin d'un joli lac. Mon père et moi, nous *descendons* au lac pour nager, et nous *voyons* deux petites filles. Tout à coup, une des filles *tombe* dans l'eau. Tout
5 de suite, nous *nageons* vers elle et papa *la prend* par la chemise. La mère des enfants *arrive*. Elle *remercie* papa et puis elle *part* avec ses enfants. Nous, nous *rentrons* chez nous.

E Imaginez ("imagine") que vous êtes sorti(e) hier soir. Pour être à l'heure, vous êtes parti(e) de chez vous à quelle heure? Où est-ce que vous êtes allé(e)? Vous y êtes resté(e) pendant combien de temps? A quelle heure est-ce que vous êtes rentré(e)?

CONVERSATION ET LECTURE

Prononciation

To pronounce the [ɛ] sound, start from the position for the [e] sound, but spread your mouth into a more open smile. Always keep your jaws steady.

A Listen, then say the following words aloud.

être	la fenêtre	est-ce que	presque	l'herbe
le verre	la cuillère	l'assiette	la serviette	derrière

B These words contain both the [e] and the [ɛ] sounds.

Hélène	Thérèse	Etienne	l'élève	énergique

C Listen, then say the following sentences aloud.

Eve cherche une veste pour Pierre.
Ma mère a ouvert la lettre.

C'est la veille de Noël, Adèle.
Vous êtes à l'hôtel avec elle.

Pour appeler par téléphone en France?

Voilà comment faire le numéro vous-même de votre propre chambre.

Maintenant, la façon la plus simple et la plus rapide d'appeler la France de votre propre chambre est de composer le numéro vous-même. Voilà comment: composer à la suite l'un de l'autre, le numéro d'appel de l'inter de votre hôtel ou motel (8), puis les chiffres d'appel téléphonique international (011), le numéro distinctif du pays (33), le numéro régional et enfin le numéro de l'abonné local. Par exemple, pour téléphoner à Paris, vous composez:

8	+	011	+	33	+	1	+	123456
numéro d'inter de l'hôtel/motel		chiffres d'appel internat.		numéro distinct. du pays		numéro régional		numéro de l'abonné

Pour plus de renseignements, prière de consulter la section spéciale internationale de votre annuaire.

SP492K 10/79   Printed in U.S.A.

Parlons de vous

Les états des Etats-Unis sont:

l'Alabama *(m.)*	l'Indiana *(m.)*	l'état de New-York
l'Alaska *(m.)*	l'Iowa *(m.)*	le Nouveau-Mexique
l'Arizona *(m.)*	le Kansas	l'Ohio *(m.)*
l'Arkansas *(m.)*	le Kentucky	l'Oklahoma *(m.)*
la Californie	la Louisiane	l'Oregon *(m.)*
la Caroline du Nord	le Maine	la Pennsylvanie
la Caroline du Sud	le Maryland	le Rhode-Island
le Colorado	le Massachusetts	le Tennessee
le Connecticut	le Michigan	le Texas
le Dakota du Nord	le Minnesota	l'Utah *(m.)*
le Dakota du Sud	le Mississippi	le Vermont
le Delaware	le Missouri	la Virginie
la Floride	le Montana	la Virginie Occidentale
la Georgie	le Nebraska	l'état de Washington
Hawaii	le Nevada	le Wisconsin
l'Idaho *(m.)*	le New-Hampshire	le Wyoming
l'Illinois *(m.)*	le New-Jersey	

Les provinces du Canada sont:

la Colombie Britannique	l'Ontario *(m.)*	la Nouvelle-Ecosse
l'Alberta *(m.)*	le Québec	l'Ile du Prince Edouard *(f.)*
la Saskatchewan	le Nouveau-Brunswick	Terre-Neuve *(f.)*
le Manitoba		

1. Dans quel état est-ce que vous habitez? Dans quelle ville?
2. Dans quel état est-ce que vous êtes né? En quelle année est-ce que vous êtes né?
3. Quels états est-ce que vous avez visités? Quand est-ce que vous y êtes allé? l'été dernier? il y a longtemps? Combien de temps est-ce que vous avez passé là-bas?
4. Quels états touchent au ("border on") Canada? au Mexique? à l'océan Atlantique? à l'océan Pacifique? au Golfe du Mexique?
5. Où est-ce qu'il y a des montagnes? des plages? de grandes villes?
6. Quelles provinces du Canada est-ce que vous avez visitées?

En panne° en Espagne

Une route déserte° en Espagne. Au bord de la route on voit, au clair de lune,° une grande caravane blanche et, devant elle, une grosse voiture. Elle est belle, mais elle ne bouge° pas. Un homme et une femme regardent le moteur. Inquiets,
5 ils ne disent rien.°

Monsieur et Mme Hébert sont en vacances et les voici° à neuf heures du soir en panne dans un pays étranger. Tout à coup M. Hébert dit: "Zut, zut et zut!"

—Qu'est-ce que c'est? C'est grave?° lui demande sa
10 femme.
—Oui, je crois que c'est le carburateur. Mais je ne vois pas ce qu'il y a° exactement.°
—Nous n'avons vraiment pas de chance! Qu'est-ce qu'on fait maintenant?
15 —Je ne sais pas.
—Eh bien, on peut toujours passer la nuit ici. Après tout,° nous sommes partis pour faire du camping.
—Mais il n'y a pas d'eau, pas d'électricité. Il faut plutôt° trouver un garage ce soir. Nous pouvons y laisser la
20 voiture et passer la nuit dans un hôtel.
—D'accord! Mais comment est-ce qu'on va trouver un garage? On ne peut pas y aller à pied! C'est peut-être très loin.
—Geneviève . . .
25 —Oui?
—Tu n'as jamais° fait de l'auto-stop?
—Non. Mais je peux vite apprendre.
—Allons-y!
—Est-ce que le garagiste° va te comprendre?
30 —Qu'est-ce que tu veux dire?!? Bien sûr, il va me comprendre. Après tout, j'ai étudié l'espagnol il n'y a pas trop longtemps. Euh . . . Comment dit-on "carburateur" en espagnol?

(être) en panne: (to have a) breakdown
désert, -e: deserted
au clair de lune: in the moonlight
bouger: to move
ne . . . rien: nothing

les voici: here they are

grave: serious

ce qu'il y a: what's wrong
exactement: exactly

tout: all

plutôt: instead

tu n'as jamais: haven't you ever

le garagiste: garage mechanic

Questionnaire

1. Où se trouve la caravane? Est-ce que les Hébert sont près de chez eux?   2. Quelle heure est-il?   3. Est-ce que les Hébert ont de la chance? Pourquoi pas?   4. Qu'est-ce que Mme Hébert veut faire? Et son mari, qu'est-ce qu'il veut faire?   5. Comment est-ce qu'ils vont trouver un garage?   6. Est-ce que vous croyez que le garagiste va comprendre M. Hébert? Pourquoi?   7. Et vous, est-ce que vous avez jamais été en panne sur une route déserte? dans un pays étranger?   8. Est-ce que vous avez jamais fait de l'auto-stop? du camping? Où donc?   9. Est-ce que vos parents ont une caravane? Si oui, décrivez la caravane.

Autométrique
...au fil des joyeux kilomètres

A Gordes, dans le sud de la France

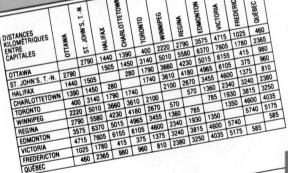

DISTANCES KILOMÉTRIQUES ENTRE CAPITALES	OTTAWA	ST. JOHN'S, T.-N.	HALIFAX	CHARLOTTETOWN	TORONTO	WINNIPEG	REGINA	EDMONTON	VICTORIA	FREDERICTON	QUÉBEC
OTTAWA		2790	1440	1390	400	2220	2790	3575	4715	1025	460
ST. JOHN'S, T.-N.	2790		1505	1450	3140	5010	5580	6370	7605	1780	2365
HALIFAX	1440	1505		280	1790	3660	4230	5015	6155	415	980
CHARLOTTETOWN	1390	1450	280		1740	3610	4180	4965	6105	375	960
TORONTO	400	3140	1790	1740		2100	2670	3455	4600	1375	810
WINNIPEG	2220	5010	3660	3610	2100		570	1360	2340	3240	2380
REGINA	2790	5580	4230	4180	2670	570		785	1930	3815	3250
EDMONTON	3575	6370	5015	4965	3455	1360	785		1350	4600	4035
VICTORIA	4715	7605	6155	6105	4600	2340	1930	1350		5740	5175
FREDERICTON	1025	1780	415	375	1375	3240	3815	4600	5740		585
QUÉBEC	460	2365	980	960	810	2380	3250	4035	5175	585	

Est-ce qu'il peut réparer sa voiture?

EXPLICATIONS II

Continents, pays et villes

The prepositions "in," "at," "to," and "from" have several equivalents in French.

1 With cities *à* and *de* are used:

Il a passé ses vacances **à** Avignon.   *He spent his vacation **in** Avignon.*
Elle est arrivée **d'**Avignon hier.   *She arrived **from** Avignon yesterday.*

2 With *feminine* place names, *en* and *de* are used without the definite determiner:

La France est un beau pays.   ***France** is a beautiful country.*
Faisons un voyage **en Afrique.**   *Let's take a trip **to Africa.***
Nous sommes allés **en Suède.**   *We went **to Sweden.***
Elle vient de rentrer **d'Espagne.**   *She just returned **from Spain.***
Son frère rentre **d'Australie.**   *Her brother's returning **from Australia.***

When *de* is used to mean "of," the definite determiner is usually used:

Il est resté dans le nord **de la France.**   *He stayed in the north **of France.***

3 With *masculine* countries, *à* and *de* + definite determiner are used:

Le Japon est un beau pays.   ***Japan** is a beautiful country.*
Les Etats-Unis sont grands.   ***The United States** is big.*
Elle est rentrée **au Mali.**   *She returned **to Mali.***
Il a travaillé **aux Etats-Unis.**   *He worked **in the United States.***
Il est revenu **du Canada?**   *Did he come back **from Canada?***
Ils sont arrivés **des Pays-Bas.**   *They arrived **from the Netherlands.***

Exercices

A Tout en rond. Répondez à la question d'après les modèles.

D'où est-ce qu'il est venu?

1. le Sénégal   *Il est venu du Sénégal.*
2. l'Australie   *Il est venu d'Australie.*

3. l'Amérique
4. la Chine
5. l'Autriche
6. la Pologne
7. les Pays-Bas
8. le Canada
9. la Yougoslavie
10. les Etats-Unis
11. l'Angleterre
12. le Mexique

B Tout en rond. Répondez à la question d'après les modèles.

Où est-ce que tu vas?

1. Paris   *Je vais à Paris, la capitale de la France.*
2. Lisbonne   *Je vais à Lisbonne, la capitale du Portugal.*

3. Londres	7. Dakar	11. Madrid
4. Mexico	8. Rome	12. Athènes
5. Moscou	9. Tokyo	13. Oslo
6. Washington	10. Stockholm	14. Copenhague

C Tout en rond. Répondez à la question d'après les modèles.

Où est-ce qu'ils sont allés?

1. l'Afrique   *Ils sont allés en Afrique.*
2. le Portugal   *Ils sont allés au Portugal.*

3. l'Australie	7. l'Europe	11. le Danemark
4. le Mexique	8. la Suisse	12. l'Allemagne
5. l'Asie	9. le Japon	
6. la Belgique	10. les Pays-Bas	

Une jeune artiste travaille en plein air dans la rue du Trésor à Québec

RÉVISION ET THÈME

Consultez les phrases modèles. Trouvez les expressions françaises qui correspondent à l'anglais et formez des phrases complètes d'après le modèle.

1. *Nous venons d'arriver d'Espagne.*
   (They (m.) have just returned from the Netherlands.)
   (I just came back from Norway.)

2. *J'y ai fait du camping avec des copains.*
   (They visited their grandparents there.)
   (She visited the museums there with her brother.)

3. *Il est allé au Mexique il y a deux ans. Il aime le Mexique.*
   (She came to the United States a long time ago. She likes the United States.)
   (They (f.) arrived in Switzerland two weeks ago. They like Switzerland.)

4. *Il fait presque toujours du soleil au bord de la mer.*
   (It's still raining south of the city.)
   (It snows too much in the northwest [part] of the state.)

5. *Je n'y ai pas plongé.*
   (We didn't eat any.)
   (She didn't swim there.)

6. *Chaque matin je suis arrivé à la pharmacie à l'heure.*
   (Every evening we (m.) got on the bus on time.)
   (Every year you (f. pl.) left on vacation late.)

Thème: Trouvez les expressions françaises qui correspondent à l'anglais et rédigez un paragraphe.

Albert and Yvette have just returned from Portugal.

They visited their cousins there.

They went to Sweden a year ago. They like Sweden.

But it's often cold in the northeast (part) of the country. They didn't swim there, for example.

But in Portugal, every morning they went down to the beach early.

AUTO-TEST

A Answer the questions using the correct form of the verb. Follow the model.

1. Il vient de Pologne. Et eux?
   Ils viennent de Pologne aussi.

2. Elle devient méchante. Et toi?
3. Vous venez toujours de bonne heure. Et elles?
4. Nous revenons demain soir. Et lui?
5. Je deviens professeur. Et vous?
6. Tu viens du Mali. Et elle?
7. On vient de finir cette leçon. Et vous?

B Complete the sentences, putting the verbs in parentheses in the passé composé. Follow the model.

1. Il (passer) huit jours en Afrique et puis il (rentrer) en Europe.
   Il a passé huit jours en Afrique et puis il est rentré en Europe.

2. Ils (sortir) à 9 h. mais ils (revenir) une heure plus tard.
3. Napoléon (naître) en 1769; il (mourir) en 1821.
4. Les jeunes filles (descendre) à la plage et elles (nager) jusqu'à 4 h.
5. Elle (rester) en Chine et elle (devenir) médecin.
6. Elles (venir) te voir parce que tu (vouloir) leur parler.
7. Edouard et Luc (monter) dans le train, mais le train (ne pas partir) tout de suite.
8. Hélène (partir) en vacances, mais nous (rester) en ville.

c *Une vieille chanson*

AU CLAIR DE LA LUNE°   au clair de (la) lune:
                                               in the moonlight
Au clair de la lune,
Mon ami Pierrot,
Prête-moi ta plume°   la plume: *quill pen*
Pour écrire un mot.
5 Ma chandelle° est morte,   la chandelle: *candle*
Je n'ai plus° de feu;°   ne...plus: *no more*
Ouvre-moi ta porte,   le feu: *fire*
Pour l'amour° de Dieu.°   l'amour *(m.): love*
                                                Dieu: *God*
Au clair de la lune,
10 Pierrot répondit:°   répondit = a répondu
"Je n'ai pas de plume,
Je suis dans mon lit.°   le lit: *bed*
Va chez la voisine,
Je crois qu'elle y est;
15 Car° dans sa cuisine   car = parce que
On bat le briquet."°   battre le briquet: *to light a fire*

Lycée Masséna à Nice

Proverbe

Quand le chat est parti, les souris dansent.

Interlude

Les vacances

How long is your family's vacation every year? Two weeks? Three? Well, in France, most workers are guaranteed not two, not three, but five weeks of vacation.

August is the favorite month for taking a vacation. In fact, so many people take off during August that a number of the stores, restaurants, and businesses simply close for the entire month. They call this their annual closing (la fermeture annuelle). Magazines and newspapers often publish lists of stores and restaurants which will remain open for those people who don't leave town. (If you ever have a chance to visit France, try not to go during August.)

Because so many people set out at the same time, there are thousands and thousands of cars on the road, and enormous traffic jams are common even on the expressways (les autoroutes). The situation usually improves between noon and 2:00 P.M., when people pull off to the side of the road for un pique-nique. A French picnic is rarely as simple as an American one. A picnic lunch is respected just as much as any other meal, so all the courses are served, and enough time is taken to enjoy the food.

Many people go camping, so les caravanes are often seen behind cars on the highway. There are also many very nice campgrounds throughout France, with bathing facilities, playgrounds, etc.

The roads are not the only crowded places in August. Railroad stations are jammed, and hotel reservations can be very hard to get, especially in towns near beaches. There are also villas available for rent, and often farmers who live in popular vacation areas in the southwest and the regions bordering the Mediterranean take in guests.

Though many people stay in France, visiting family and friends in the country or by the ocean, others go abroad—to Spain, to Greece...or even to the U.S. Who knows? Maybe this summer you'll get a chance to try out your French!

Le 31 juillet la moitié des Français sont sur les routes!

CHAPITRE 18

MOTS NOUVEAUX I

la malle

la boîte

la valise

l' horaire (m.)

la carte routière

le guide

faire sa valise

le touriste   la touriste

fermer à clef

la clef

faire ses bagages (m. pl.)

—Tu vas **quitter** l'hôtel?
—**En effet.** Il y a **tant de** touristes et si **peu de** soleil!
—Tu as beaucoup de bagages?
—Mais non! Je **n**'ai **que** cette petite malle.

—J'ai besoin de **renseignements** (m. pl.)!
—Il faut aller **au bureau de renseignements.**
—Mais **personne n**'est là.
—**Je regrette,** madame. Il faut attendre **quelqu'un.**

You're going **to leave** the hotel?
Indeed I am. There are **so many** tourists and so **little** sun!
Do you have a lot of luggage?
Oh no! I have **only** this small trunk.

I need some **information!**
You have to go **to the information desk.**
But **nobody**'s there.
I'm sorry, ma'am. You'll have to wait for **someone.**

A l'aéroport Charles de Gaulle

On peut toujours **regretter.**
J'y suis retourné **une fois.**
                      deux fois.
                      cinq fois.
Le train, **cependant,** ne m'a pas
  attendu.
Les trains **n**'attendent **jamais.**
C'est embêtant.
En effet.

*People can always **be sorry.***
*I went back there **once.***
                      twice.
                      five times.
*The train, **however,** didn't wait*
  for me.
*Trains **never** wait.*
That's annoying.
You bet!

Exercice de vocabulaire

Pour chaque expression à gauche, choisissez une réponse à droite. *(The answers to 1–6 will be found in a–f; the answers to 7–12 will be found in g–l.)*

1. Elle dit que cette demoiselle est dans le tourisme?
2. Il y a beaucoup de monde ici.
3. Je ne peux pas l'ouvrir.
4. Pourquoi est-ce que vous avez tant de bagages?
5. Tu cherches un horaire?
6. Vous avez fait votre valise?

a. Ce sont des touristes, je crois.
b. Je fais un voyage de six mois.
c. Oui, elle a un bureau pas loin de l'hôtel Carlton.
d. Oui, je l'ai faite hier soir.
e. Oui, mais il n'y en a pas.
f. Quoi? Tu n'as pas apporté ta clef?

7. Elle ne va pas quitter le pays cet été?
8. Monsieur Germont leur a téléphoné?
9. Quelqu'un est à la porte, maman.
10. Qu'est-ce qu'il y a dans cette boîte?
11. Qu'est-ce qu'il y a dans cette grande malle?
12. Tu ne lui as pas posé les questions?

g. C'est embêtant. Tu peux lui répondre?
h. C'est un petit cadeau pour la concierge.
i. En effet! Plusieurs fois! Il veut les voir tout de suite.
j. Non, son neveu lui fait une visite.
k. Si. Cependant, il n'a pas pu me donner de renseignements.
l. Ce sont nos habits. Nous partons en voyage demain matin.

Au bord de l'Atlantique, près de Biarritz

MOTS NOUVEAUX II

Je vais vous **raconter** une histoire.

*I'm going **to tell** you a story.*

Les Cartier habitent **un** grand **immeuble, au numéro** 5, rue Blanche.

*The Cartiers live in **a** large **apartment building at number** 5 rue Blanche.*

D'habitude ils restent chez eux

*They **usually** stay home*

                  tous les jours.

                  every day.

                  tous les matins.

                  every morning.

                  tous les soirs.

                  every evening.

              ils **ne** font **rien** le soir.

              *do **nothing** in the evening.*

Ce soir, cependant, ils vont au théâtre.

This evening, however, they're going to the theater.

Quelle surprise!

What a surprise!

M. Cartier est **pressé.**

*Mr. Cartier is **in a hurry.***

Mme Cartier est **pressée** aussi.

*Mrs. Cartier is **in a hurry,** too.*

Il faut arriver au théâtre

They have to arrive at the theater

    avant **le commencement** de la pièce.

    *before **the beginning** of the play.*

        la fin

        the end

Mais **la circulation** est **affreuse.**

*But **the traffic** is **awful.***

Le bruit de la circulation est **affreux.**

The noise** of the traffic is **awful.

M. Cartier n'est pas **content.**

*Mr. Cartier isn't **happy.***

Mme Cartier ne parle pas.

Mrs. Cartier isn't speaking.

Quel silence!

What silence!

Au théâtre M. Cartier regarde dans son portefeuille.

At the theater, Mr. Cartier looks into his wallet.

Il a son argent, ses papiers, ses cartes—**tout sauf** les billets.

*He has his money, his papers, his cards—**everything except** the tickets.*

Ils sont partis **sans** les billets!

*They left **without** the tickets!*

Mme Cartier n'est pas **contente.**

*Mrs. Cartier isn't **pleased.***

Quelle horreur!

How dreadful!

Voilà l'actrice qui joue le rôle principal.

There's the actress who plays the lead.

C'est une ancienne camarade de classe de Mme Cartier.

She's a former classmate of Mrs. Cartier's.

Les Cartier **ont l'air**[1] content.

*The Cartiers **seem** pleased.*

Ils entrent dans le théâtre

They go into the theater

        sans billets.

        without tickets.

        sans faire du bruit.

        without making noise.

Quelle chance!

What luck!

Les Cartier ont vu **tout** le théâtre.

*The Cartiers saw the **whole** theater.*

        tous les acteurs.

        all the actors.

        toute la pièce.

        the whole play.

        toutes les actrices.

        all the actresses.

Tout va bien maintenant.

***Everything's fine** now.*

Quelle soirée!

What an evening!

---

[1] In the expression *avoir l'air*, the adjective agrees with *l'air* (m.): *Elle a l'air fatigué,* but *Elle est fatiguée.*

Exercices de vocabulaire

A Complétez les phrases avec le mot ou l'expression qui convient.

1. Nous sommes le 21 mars. C'est *(le commencement / la fin)* de l'hiver.
2. Tout le monde parle. Il y a tant de *(bruit / circulation)*.
3. Si on est pressé, on travaille *(lentement / vite)*.
4. A quelle heure part l'avion? Regardez *(l'horaire / la malle)*.
5. Toute la classe passe un examen. Quel *(bruit / silence)!*
6. Tu aimes ce grand nouvel immeuble au coin? Mais non, il est *(affreux / pressé)*.
7. Elle peut aller à pied parce qu'elle *(a tant de / n'a pas de)* valises.
8. Vous avez vos *(bagages / renseignements)?* Oui, mais je ne les ai pas fermés à clef.

B Complétez les phrases comme vous voulez.

1. On a perdu tous mes bagages sauf . . .
2. Tous les élèves ont leurs devoirs sauf . . .
3. J'aime toutes les saisons sauf . . .

4. J'ai oublié mon portefeuille; je suis sans . . .
5. Le pauvre élève est venu en classe sans . . .
6. Mon frère est assez grand pour aller seul à l'école. Il y va sans . . .

7. Je n'aime pas les sports, cependant je joue . . .
8. Il fait mauvais, cependant je (j') . . .
9. Je n'aime pas la musique, cependant je (j') . . .

10. Les enfants font tant de bruit que nous ne pouvons pas . . .
11. J'ai tant de devoirs que je (j') . . .
12. Il a tant d'argent qu'il . . .

A la Gare de Lyon

Place du Tertre, Montmartre

DIALOGUE

Les vacances d'été

Au mois d'août beaucoup de gens quittent Paris.* Mais il y a tant de touristes!
Cependant, le jeune Edouard Droit ne part pas. Il reste à Paris avec les touristes,
parce que son père et sa mère prennent leurs vacances en hiver.

Barèges

EDOUARD	C'est affreux! Personne ne reste ici—tous mes copains sont partis.
5 MME DROIT	En effet, il n'y a que trois familles dans notre immeuble cette semaine.
EDOUARD	C'est embêtant! Qu'est-ce qu'on peut faire?
MME DROIT	Je ne sais pas. Tu ne peux rien faire…Si! Pense aux vacances que tu vas passer à Barèges* l'hiver prochain pendant que tes copains vont rester ici.

*Most Parisians, except those in the tourist business, take their vacation in August.
*Barèges is a popular resort town in the Pyrénées, the mountain range that separates France and Spain. It is famous for its thermal baths and winter sports.

Questionnaire

1. Au mois d'août, que font les gens qui habitent Paris?   2. Qui se trouve à Paris en août?   3. Edouard quitte Paris? Pourquoi? Son père est dans le tourisme peut-être? Pourquoi le croyez-vous?   4. Edouard est heureux? Qu'est-ce qu'il dit?   5. Combien de familles sont restées dans l'immeuble des Droit?   6. Où vont les Droit cet hiver?

EXPLICATIONS I

Les verbes connaître et savoir

VOCABULAIRE			
connaître	to know, to be acquainted with	**reconnaître**	to recognize
		savoir	to know, to know how

Connaître means "to know" in the sense of "to be acquainted with": *Je connais Marie; Je connais Paris; Je connais ce disque.*

	SINGULAR	PLURAL
1	je **connais**	nous **connaissons**
2	tu **connais**	vous **connaissez**
3	il elle } **connaît** on	ils elles } **connaissent**

PAST PARTICIPLE: **connu**

1 The plural stem of *connaître* is *connaiss-*.

2 In the singular, the *ss* of the plural stem is dropped, and the endings -*s*, -*s*, and -*t* are added. All three singular forms are pronounced alike. Note that the circumflex appears only in the 3 sing. form: *connaît*.

3 *Reconnaître* also follows this pattern.

Savoir means "to know" in all senses except knowing people, places, or things. For example: *Je sais qu'il est calé.* When followed by a verb in the infinitive, *savoir* means "to know how": *Je sais danser; Je sais lire.*

	SINGULAR	PLURAL
1	je **sais**	nous **savons**
2	tu **sais**	vous **savez**
3	il elle } **sait** on	ils elles } **savent**

PAST PARTICIPLE: **su**

1 The plural stem of *savoir* is *sav-*.

2 In the singular, the *v* of the plural stem is dropped, and the *a* becomes *ai*. The endings -*s*, -*s*, and -*t* are then added to the stem *sai-*. All three singular forms are pronounced alike.

Exercices

A Répondez d'après le modèle.

1. Je reconnais cette chanson. Et vous?
   Nous la reconnaissons aussi.

2. Elle connaît leur ami portugais. Et nous?
3. Nous reconnaissons ce monsieur. Et elles?
4. Je reconnais la vendeuse dans cette boutique. Et vous?
5. Vous connaissez les rues de Paris. Et lui?
6. Ils reconnaissent cette histoire. Et toi?
7. François connaît l'Angleterre. Et vous?
8. Je connais bien ce musée. Et eux?

B Substitution. Remplacez le verbe en italique par la forme correcte du verbe *savoir*. Suivez le modèle.

1. Je *crois* qu'ils sont partis en voyage hier.
   Je sais qu'ils sont partis en voyage hier.

2. Nous *voulons* jouer du piano.
3. Tu *crois* qu'elle a raison.
4. Ils *vont* parler suédois.
5. Il *croit* qu'Antoinette et son mari sont très sympa.
6. Vous *pouvez* chanter ces chansons grecques?
7. Je *vais* faire la cuisine.
8. Elles *croient* que la dentiste est occupée.

C Complétez les phrases en employant la forme correcte du verbe *connaître* ou *savoir*.

1. Je _____ ces gens à côté.
2. Ils _____ bien leur leçon de géographie.
3. Vous _____ ce café en face du cinéma?
4. Il _____ mon frère cadet.
5. Il _____ bien faire ses bagages.
6. Nous _____ que tu n'as pas lu ce chapitre.
7. Tu _____ que c'est embêtant.
8. Nous _____ tous les garçons qui sont à la fête.
9. Elles _____ la Pologne parce qu'elles y sont nées.
10. Vous _____ que Grégoire ne peut pas nous accompagner tous les jours.

Quelques expressions négatives

VOCABULAIRE

ne . . . jamais	*never, not ever*	ne . . . plus	*no longer, no more, not anymore*
ne . . . personne	*no one, nobody, not anyone, not anybody*	ne . . . que	*only*
		ne . . . rien	*nothing, not anything*

1   Look at the following constructions:

Tu **ne** comprends **jamais**.	*You **never** understand.*
Tu **ne** comprends **personne**.	*You **don't** understand **anyone**.*
Tu **ne** comprends **plus**.	*You **no longer** understand.*
Tu **ne** comprends **que** l'anglais.	*You **only** understand English.*
Tu **ne** comprends **rien**.	*You **don't** understand **anything**.*

Like *pas*, these words require *ne* before the verb.

2   Note how they are used in the passé composé and in the future:

Il **n**'a **jamais** compris.	Il **ne** va **jamais** comprendre.
Il **n**'a **plus** compris.	Il **ne** va **plus** comprendre.
Il **n**'a **rien** compris.	Il **ne** va **rien** comprendre.
but: Il **n**'a compris **personne**.	Il **ne** va comprendre **personne**.
Il **n**'a compris **qu**'un mot.	Il **ne** va comprendre **qu**'un mot.

Jamais, plus, and *rien* follow the same pattern as *pas. Personne* and *que* come after the past participle or the infinitive.

3   *Personne* and *rien* can also be used as the subject of the sentence:

Personne ne reste ici.	***Nobody** stays here.*
Rien ne coûte cher ici.	***Nothing**'s expensive here.*

4   Look at the following:

Elle écoute **toujours**?	
Elle écoute **quelquefois**?	Non, elle n'écoute **jamais**.
Elle écoute **quelqu'un**?	Non, elle n'écoute **personne**.
Elle écoute **quelque chose**?	
Elle écoute **tout**?	Non, elle n'écoute **rien**.
Elle écoute **toujours**?	Non, elle n'écoute **plus**.

The affirmative expressions on the left correspond to the negative expressions on the right:

toujours	*always*	ne . . . jamais	*never*
quelquefois	*sometimes*		
quelqu'un	*someone*	ne . . . personne	*no one*
quelque chose	*something*	ne . . . rien	*nothing*
tout	*everything*		
toujours	*still*	ne . . . plus	*no longer*

5 Note how these negative expressions are used with *y* and *en*:

Elle **n'y** va **plus.**	She **no longer** goes **there.**
Tu **n'y** connais **personne.**	You **don't** know **anyone there.**
Il **n'en** a **jamais.**	He **never** has **any (of them).**
Je **n'en** sais **rien.**	I **don't** know **anything (about it).**

Exercices

A Mettez les phrases au présent. Suivez le modèle.

1. Nous n'avons jamais fait les malles.
   Nous ne faisons jamais les malles.

2. Je n'ai trouvé qu'une valise.
3. Il n'a rien perdu.
4. Ils ne sont jamais arrivés de bonne heure.
5. Je n'ai vu personne dans la rue.
6. Vous n'avez rien mangé.
7. Tu n'as demandé qu'un horaire.
8. Il n'a invité personne à la fête.

B Mettez les phrases au passé composé. Suivez le modèle.

1. Nous ne voyons personne.
   Nous n'avons vu personne.
2. Nous n'arrivons jamais à l'heure.
   Nous ne sommes jamais arrivés à l'heure.

3. Je ne vois que des boîtes sous le bureau.
4. Vous ne dites rien aux employés.
5. Je ne reconnais personne.
6. Nous ne regardons que des documentaires à la télé.
7. Il n'y descend jamais.
8. Je n'écris rien dans mon cahier.
9. Personne ne quitte la maison jusqu'à midi.
10. On ne sert que des boissons et des hors-d'œuvre.

C Répondez à la forme négative en employant *jamais, personne, plus* ou *rien*. Suivez le modèle.

1. Tu prends quelque chose après la classe?
   Non, je ne prends rien après la classe.

2. Tu oublies les clefs quelquefois?
3. Quelqu'un t'accompagne à l'école?
4. Tu en sais quelque chose?
5. Tu entends quelqu'un à la porte?
6. Tu mets toujours le couvert chez toi?
7. Tu es pressé quelquefois?
8. Tu connais quelqu'un à Stockholm?
9. Tu prends toujours le petit déjeuner?
10. Tu laisses tout chez toi? Tu as tout?

CONVERSATION ET LECTURE

Prononciation

The [w] sound is always followed by a pronounced vowel. It is pronounced with greater tension than its English equivalent.

A These words contain the [w] sound. Listen, then say them aloud.

moi   toi   quoi   trois   choix   loin   coin

B Now compare the sounds [u] and [w]. Be careful to pronounce the [w] sound and the vowel that follows it as one syllable.

[u]/[w]   où/oui   joue/jouer   vous/voir   sous/soif

C Now compare the sound combinations [wa] and [wɛ̃]. Be careful to pronounce both of the combinations as single syllables.

[wa]/[wɛ̃]   loi/loin   mois/moins   soi/soin   quoi/coin

D Say these two-syllable words aloud.

choisir	voiture	western	boisson
suédois	chinois	étroit	pourquoi

E Listen carefully to the following sentences, then say them aloud.

Moi, je vois François.
Voilà les trois histoires.

Il croit qu'il va jouer avec moi.
Oui, Louis croit qu'on a froid.

Parlons de vous

1. Est-ce que vous habitez une maison ou un immeuble?
2. Est-ce que vous quittez la maison à la même heure tous les matins? A quelle heure? Vous êtes quelquefois pressé? souvent? toujours? Vous quittez quelquefois la maison sans vos livres ou vos devoirs?
3. Qu'est-ce qu'il y a dans votre ville qui est vraiment beau? affreux?
4. D'habitude, qu'est-ce que vous faites le soir?
5. Qu'est-ce que vous ne savez pas faire que vous voulez apprendre à faire?
6. C'est la fin de l'année scolaire ("school year"). Qu'est-ce que vous avez appris cette année?

En Louisiane, les fruits de mer sont délicieux.

Une lettre de la Louisiane

Louise Boisseau vient de recevoir° une longue lettre de
son amie Claude Chambard, qui est hôtesse de l'air à
Air France. Claude passe huit jours en Louisiane avec
une amie.

recevoir: *to receive*

Lafayette, Louisiane
le 3 juin

5

Ma chère° Louise,

Je t'écris d'une région des Etats-Unis qui ressemble beaucoup à° notre vieille France,* la Louisiane acadienne.*
10 A la campagne et même° dans une grande ville comme
Lafayette, il y a beaucoup de gens qui parlent français. Ils
ont des noms° français et ils servent même du café comme
nous le faisons en France.* Ce sont les Acadiens ou
''Cajuns.''* Leurs ancêtres° sont venus ici vers 1750, quand
15 les Anglais les ont chassés° de leur pays–de l'Acadie, au
Canada. Ils ont choisi la Louisiane parce qu'elle était° aussi
une colonie française. Plus tard, cependant, Napoléon l'a
vendue aux Etats-Unis.

cher, chère: *(here)
    dear*
ressembler à: *to
    resemble*
même: *(here) even*

le nom: *name*

l'ancêtre *(m.):* an-
    cestor
chasser: *to expel*
était: *was*

Je suis venue ici avec mon amie Anne-Marie. Elle a des
20 cousins à Lafayette, chez qui nous passons le week-end. Ils
sont très aimables.

Demain nous allons voir la Nouvelle-Orléans et le golfe du
Mexique. Anne-Marie me dit que ça va être une excursion°
très intéressante pour moi qui n'ai jamais vu les ''bayous.''
25 Ce sont des rivières° très tranquilles avec de grands vieux
arbres, des roseaux° et de la mousse° grise qui tombe des
arbres.

l'excursion *(f.): short
    trip*
la rivière: *small river*
le roseau: *reed*
la mousse: *moss*

Hier soir on nous a servi un ''gombo.'' C'est une soupe de
poisson avec du riz et des tomates. Mais ce n'est pas du
30 tout comme notre bouillabaisse. Elle est très, très épicée.°

épicé, -e: *spicy*

A Lafayette

La semaine prochaine je vais faire le service des Antilles:
Miami–Fort-de-France, avec escale° à Port-au-Prince.*

l'escale *(f.): stop*

---

* Claude is referring to old customs, speech patterns, etc., which are still found in small French towns
  and villages.
* This area in southwestern Louisiana was settled mainly by French people whom the British had
  expelled from Acadia (now Nova Scotia).
* *Café au lait* is very popular in Louisiana.
* The people of Acadian Louisiana, called ''Cajuns'' (from the local pronunciation of *acadien*), speak
  French. Cajun French does not differ too much from the local dialects spoken in small towns in the
  northwestern provinces of France.
* *Faire le service de* means ''to work the route of.'' Claude is saying that she will be working on flights
  going to the West Indies *(les Antilles)*. Fort-de-France is the capital of Martinique. Port-au-Prince is the
  capital of Haiti.

Dans jeune marchande

Je connais la Martinique mais je ne suis jamais allée en Haïti. Je crois que je vais beaucoup l'aimer. C'est un pays

35 où le français est la langue officielle, mais où tout le monde parle créole.* Malheureusement je n'ai appris qu'une phrase en créole: *"M ap chache yon otèl ki pa two chè."* Tu l'as comprise? Ça veut dire: "Je cherche un hôtel qui n'est pas trop cher."

40 Je ne rentre à Paris que vers la fin de juillet. Je vais t'apporter un petit paquet de cartes postales et d'autres souvenirs de mes voyages en Louisiane, au Canada et aux Antilles. Comme ça je pourrai° vous donner des renseignements sans fin sur l'Amérique francophone.° (Les

45 photos que je prends, moi, sont affreuses; alors j'ai acheté° beaucoup de cartes postales.) A bientôt.

je pourrai: *I'll be able*
francophone: *French-speaking*
acheter: *to buy*

Je t'embrasse,*
Claude

*Creole is a language that resulted from the contact of French and West African languages. It is spoken widely in the Antilles and in areas of Louisiana.

*Embrasser means "to kiss." This is a common way for relatives or close friends to sign a letter. It is equivalent to saying "love."

Questionnaire

1. Que fait Claude comme profession? Elle est en vacances maintenant?   2. D'où est-ce qu'elle écrit cette lettre?   3. En quoi est-ce que Lafayette est comme la France?   4. Est-ce qu'Anne-Marie connaît quelqu'un à Lafayette?   5. Que vont faire les filles demain? Qu'est-ce que c'est qu'un "bayou"?   6. Quel service est-ce que Claude va faire la semaine prochaine?   9. Est-ce que Claude connaît Haïti? Elle parle créole?   10. Pourquoi est-ce que Claude a acheté tant de cartes postales?   11. Et vous, quand vous êtes en voyage, est-ce que vous prenez des photos? Comment sont vos photos? Est-ce que vous aimez raconter vos voyages?

EXPLICATIONS II

Quelques expressions de quantité

1 You have seen that the indefinite determiners and the partitive often become *de* (or *d'*) after a negative:

Tu as **un** frère?	Non, je **n**'ai **pas de** frère.
Tu as **une** malle?	Non, je **n**'ai **pas de** malle.
Il a **des** journaux?	Non, il **n**'a **pas de** journaux.
Il y a **du** bruit?	Non, il **n**'y a **pas de** bruit.
Il y a **de la** circulation?	Non, il **n**'y a **pas de** circulation.
Il y a **des** huîtres?	Non, il **n**'y a **pas d**'huîtres.

But note the following:

C'est un bateau à voiles?	Non, **ce n'est pas un** bateau à voiles.
Ce sont des romans anglais?	Non, **ce ne sont pas des** romans anglais.
C'est du pain français?	Non, **ce n'est pas du** pain français.

If the verb is *être*, the indefinite determiners and the partitive do not become *de* after a negative.

2 After expressions of quantity, *de* (or *d'*) is used:

Il mange **beaucoup de** fruits.	*He eats **a lot of** fruit.*
Ils ont **assez d**'argent.	*They have **enough** money.*
La ville a **trop d**'hôtels.	*The city has **too many** hotels.*
Il y a **tant de** bruit!	*There's **so much** noise!*
Elle a **tant d**'amies!	*She has **so many** friends!*
Il y a **peu de** circulation ce soir.	*There's **little** traffic this evening.*
J'ai **peu de** valises.	*I have **few** suitcases.*
J'ai **un peu d**'argent.	*I have **a little** money.*

Ne . . . plus can also refer to quantity:

Je **n**'ai **plus de** thé.	*I have **no more** tea.*
Il **n**'y a **plus d**'œufs.	*There aren't **any more** eggs.*

Exercices

A Répondez à la forme négative. Suivez les modèles.

1. Il y a des oignons dans la soupe?
   Non, il n'y a pas d'oignons dans la soupe.
2. C'est de la crème caramel?
   Non, ce n'est pas de la crème caramel.

3. Tu veux de la salade?
4. C'est une tarte aux pommes?
5. Ce sont des huîtres?
6. D'habitude ils commandent des escargots?
7. C'est du rôti de porc?
8. C'est de la confiture?
9. Il y a des assiettes dans l'évier?
10. Il met du lait dans les verres?

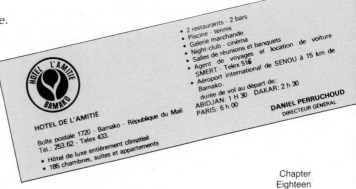

B Vous avez préparé un plat ("dish"). Combien de chaque ingrédient est-ce que vous avez mis dans votre plat? Faites une phrase en employant *beaucoup de, trop de, assez de, tant de* ou *un peu de.* Suivez le modèle.

1. la bouillabaisse
J'ai mis tant d'ail dans la bouillabaisse!

2. la soupe

3. la tarte aux fruits

4. l'omelette

5. le poisson

6. la salade niçoise

7. la crème caramel

8. le coq au vin

9. les escargots

Now invite Student B to prepare the dishes above with you. Student B will say that you don't have any more of the ingredients pictured.

–Préparons la bouillabaisse!
–Mais tu n'as plus d'ail!

C Refaites les phrases d'après le modèle. *(Say that today the people are changing their habits.)*

1. D'habitude il ne mange pas de tartes. (beaucoup)
Aujourd'hui il mange beaucoup de tartes!

2. D'habitude elles n'ont pas d'argent. (assez)
3. D'habitude nous n'avons pas de bagages. (trop)
4. D'habitude elle ne fait pas de bruit. (beaucoup)
5. D'habitude tu ne me demandes pas de renseignements. (trop)
6. D'habitude je ne pose pas de questions. (beaucoup)
7. D'habitude ils ne prennent pas de pain. (un peu)
8. D'habitude ils n'ont pas d'horaires. (assez)
9. D'habitude il ne vend pas de mauvaises pommes. (beaucoup)
10. D'habitude on ne vend pas d'affiches! (tant)

RÉVISION ET THÈME

Consultez les phrases modèles. Trouvez les expressions françaises qui correspondent à l'anglais et formez des phrases complètes d'après le modèle.

1. *Pourquoi est-ce qu'il n'y a que des clefs dans la boîte?*
   (isn't there anyone in the apartment building)
   (isn't there anything in the trunk)

2. *Trop de gens sont arrivés sur la Côte d'Azur.*
   (So many students (f.) *have entered the classroom!)*
   (A lot of workers have gone out of the dining room.)

3. *Bien sûr, rien n'y est arrivé en hiver.*
   (Indeed, no one returned there in the spring.)
   (So, nobody went down there in the fall.)

4. *Nous savons qu'il y a beaucoup de bruit là-bas aussi.*
   (They (m.) *know)*   *(enough timetables)*
   (I know)   *(too much traffic)*

5. *Cette année elle passe huit jours au Danemark.*
   (Sometimes we spend the day in town.)
   (This time I'm spending every day at home.)

6. *Je connais bien les renseignements.*
   (He already knows the end.)
   (They (f.) *really know the beginning.)*

Thème: Trouvez les expressions françaises qui correspondent à l'anglais et rédigez un paragraphe.

1. Why are there only tourists in Paris?

2. A lot of people have gone to the Riviera.

3. However the Girauds have never gone there in the summer.

4. They know that there are too many tourists there too.

5. Usually they spend their vacation in Austria.

6. They know the country well.

C'est la fin de l'année scolaire!

AUTO-TEST

A Redo each sentence, changing the verb in italics to the appropriate form of the correct verb, *connaître* or *savoir*. Follow the model.

1. Elle *révise* ses leçons.   *Elle sait ses leçons.*

2. Ils *croient* que nous partons vers minuit.
3. Est-ce que vous *aimez* vos voisins?
4. Il *invite* tous ces jeunes gens.
5. Je n'en *dis* rien.
6. Nous n'*attendons* pas le médecin.
7. Tu *visites* la Chine ou le Japon?
8. Nous *voyons* que vous êtes pressés, messieurs.
9. Vous *apprenez* à jouer de la guitare?

B Answer each question using the negative cues in parentheses. Follow the models.

1. Qui connaît Jacques? (personne)   *Personne ne connaît Jacques.*
2. Qui est-ce qu'il attend? (personne)   *Il n'attend personne.*

3. Qu'est-ce qu'ils ont dit? (rien)
4. Qu'est-ce que tu as apporté? (que ce livre de poche)
5. Quand est-ce qu'elle est allée à l'aéroport? (jamais)
6. Quand est-ce qu'elles en parlent? (plus)
7. De quoi est-ce que tu as besoin? (rien)
8. Qu'est-ce qu'il y a au milieu de la route? (rien)

C Redo the sentences using the cues in parentheses. Follow the model.

1. Il n'a pas pris les billets. (assez)   *Il n'a pas pris assez de billets.*

2. Il n'y a pas de touristes. (beaucoup)
3. Nous avons reconnu les gens. (peu)
4. Je n'ai plus besoin de bagages! (tant)
5. Elles ne vous donnent jamais de renseignements. (assez)
6. Tu as des mouchoirs blancs! (ne...plus)
7. Il y a de nouveaux immeubles en ville. (trop)

Deux Poèmes

LE SOLEIL DESCEND

Assis° sur mon banc,°
Je fais mon devoir.

assis, -e: *seated*
le banc: *bench*

Le soleil descend
Sur le boulevard.

5 Sur les grands murs° blancs,
Sur l'asphalte noir.

le mur: *wall*

Mon petit chien blanc
N'est déjà plus blanc.

Mon petit chat noir
10 N'est déjà plus noir.

Plus rien n'est° tout° blanc,
Plus rien n'est tout noir.

plus rien n'est: *no
   longer is anything*
tout *(adv.): entirely*

Tout est gris. Bonsoir!

"Le soleil descend" from *Le Moulin de papier* by Maurice Carême.
Paris: Fernard Nathan. Reprinted with the permission of La Fondation
Maurice Carême. All rights reserved.

LE CHAT ET LE SOLEIL

Le chat ouvrit° les yeux,°
Le soleil y entra.°
Le chat ferma° les yeux,
Le soleil y resta.°

ouvrit = a ouvert
les yeux: *eyes*
entra = est entré
ferma = a fermé
resta = est resté

5 Voilà pourquoi, le soir
Quand le chat se réveille,°
J'aperçois° dans le noir°
Deux morceaux° de soleil.

se réveiller: *to wake up*
apercevoir = voir
le noir: *the darkness*
le morceau: *bit, piece*

"Le Chat et le soleil" from *L'Arlequin* by Maurice Carême. Paris:
Fernand Nathan. Reprinted with the permission of La Fondation
Maurice Carême. All rights reserved.

Proverbe

Qui ne risque rien n'a rien.

Answers to Auto-Tests

Following each set of answers we point out where you can turn in the book if you feel that you need further review. Always check with your teacher if you don't fully understand an exercise or the structures involved.

Chapitre 1, p. 13

A 2. C'est le cahier.
    3. C'est l'affiche.
    4. C'est la porte.
    5. C'est la gomme.
    6. C'est le professeur.

(Did you remember that le professeur *can refer to a man or a woman?)*

B 2. Voilà la fenêtre.
    3. Voici le livre.
    4. Voici le papier.
    5. Voilà la corbeille.
    6. Voilà le professeur.

(If you need to review the gender of these nouns, see p. 2.)

C 3. Comme ci, comme ça. Et toi?
    4. Oui. Et vous?
    5. Ça ne va pas. Et toi?
    6. Très bien, merci, madame. Et vous?

(To review these responses, see pp. 5–6.)

Chapitre 2, p. 31

A 2. Vous allez à la plage.
    3. Nous allons à la gare.
    4. Tu vas à la montagne.
    5. Jean-Claude et Roger (*or:* Ils) vont à la poste.
    6. Je vais à la maison.

(To review aller, *see p. 21.)*

B 1. Où sont les drapeaux?
    2. Où sont les hôpitaux?
    3. Où sont les stylos?
    4. Où sont les autobus?
    5. Où sont les salles de classe?
    6. Où sont les cartes?

(If you need to review these plural forms, see p. 27.)

C 2. C'est la banque de M. Lenoir et de Mme Dupont.
    3. C'est le calendrier d'Isabelle.
    4. Ce sont les tables de Mme Thomas, de Mlle Monet et de M. Jeanson.

(Did you remember to repeat the de *with each person's name? If not, see p. 29.)*

Chapitre 3, p. 49

A 2. Lui, il est à l'école.
    3. Vous, vous êtes (*or:* Nous, nous sommes) à l'appartement.
    4. Elles, elles sont à la plage.
    5. Nous, nous sommes (*or:* Moi, je suis) à la montagne.
    6. Eux, ils sont à l'hôpital.
    7. Elle, elle est à la maison.

(To review the pronouns, see p. 40; for the verb être, *see p. 41.)*

B 2. C'est sa jupe.
    3. Ce sont ses bas.
    4. Ce sont ses chaussures.
    5. C'est son pull-over.
    6. C'est son chapeau.
    7. C'est sa chemise.
    8. C'est son pantalon.
    9. Ce sont ses chaussettes.

(To review the vocabulary for clothing, see p. 37. Did you remember that sa, son, *and* ses *agree with the noun? If not, see pp. 45–46.)*

C 2. Oui, c'est mon frère, mais où est ma sœur?
   3. Oui, ce sont mes gommes, mais où est mon cahier?
   4. Oui, c'est ma robe, mais où sont mes chaussures?
   5. Oui, ce sont mes bandes, mais où est mon magnétophone?
   6. Oui, c'est mon oncle, mais où est ma tante?
   7. Oui, c'est mon chapeau, mais où est mon pull-over?
   8. Oui, c'est ma table, mais où sont mes chaises?

(To review the possessive determiners, see pp. 45–46.)

Chapitre 4, p. 69

A 2. Nous allons à Cannes avec nos oncles.
   3. Vous avez votre robe.
   4. Tu vas à la gare avec ta voisine?
   5. Ils ont leur voiture.
   6. Nous sommes avec nos amies.
   7. Vous avez vos motos.
   8. Voilà leurs jardins.

(To review these possessive determiners, see p. 58.)

B 1. Georges a trois sœurs, deux frères, dix cousins, treize cousines, quatre oncles et cinq tantes.
   2. Dans la salle de classe, nous avons dix-neuf élèves et vingt pupitres.
   3. Monsieur Dupont a seize crayons, huit stylos, trois gommes et onze cahiers sur son bureau.

(If you had difficulty spelling out the numbers, see p. 64.)

C 2. Vous n'avez pas vos motos.
   3. Je ne vais pas à l'école à pied.
   4. Nous n'avons pas nos pull-overs.
   5. Tu ne vas pas à Nice en vélo.
   6. Ce ne sont pas mes cousines.
   7. Tu n'as pas ma voiture.
   8. Ils ne vont pas à Paris par le train.
   9. Elles n'ont pas leurs bateaux à voiles.
   10. Les feuilles ne sont pas sur l'herbe.

   11. Nous ne sommes pas en jean.
   12. Vous n'êtes pas en pantalon et en blouse.

(Did you place ne *before and* pas *after the verb to form the negative? If not, review p. 67. To review the forms of* aller, être, *or* avoir, *see pp. 21, 41, and 65.)*

Chapitre 5, p. 87

A 2. Combien de bateaux à voiles est-ce qu'il y a?
   3. De quelle couleur sont leurs chaussettes?
   4. Qui va au restaurant? Où est-ce que Thomas et Frédéric vont? (*or:* Où vont Thomas et Frédéric?)
   5. Qu'est-ce qui est en face du café? Où est le cinéma?
   6. Comment est-ce que vous allez à votre (*or:* nous allons à notre) villa? Qui va à votre (*or:* notre) villa par le train? Où est-ce que vous allez (*or:* nous allons) par le train?
   7. Qui est à l'aéroport? Où est Jean?
   8. Pourquoi est-ce qu'ils ne vont pas à la piscine? Qu'est-ce qu'ils n'ont pas?

(To review the interrogatives, see p. 77.)

B 2. Mon pull-over est rouge.
   3. Ma moto est bleue.
   4. Mes chemises sont jaunes.
   5. Mes livres sont noirs.
   6. Mes voitures sont bleues.

(To review colors, see p. 80.)

C 3. Il va au café à côté du cinéma (avec son frère).
   4. Je vais à la plage près du port.
   5. Nous allons (*or:* Je vais) aux jardins en face du château.
   6. Les habits du garçon (*or:* Ses habits) sont sur la chaise à gauche de la table.
   7. Elles vont au restaurant en face du bureau.
   8. L'école est loin des hôtels.
   9. Ils vont à la banque à droite des usines.
   10. Leurs amis (*or:* Ils) vont aux musées près du parc.

(To review à and de + definite determiner, see p. 84.)

Chapitre 6, p. 109

A 2. Nous, nous regardons (*or:* Moi, je regarde) la télé.
3. Vous, vous préparez (*or:* Nous, nous préparons) le goûter.
4. Elles, elles travaillent au bureau.
5. Nous, nous regardons (*or:* Moi, je regarde) le journal télévisé.
6. Toi, tu aimes mieux rester ici.
7. Elle, elle demande son cahier à Claude.
8. Moi, je montre les images à Cécile.
(To review regular -er verbs, see p. 98.)

B 2. Je déjeune à midi.
3. Je joue au tennis à trois heures.
4. Je rentre du bureau à cinq heures.
5. Je dîne à six heures.
(To review telling time, see p. 107.)

C 1. Martin va toujours au lycée à 8 h. du matin. Il est grand. Il porte son pantalon bleu, sa chemise blanche et son pull-over rouge. Ses chaussettes sont bleues aussi, mais ses chaussures sont noires.
2. Françoise n'est pas du tout paresseuse. Elle travaille à la banque. Aujourd'hui elle porte sa jupe verte, ses bas gris et sa blouse blanche. Ses chaussures sont grises et son chapeau est vert. Ses habits sont jolis, n'est-ce pas?
(To review adjectives, see p. 80 and 104.)

Chapitre 7, p. 127

A 2. Il pleut.
3. Il gèle.
4. Il fait froid.
5. Il fait du vent.
6. Il fait du soleil.
7. Il neige.
8. Il fait frais.
9. Il fait mauvais.
(To review weather expressions, see p. 112.)

B 1. quarante-six cinquante vingt et un
2. trente-trois zéro sept soixante-trois
3. quarante-huit onze cinquante-cinq
4. soixante-deux quarante-neuf dix-neuf

5. trente-deux trente vingt-sept
6. soixante-quatre zéro quatre quatorze
(To review the numbers 21–69, see p. 119; for the numbers 1–20, see p. 64.)

C 2. Eux, ils maigrissent avant les vacances aussi.
3. Lui, il choisit toujours des chemises bleues aussi.
4. Nous, nous finissons nos (*or:* Moi, je finis mes) devoirs aussi.
5. Toi, tu grossis aussi.
6. Elles, elles rougissent quelquefois aussi.
7. Moi, je finis souvent mes devoirs avant neuf heures aussi.
8. Elle, elle choisit une robe rouge aussi.
9. Vous, vous finissez votre (*or:* Nous, nous finissons notre) déjeuner vers une heure aussi.
(To review these -ir/-iss- verbs, see p. 118.)

Chapitre 8, p. 148

A 3. Non, j'ai soif.
4. Si, elle a peur.
5. Non, nous avons faim.
6. Si, tu as raison.
(To review these expressions with avoir, see p. 131; if you need help answering negative questions, see p. 144.)

B 2. La maison n'est pas nouvelle.
3. Les lacs ne sont pas beaux.
4. Ses nièces ne sont pas vieilles.
5. Les nuits ne sont pas chaudes.
(To review these irregular adjectives, see p. 140.)

C 2. Vous faites (*or:* Nous faisons) du ski nautique près de la villa.
3. Tu fais (*or:* Vous faites) la vaisselle le matin.
4. Je fais un voyage au printemps.
5. Elle fait des achats lundi.
(To review the verb faire, see pp. 137–138.)

D 2. Quarante moins onze font vingt-neuf.
3. Seize et dix-huit font trente-quatre.
4. Soixante-cinq moins quatorze font cinquante et un.
(To review the numbers, see pp. 64 and 119.)

Chapitre 9, p. 169

A 2. C'est une ville mexicaine. Il faut parler espagnol.
3. C'est une ville allemande. Il faut parler allemand.
4. C'est une ville américaine. Il faut parler anglais.
5. C'est une ville italienne. Il faut parler italien.
6. C'est une ville portugaise. Il faut parler portugais.
7. C'est une ville sénégalaise. Il faut parler français ou wolof.

(To review the adjectives of nationality and languages, see p. 153.)

B 2. Il est large.
3. Elle est courte.
4. Elle est petite.
5. Il est long.
6. Ils sont inconnus.
7. Elles sont brunes.
8. Elle est bonne.
9. Elles sont maigres.

(To review these adjectives, see p. 160.)

C 2. Les poètes partent à onze heures et demie.
3. Tu sers le dîner à sept heures et quart.
4. Nous finissons nos leçons vers dix heures moins le quart.
5. Je pars pour le marché à neuf heures moins vingt.
6. Nous sortons du grand magasin avant cinq heures vingt.
7. Elles dorment à la bibliothèque!
8. Est-ce qu'il part ou est-ce qu'il choisit un livre?

(To review simple -ir verbs, see p. 158. For -ir/-iss-verbs, see p. 118. To review expressions of time, see p. 167.)

D 2. Les poètes vont partir à 11 h. 30.
3. Tu vas servir le dîner à 7 h. 15.
4. Nous allons finir nos leçons vers 9 h. 45.
5. Je vais partir pour le marché à 8 h. 40.
6. Nous allons sortir du grand magasin avant 5 h. 20.
7. Elles vont dormir à la bibliothèque!
8. Est-ce qu'il va partir ou est-ce qu'il va choisir un livre?

(To review the future formed with aller, see p. 165.)

Chapitre 10, p. 188

A 2. Elle vend cette grande maison rouge.
3. Ce garçon et cette serveuse servent le déjeuner.
4. Ce professeur ne répond pas à cet élève.
5. Elles commandent ce bon citron pressé.
6. Tu attends cette amie à cet hôtel?
7. Vous ne répondez pas à cette porte après 7 h. 30?

(To review the regular -re verbs, see p. 179. For demonstrative determiners, see p. 185.)

B 2. Je vends ma jolie jupe norvégienne.
3. Une jeune dame grecque attend le même train.
4. Nous répondons à la petite fille aimable.
5. Elle commande une autre boisson froide.
6. Elles entendent une autre langue étrangère.

(To review the -re verbs, see p. 179. To review these adjectives, see p. 180.)

C 2. Cette dame est grosse.
3. Cette fille est fatiguée.
4. Cette boisson est froide.
5. Cette langue est étrangère.
6. Cette bibliothèque est petite.
7. Cette autre serveuse est aimable.
8. Cette jeune femme est calée.

(To review these adjectives, see p. 180.)

Chapitre 11, p. 211

A Check your answers with your teacher.

B 3. Il veut offrir un cadeau à Guillaume aussi.
4. Je peux réussir à l'examen aussi.
5. Nous voudrions (*or:* Je voudrais) passer la matinée à la maison aussi.
6. Ils veulent aller à l'université aussi.
7. Elles peuvent assister au cours de chimie aussi.
8. Vous voulez (*or:* Nous voulons) poser une autre question aussi.
9. Nous voudrions (*or:* Je voudrais) faire des sciences sociales aussi.
10. Tu peux (*or:* Vous pouvez) sortir dimanche aussi.

(To review pouvoir and vouloir, see p. 198.)

C 2. Hier nous avons attendu l'autobus jusqu'à 7 h. du soir.
3. Le professeur n'a pas répondu aux questions des étudiants.
4. Nous avons réussi à l'examen de biologie.
5. Tu as perdu l'argent au supermarché.
6. Sa sœur a choisi deux livres de poche à la librairie.
7. Tu as raté l'examen parce que tu n'as pas révisé tes leçons.

(Did you remember the plural of livre de poche*? To review the passé composé, see pp. 202 and 208.)*

Chapitre 12, p. 234

A 2. C'est un dindon.
3. C'est une poule.
4. C'est une vache.
5. C'est un mouton.
6. C'est un chat.
7. C'est un canard.
8. C'est un cheval.
9. C'est un coq.
10. C'est un cochon.

(To review, see p. 217.)

B 2. C'est notre bel ours russe.
3. C'est un vieux tigre jaune et noir.
4. C'est notre première girafe maigre.
5. C'est un vieil éléphant paresseux.
6. C'est leur nouvel hippopotame noir.

(To review the names of the animals, see p. 218. For the adjectives, see pp. 140 and 224.)

C 2. Est-ce qu'elle comprend le flamand?
Comprend-elle le flamand?
3. Est-ce que nous prenons quelque chose?
Prenons-nous quelque chose?
4. Est-ce qu'il comprend les animaux?
Comprend-il les animaux?
5. Est-ce que je prends une bière?
6. Est-ce qu'ils apprennent les mots?
Apprennent-ils les mots?

7. Est-ce que vous prenez le train?
Prenez-vous le train?

(To review these verbs, see p. 222. Did you remember not to use inversion with je *in #5? To review, see p. 229.)*

D 2. Quelles questions est-ce qu'elles posent?
Quelles questions posent-elles?
3. Quels animaux est-ce qu'il vend?
Quels animaux vend-il?
4. Quels enfants est-ce que tu entends?
Quels enfants entends-tu?
5. Quelles boissons est-ce qu'on sert?
Quelles boissons sert-on?
6. Quel chapitre est-ce que vous avez étudié?
Quel chapitre avez-vous étudié?
7. Quel examen est-ce que tu as raté?
Quel examen as-tu raté?

(Did you remember to make the form of quel *agree with the noun? To review, see p. 229.)*

Chapitre 13, p. 258

A 3. C'est une jeune dentiste.
4. Ce sont de grands supermarchés.
5. C'est un vieil artiste.
6. Ce sont de vieilles avocates.
7. Ce sont de jeunes hôtesses de l'air.
8. Ce sont de beaux soldats.
9. C'est une mauvaise pharmacie.

(To review the adjectives, see pp. 224 and 249.)

B 3. Oui, elle l'habite.
4. Non, il ne va pas le faire à Lyon.
5. Non, je ne le rencontre pas devant la maison.
6. Oui, nous les voyons (*or:* je les vois).
7. Oui, ils vont le vendre.
8. Oui, je le vois.
9. Non, on ne le sert pas dans ce café.
10. Non, ils ne la croient pas.

(To review direct object pronouns, see pp. 252–253.)

C 2. Je dessine une pharmacie.
3. Il regarde les gens à côté.
4. Elle pense à son mari.
5. Tu as rencontré une souris dans le parc.

(To review the interrogative pronouns, see p. 246.)

D 1. 64; 88; 49
2. 96; 77; 51
3. 122; 314; 833
4. 1,406; 4,762
5. 42,945

(Your teacher may ask you to use periods instead of commas in large numbers as the French do: 1.406; 4.762, 42.945. To review numbers, see pp. 119 and 255.)

Chapitre 14, p. 280

A 2. Il lui prête le mouchoir.
Il le prête à Denise.
3. Je lui montre les bagues.
Je les montre à Grégoire.
4. Nous lui empruntons (*or:* Je lui emprunte) la montre.
Nous l'empruntons (*or:* Je l'emprunte) à Marguerite.
5. Nous leur écrivons (*or:* Je leur écris) la carte postale.
Nous l'écrivons à nos (*or:* Je l'écris à mes) grands-parents.
6. Il faut leur emprunter les ceintures.
Il faut les emprunter à Roger et à Charles.
7. Ils (*or:* Mes parents) vont lui offrir le sac.
Ils (*or:* Mes parents) vont l'offrir à grand-maman.
8. Ils veulent lui donner les gants.
Ils veulent les donner à leur fille cadette.

(Did you remember to place the direct and indirect object pronouns before the infinitives in #6–8? To review these object pronouns, see pp. 252–253, and 271.)

B 2. Non, nous ne vous montrons pas (*or:* Non, je ne vous montre pas) mon nouveau manteau.
3. Non, ils ne lui posent pas d'autres questions.
4. Non, je ne te vends pas ces timbres.
5. Non, elle ne leur parle pas maintenant.
6. Non, elles ne vont pas me lire sa lettre.
7. Non, elles ne me prêtent pas ce foulard aujourd'hui.
8. Non, je ne leur emprunte pas le parapluie.
9. Non, je ne veux pas vous faire une visite.

(To review, see pp. 271 and 276.)

Chapitre 15, p. 303

A 2. Nous mangeons des sandwichs.
3. Nous prononçons ces phrases espagnoles.
4. Nous nageons avant le déjeuner.
5. Nous commençons la nouvelle leçon.
6. Nous dansons ce soir.
7. Nous plongeons dans le lac.
8. Nous remercions les employés de bureau.

(To review verbs whose infinitives end in -cer or -ger, see p. 290. Did you remember that danser *and* remercier *are regular -er verbs?)*

B 2. Non, nous mangeons (*or:* je mange) du riz.
3. Non, il a besoin de beurre.
4. Non, nous voulons (*or:* je veux) des croque-monsieur.
5. Non, il y a de la soupe à l'oignon et des escargots.
6. Non, elles ont besoin d'œufs et de fromage.

(To review the partitive, see p. 292.)

C 3. Non, elles n'en choisissent pas.
4. Non, on n'y va pas.
5. Non, il n'en sert pas.
6. Non, ils n'y vont pas.
7. Non, elles n'en vendent pas.
8. Non, il n'y rentre pas.
9. Non, elle n'y arrive pas.
10. Non, je n'en veux pas.

(To review y and en, see p. 298.)

Chapitre 16, p. 324

A 2. Elles la mettent sur la cuisinière maintenant.
3. Nous le mettons maintenant.
4. Il le met dans le réfrigérateur maintenant.
5. Ils les mettent dans la salle à manger maintenant.
6. Elle les met maintenant.
7. Je le mets dans le garage maintenant.

(To review mettre, *see p. 312.)*

B 2. Non, il ne les a pas oubliés.
3. Non, ils ne les ont pas cassés.
4. Non, je ne l'ai pas ouverte.
5. Non, nous ne les avons pas (*or:* je ne les ai pas) vues.

6. Non, vous ne l'avez pas (*or:* nous ne l'avons pas) compris.
7. Non, elles (*or:* les ménagères) ne l'ont pas cru.
8. Non, il ne l'a pas remerciée.
9. Non, elles ne les ont pas faites.

(To review the irregular past participles, see p. 314. To review agreement, see p. 319.)

C 3. Il t'a téléphoné.
4. Elles m'ont répondu.
5. Je vous ai vues.
6. Il m'a écrit.
7. Je t'ai choisie.
8. Elle nous a rencontrées.

(Note that the question à qui? *indicates an* indirect object. *Past participles agree only with* direct *object pronouns. To review, see p. 319.)*

D 2. Oui, elles les ont pris en ville.
   Oui, elles y ont pris leurs repas.
3. Oui, nous l'avons dit aux soldats.
   Oui, nous leur avons dit "bon courage."
4. Oui, tu les as montrées à cette femme.
   Oui, tu lui as montré la nappe et les serviettes.
5. Oui, je l'ai offerte à mon frère.
   Oui, je lui ai offert cette nouvelle veste.
6. Oui, il en a mis dans l'évier.
   Oui, il y a mis des cuillères.
7. Oui, ils les ont prêtés à leurs neveux.
   Oui, ils leur ont prêté l'électrophone et la radio.

(To review, see p. 319.)

Chapitre 17, p. 346

A 2. Je deviens méchant(e) aussi.
3. Elles viennent toujours de bonne heure aussi.
4. Il revient demain soir aussi.
5. Nous devenons professeurs (*or:* Je deviens professeur) aussi.
6. Elle vient du Mali aussi.
7. Nous venons (*or:* Je viens) de finir cette leçon aussi.

(To review venir, *see p. 333.)*

B 2. Ils sont sortis à 9 h. mais ils sont revenus une heure plus tard.
3. Napoléon est né en 1769; il est mort en 1821.
4. Les jeunes filles sont descendues à la plage et elles ont nagé jusqu'à 4 h.
5. Elle est restée en Chine et elle est devenue médecin.
6. Elles sont venues te voir parce que tu as voulu leur parler.
7. Edouard et Luc sont montés dans le train, mais le train n'est pas parti tout de suite.
8. Hélène est partie en vacances, mais nous sommes restés en ville.

(To review the passé composé formed with être, *see p. 336.)*

Chapitre 18, p. 366

A 2. Ils savent que nous partons vers minuit.
3. Est-ce que vous connaissez vos voisins?
4. Il connaît tous ces jeunes gens.
5. Je n'en sais rien.
6. Nous ne connaissons pas le médecin.
7. Tu connais la Chine ou le Japon?
8. Nous savons que vous êtes pressés, messieurs.
9. Vous savez jouer de la guitare?

(To review connaître *and* savoir, *see p. 356.)*

B 3. Ils n'ont rien dit.
4. Je n'ai apporté que ce livre de poche.
5. Elle n'est jamais allée à l'aéroport.
6. Elles n'en parlent plus.
7. Je n'ai besoin de rien.
8. Il n'y a rien au milieu de la route.

(To review the negative expressions, see p. 358.)

C 2. Il n'y a pas beaucoup de touristes.
3. Nous avons reconnu peu de gens.
4. Je n'ai plus besoin de tant de bagages!
5. Elles ne vous donnent jamais assez de renseignements.
6. Tu n'as plus de mouchoirs blancs.
7. Il y a trop de nouveaux immeubles en ville.

(To review the expressions of quantity, see p. 363.)

Vocabulaire Français-Anglais

The *Vocabulaire français-anglais* contains all active vocabulary from the text. In addition, passive vocabulary from the *Conversation* section, the *poèmes,* the *proverbes,* the photo captions and the exercise directions is included.

A dash (—) in a subentry represents the word at the beginning of the main entry; for example, **faire des —s** following **l'achat** means **faire des achats.**

The number following each entry indicates the lesson in which the word or phrase is first introduced. Two numbers indicate that it is introduced in one lesson and elaborated upon in a later lesson.

Passive vocabulary — those words not introduced in the *Mots Nouveaux* sections or a *vocabulaire* — is indicated by the letter P preceding the lesson number. Note that a word may be introduced passively in one lesson and made active in a later lesson.

Adjectives are shown in the masculine singular form followed by the appropriate feminine ending.

à to (P1;2); at, in (3)
  — pied on foot (4)
  — vous it's your turn (P2)
abord: d' — first (9)
acadien, -ienne Acadian (P18)
l'accent *m.* accent mark (P2)
  l' — aigu acute accent (´) (P2)
  l' — circonflexe circumflex accent (^) (P2)
  l' — grave grave accent (`) (P2)
accompagner to accompany, to go with (14)
accord: d'— OK (3)
l'achat: faire des —s to shop, to go shopping (8)
acheter to buy (P18)
l'acteur *m.,* **l'actrice** *f.* actor, actress (13)
l'addition *f.* check, bill (15)
l'adresse *f.* address (P14)
l'aéroport *m.* airport (5)
les affaires *f.pl.* business (14)
  être dans les — to be in business (14)
  la femme d'— *f.* businesswoman (13)
  l'homme d'— *m.* businessman (13)

l'affiche *f.* poster (1)
affirmatif, -ive affirmative (P6)
affreux, -euse terrible, awful (18)
l'Afrique *f.* Africa (17)
l'âge *m.* age (12)
  quel — avez-vous? how old are you? (12)
l'agent *m.* policeman (5)
agréable pleasant (12)
l'agriculteur *m.* farmer (12)
aigu: l'accent — acute accent (´)(P2)
l'ail *m.* garlic (16)
aimable nice, kind (10)
aimer to like, to love (6)
  — mieux to prefer (6)
aîné, -e older (12)
l'air *m.:*
  avoir l'— + *adj.* to look (18)
  en plein — outdoors (P8)
  l'hôtesse de l'— *f.* flight attendant (13)
l'algèbre *f.* algebra (11)
l'Allemagne *f.* Germany (17)
allemand, -e German (9)
l'allemand *m.* German (language) (9)
aller to go (2)
  allons-y! let's get going! (4)

ça ne va pas things are not so good (1)
ça va?/ça va. how's it going?/OK. (1)
ça va bien things are fine (1)
qu'est-ce qui ne va pas? what's wrong? (16)
allô hello *(on telephone)* (9)
allumer to light (P16)
alors so, in that case, then (3)
  ah non, — oh no, not that (9)
  ça — how about that (13)
l'alpinisme *m.:* **faire de l'—** to go mountain-climbing (8)
américain, -e American (2;9)
  le football — football (6)
l'Amérique *f.* America (17)
  l'— centrale Central America (17)
  l'— du Nord (Sud) North (South) America (17)
l'ami *m.,* **l'amie** *f.* friend (2)
l'amour *m.* love (P17)
amusant, -e fun, amusing, enjoyable (P8;14)

l'an *m.:* avoir . . . ans to be . . . years old (12)

l'ancêtre *m.* ancestor (P18)

ancien, -ne former; old (13)

anglais, -e English (9)

l'anglais *m.* English *(language)* (9)

l'Angleterre *f.* England (17)

l'animal, *pl.* les animaux *m.* animal (12)

animé: le dessin — movie cartoon (6)

l'année *f.* year (7)

l'— scolaire school year (P18)

l'anniversaire *m.* birthday (14)

bon —! happy birthday! (P1;14)

annoncer to announce (15)

l'anorak *m.* ski jacket (8)

les Antilles *f. pl.* Antilles (P13)

l'antonyme *m.* antonym (P6)

août *m.* August (7)

apercevoir to perceive, to see (P18)

l'appareil: le magasin d'—s électroniques electronics store (P6)

l'appartement *m.* apartment (2)

appeler to call (P13)

je m'appelle my name is (1)

l'appétit *m.:* bon — enjoy your meal (15)

apporter to bring (P3;6)

apprendre to learn (12)

— à + *infinitive* to learn how (12)

— par cœur to memorize, to learn by heart (12)

appris *part participle of* apprendre (16)

après after, afterward (P2;7)

d'— according to (P1)

l'après-midi *m.* afternoon, in the afternoon (6)

de l'— P.M. (6)

l'arbre *m.* tree (4)

l'argent *m.* money (10)

arriver to arrive (6)

artificiel, -le artificial (P12)

l'artiste *m.&f.* artist (13)

l'Asie *f.* Asia (17)

assez rather, quite, pretty (12)

— (de) enough (16;18)

l'assiette *f.* plate (16)

assis, -e seated, sitting (P18)

assister à to attend (11)

Athènes Athens (10)

l'Atlantique *m.* Atlantic Ocean (17)

l'attaché *m.* attaché (P14)

attendre to wait, to wait for (10)

attends! wait! (9)

attention:

—! watch out! (16)

faire — to pay attention (P16)

au (à + le) (P1;5)

au-dessous de below (12)

au-dessus de above (12)

aujourd'hui today (P3;7)

c'est — today is (7)

au revoir good-by (1)

aussi also, too (4)

l'Australie *f.* Australia (17)

l'auteur *m.* author (9)

l'autobus *m.* bus (2)

l'automne *m.* autumn, fall (7)

en — in autumn (7)

l'auto-stop *m.:* faire de l'— to hitchhike (8)

l'auto-test *m.* self-test (P1)

autre other (10)

l'Autriche *f.* Austria (P17)

aux (à + les) (5)

avant before (7)

avare stingy, greedy (6)

avec with (3)

l'aventure *f.* adventure (P9)

l'avion *m.* airplane (4)

l'avocat *m.,* l'avocate *f.* lawyer (13)

avoir to have (4)

— du travail to have work to do, to be busy (4)

il y a there is, there are (5)

See also âge, an, besoin, chance, chaud, faim, froid, mal, mine, peur, raison, soif, sommeil, tort

avril *m.* April (7)

les bagages *m. pl.* luggage, baggage (18)

faire ses — to pack one's bags (18)

la bague ring (14)

la baie bay (P8)

le ballon balloon (P12)

le banc bench (P18)

la bande tape (2)

la banlieue suburbs (P2)

la banque bank (2)

le bas stocking (3)

le basketball basketball (9)

le bateau, *pl.* les bateaux boat (4)

le — à voiles sailboat (4)

battre: — le briquet to light a fire (P17)

beau (bel), belle, *pl.* beaux, belles handsome, beautiful (8;12)

il fait beau it's nice out (7)

beaucoup very much, a lot (5)

— de much, many, a lot of (P13;16;18)

— de monde a lot of people (14)

bel *see* beau

belge Belgian (10)

la Belgique Belgium (P14;17)

belle *see* beau

le besoin: avoir — de to need (14)

bête dumb, stupid (10)

le beurre butter (15)

la bibliothèque library (9)

bien well (1;10)

— + *adj.* really (8)

— sûr of course, certainly (9)

ça va — things are fine (1)

eh — well . . . (1)

je veux — I'd like that; I
don't mind (11)
bientôt soon (12)
à —! see you later! (9)
la bière beer (10)
le bifteck steak (15)
le billet ticket (P9;10)
la biologie biology (11)
blanc, blanche white (6)
bleu, -e blue (5)
blond, -e blond; a blond(e) (9)
la blouse blouse (3)
bof! aw! (P7;8)
boire: il a bu he drank (P16)
la boisson drink, beverage (10)
la boîte box (18); stall (P11)
le bol bowl (16)
bon, bonne good (5;9)
ah bon oh really (17)
**avoir bonne (mauvaise)
mine** to look well (ill)
(16)
bon anniversaire! happy
birthday! (P1;14)
bon appétit enjoy your
meal (15)
bon courage! chin up!
bear up! (P9;14)
bonne chance! good
luck! (14)
bonne idée! good idea! (9)
c'est bon, ça that's good
(16)
de bonne heure early (17)
bonjour hello (1)
bonsoir good evening (P18)
le bord: au — de by (12)
la botte boot (14)
bouger to move (P17)
la bouillabaisse bouillabaisse,
fish stew (16)
les boules *f.pl.* lawn bowling (P4)
bouleversé, -e upset (P14)
bouquiniste *m.&f.* second-
hand bookseller (P11)
la boutique shop, boutique (11)
le bracelet bracelet (14)
le briquet: battre le — to light
a fire (P17)
bronzé, -e tanned (8)

le bruit noise (18)
brun, -e brown; a brunette (9)
Bruxelles Brussels (10)
bu *see* **boire**
la bûche de Noël log cake (P16)
la Bulgarie Bulgaria (P17)
le bureau, *pl.* **les bureaux**
desk (2); office (5)
le — de tourisme tourist
office (13)
le — de renseignements information desk (18)
l'employé *m.,* **l'employée**
f. **de —** office clerk (13)

ça that (1)
— alors how about that?
(13)
— fait combien? that
comes to how much?
(15)
— ne va pas things are
not so good (1)
— va? how are things?
how's it going? (1)
— va bien things are fine
(1)
c'est bon, — that's good
(16)
c'est — that's right (3)
comme ci, comme ça
so-so (1)
oh — va, — va! that's
enough! (15)
la cabane: la — à pêche
(ice) fishing shack (P8)
cacher to hide (16)
le cadeau, *pl.* **les cadeaux**
gift, present (11)
cadet, -ette younger (12)
le café café (5); coffee (10)
le — au lait café au lait
(16)
la terrasse d'un —
sidewalk café (10)
le cahier notebook (1)
le caissier, la caissière
cashier (P14)
calé, -e smart (10)

le calendrier calendar (2)
camarade de classe *m.& f.*
classmate (11)
le camion truck (4)
la campagne country, countryside (2)
le camping: faire du — to go
camping, to camp out
(17)
le Canada Canada (17)
canadien, -ienne Canadian
(2;9)
le canard duck (12)
la cantine lunchroom (P6)
la capitale capital (city) (P17)
car because (P17)
le caramel: la crème —
caramel custard (15)
la caravane van, camper (17)
le carburateur carburetor (P17)
la carte map (2); card (6)
la — de vœux greeting
card (P11)
la — postale post card
(P10;14)
la — routière road map
(18)
la caserne barracks (P13)
casser to break (16)
la cassette cassette tape (2)
le magnétophone à —s
cassette recorder (2)
la cathédrale cathedral (P2)
ce (cet), cette this, that
(P9;10)
ce qu'il y a what's wrong
(P17)
ce sont these are, those
are, they are (2)
c'est this is, that is, it is (1)
la cédille cedilla (ç) (P2)
la ceinture belt (14)
célèbre famous (9)
le cendre ash (P16)
le cendrier ashtray (P16)
cent hundred (13)

central, -e: l'Amérique —e
f. Central America (17)
cependant however (18)
certainement definitely (P14)
ces these, those (10)
cet, cette *see* **ce**
la chaise chair (2)
le chalet chalet (P3)
la chance:
    avoir de la — to be lucky (14)
    ne pas avoir de la — to be unlucky (14)
la chandelle candle (P17)
la chanson song (14)
    chanter to sing (14)
le chapeau, *pl.* **les chapeaux** hat (3)
le chapitre chapter (P1;6)
    chaque each, every (P3;14)
la chasse hunt (P10)
    chasser to expel (P18)
le chat cat (P9;12)
la châtaine brown-haired girl (P10)
le château, *pl.* **les châteaux** château, castle (P4;5)
    chaud, -e warm, hot (8)
        avoir — to be warm (hot) (8)
        il fait — it's warm (hot) out (7)
la chaussette sock (3)
la chaussure shoe (3)
    la — de sport gym shoe (3)
le chef chef (P16)
le chemin way, route (P8)
la chemise shirt (3)
    cher, chère expensive (11); dear (P18)
        coûter cher to be expensive (10)
    chercher to look for (11)
le cheval, *pl.* **les chevaux** horse (P9;12)

chez to (at) someone's house or business (2)
chic! neat! great! (7)
le chien dog (12)
la chimie chemistry (11)
la Chine China (17)
chinois, -e Chinese (9)
le chinois Chinese *(language)* (9)
le chocolat chocolate (15)
    la mousse au — chocolate mousse (15)
    choisir to choose (P3;7)
le choix choice (9)
la chose thing (11)
    quelque — something (12)
chouette! great! neat! (4)
chut! hush! (15)
ci: comme ci, comme ça so-so (1)
le ciel sky; heaven (8)
le cinéma movies; movie theater (5)
    cinq five (4)
    cinquante fifty (7)
    cinquième fifth (P5)
circonflexe: l'accent — circumflex accent (^) (P2)
la circulation traffic (18)
le citron pressé lemonade, citron pressé (10)
    clair: au — de (la) lune in the moonlight (P17)
la clarinette clarinet (P14)
la classe class (1)
    la salle de — classroom (1)
la clef key (18)
    fermer à — to lock (18)
le Coca Coke (10)
le cochon pig (12)
le cœur: apprendre par — to memorize, to learn by heart (12)
le coin corner (5)
    au — (de la rue) on the corner (5)
le collectionneur, la collectionneuse collector (P14)

le collier necklace (14)
la colonie colony (P18)
combien (de) how much? how many? (5)
    ça fait — that comes to how much? (15)
    — est-ce que ça coûte? how much does that cost? (10)
    — font? how much is? *(in math)* (8)
combiner to combine (P5)
commander to order (10)
comme like, as; for (P8;13)
    — ci, — ça so-so (1)
le commencement beginning (18)
commencer to begin, to start (15)
comment how (5)
    — est . . . ? what's . . . like? (10)
complet, complète full, complete (P7)
le complet suit (14)
    compléter to complete (P1)
    comprendre to understand (12)
    compris *past participle of* **comprendre** (16)
    le service est — the tip is included (15)
    compter to count (11)
le concert concert (9)
    concierge *m.&f.* concierge, janitor (12)
le concours contest (P8)
    le — d'entrée entrance exam (P13)
la conférence conference (P14)
la confiserie confectioner's (candy) shop (P14)
la confiture jam (15)
la connaissance knowledge (P14)
    connaître to know, to be acquainted with (P8;18)
    connu *past participle of* **connaître** (18)

consulter to consult (P7)
content, -e happy (18)
le continent continent (17)
convenir (à) to suit, to be appropriate (to) (P8)
la conversation conversation (P1)
le copain, la copine friend (4)
Copenhague Copenhagen (10)
le coq rooster (12)
　　le — au vin chicken cooked in wine, coq au vin (15)
la corbeille wastebasket (1)
correct, -e correct (P7;11)
le correspondant, la correspondante pen pal (P14)
correspondre to correspond (P7)
la Côte d'Azur the Riviera (P2)
le côté:
　　à — next door (P7); nearby (10)
　　à — de next to, beside (5)
la couleur color (5)
　　de quelle —? what color? (5)
le coup: tout à — suddenly (12)
le courage: bon —! chin up! bear up! (P9;14)
le cours class, course (P10;11)
　　au — de in the course of (P14)
court, -e short (9)
le cousin, la cousine cousin (3)
le couteau, *pl.* **les couteaux** knife (16)
coûter to cost (10)
　　combien est-ce que ça coûte? how much does that cost? (10)
　　— cher to be expensive (10)
　　— peu to be inexpensive (10)
le couvert: mettre le — to set the table (16)
la craie chalk (2)

la cravate necktie (14)
le crayon pencil (1)
la crème cream (15)
　　la — caramel caramel custard (15)
le créole creole *(language)* (P13)
la crêpe crêpe, thin pancake (P15)
croire to believe, to think (13)
le croissant crescent roll (16)
le croque-monsieur, *pl.* **les croque-monsieur** grilled ham and cheese, croque-monsieur (15)
cru *past participle of* **croire** (16)
la cuillère spoon (16)
la cuisine cooking (16); kitchen (P14;16)
　　faire la — to cook, to do the cooking (16)
la cuisinière stove (16)

la dactylo typist (P14)
la dame lady (10)
le Danemark Denmark (17)
danois, -e Danish (10)
le danois Danish *(language)* (10)
dans in, into (P2;4)
la danse dance (14)
danser to dance (14)
la date date (7)
　　quelle est la —? what's the date? (7)
de of (2); from (4); about (14); some, any (7;15)
débarrasser (la table) to clear (the table) (16)
le début start, beginning (P4)
décembre *m.* December (P2;7)
décrire to describe (P3)
dehors outside, outdoors (7)
déjà already (11)
déjeuner to have breakfast or lunch (6)
le déjeuner lunch (6)
　　le petit — breakfast (6)

délicieux, -euse delicious (P18)
demain tomorrow (9)
demander to ask, to ask for (6)
　　— à to ask *(someone),* to ask *(someone)* for (6)
demie: *time +* **et —** half past (9)
la demoiselle young lady (P3;15)
dentiste *m.&f.* dentist (13)
dernier, -ière last (11)
derrière behind (4)
des (de + les) (5)
désagréable unpleasant (12)
descendre to come down, to go down (P13;17)
　　— de to come down from, to get off (17)
désert, -e deserted (P17)
le dessert dessert (15)
le dessin animé movie cartoon (6)
dessiner to draw (13)
dessous *see* **au-dessous de**
dessus *see* **au-dessus de**
deux two (4)
la deux-chevaux Citroën 2-CV car (P17)
deuxième second (P2)
devant in front of (P1;4)
devenir to become (P13;17)
devenu *past participle of* **devenir** (17)
devoir to have to, must (P14)
les devoirs *m.pl.* homework (6)
　　faire ses — to do one's homework (8)
le dialogue dialogue (P1)
le dictionnaire dictionary (P14)
Dieu God (P17)
difficile difficult, hard (5)
dimanche *m.* Sunday (7)
le dindon turkey (12)
dîner to dine, to have dinner (6)

le dîner dinner (6)

le diplomate diplomat (P14)

dire (à) to say (to), to tell (14)

dis donc! say! (14)

vouloir — to mean (11)

le discours speech (P14)

la discussion discussion (P9)

le disque record (6)

dit past participle of dire (16)

dix ten (4)

dix-huit eighteen (4)

dix-huitième eighteenth (P18)

dixième tenth (P10)

dix-neuf nineteen (4)

dix-sept seventeen (4)

dix-septième seventeenth (P17)

le documentaire documentary (6)

la documentation: la salle de — school library (P14)

dominer to overlook (P12)

le dommage: c'est — that's too bad (4)

donc! emphatic exclamation (14)

donner (à) to give (to) (6)

dormir to sleep (9)

doucement! hold it! (P8)

doux, douce gentle (P10)

douze twelve (4)

douzième twelfth (P12)

le dragon dragon (8)

le drapeau, pl. les drapeaux flag (2)

la droite: à — (de) to the right (of) (P3;5)

du (de + le) (5)

l'eau, pl. les eaux f. water (8)

l' — minérale mineral water (15)

l'écharpe f. scarf (8)

les échecs m.pl. chess (6)

l'école f. school (2)

écouter to listen (to) (6)

l'écran m. screen (P9)

écrire to write (P10;14)

écrit past participle of écrire (16)

l'écriture f. writing (P13)

l'effet m.: en — indeed, you bet (18)

l'église f. church (2)

l'électricité f. electricity (P17)

électronique: le magasin d'appareils —s electronics store (P6)

l'électrophone m. record player (14)

l'éléphant m. elephant (12)

l'élève m.&f. pupil, student (1)

elle she, it (2); her (3)

elles f.pl. they (2); them (3)

embêtant, -e annoying (18)

embrasser to kiss (P18)

l'emploi m. job (13)

l'employé m., l'employée f. employee, clerk (13)

l'— de bureau office clerk (13)

employer to use (P1)

emprunter (à) to borrow (from) (14)

en in (P1;3;7); to (9); some, any (15)

— + clothing in (3)

— + vehicles by (4)

— retard late (17)

— route (pour) on the way (to) (11)

— ville downtown (9)

énergique energetic, lively (6)

l'enfant m.&f. child (3)

enfantin, -e children's (P8)

enfin finally, at last (12)

ennuyeux, -euse boring, dull (P9;14)

enseigner to teach (11)

ensemble together (5)

ensuite next, then (15)

entendre to hear (10)

l'entracte m. intermission (P9)

entre between (P17)

l'entrée f. entrance (P4)

le concours d'— entrance exam (P13)

entrer (dans) to enter, to go in, to come in (6)

l'enveloppe f. envelope (14)

épicé, -e spicy (P18)

l'épouvante f. horror (P9)

équipé, -e equipped (P16)

l'équipe f. team (P8)

l'escale f. stop (P18)

l'escargot m. snail (15)

l'Espagne f. Spain (17)

espagnol, -e Spanish (9)

l'espagnol m. Spanish (language) (9)

l'esquimau, pl. les esquimaux m. ice cream bar (P9;10)

l'essai m. essay (P14)

l'est m. east (17)

est-ce que introduces a question (5)

qu'— what? (6)

qui — whom? (12)

et and (1)

l'état m. state (P17)

les Etats-Unis m.pl. United States (17)

été past participle of être (16)

l'été m. summer (7)

en — in summer (7)

l'étoile f. star (8)

étranger, -ère foreign (10)

être to be (3)

— en + clothing to be wearing (3)

nous sommes lundi, etc. it's Monday, etc. (7)

étroit, -e narrow (9)

l'étude f. study (P14)

les —s supérieures advanced studies (P13)

l'étudiant m., l'étudiante f. college student (P10;11)

la carte d'— student I.D. (P11)

étudier to study (6)

eu *past participle of* **avoir** (16)

euh er, uh (6)

l'**Europe** *f.* Europe (17)

eux *m.pl.* they, them (3)

l'**évier** *m.* sink (16)

exactement exactly (P17)

l'**examen** *m.* exam, test (11)

passer un — to take a
test (11)

rater un — to fail a test (11)

réussir à un — to pass a
test (11)

excellent, -e excellent (15)

l'**excursion** *f.* short trip (P18)

l'**— en traîneau** sleigh
ride (P8)

l'**exemple** *m.:* **par —** for
example (11)

l'**exercice** *m.* exercise (P1)

l'**expédition** *f.:* **la feuille d'—**
packing list (P14)

les **explications** *f.pl.* explanations (P1)

l'**extrait** *m.* extract (P8)

la **face: en — de** opposite,
across from (5)

facile easy (5)

le **facteur** postman (13)

la **faim: avoir —** to be hungry (8)

faire to do, to make (8)

— attention to pay
attention (P11)

— de + *school subjects*
to take (11)

— le service de to work
the route of (P18)

— peur à to frighten, to
scare (12)

il se fait tard it's getting
late (P8)

See also **achat, alpi-
nisme, auto-stop,
bagages, beau,
camping, chaud,
combien, cuisine,
faute, frais, froid,
jour, matinée,**

**mauvais, ménage,
nuit, progrès,
service militaire, ski,
soleil, stage, valise,
vent, visite, voyage**

fait *past participle of* **faire** (16)

falloir to be necessary, to
have to, must (9)

la **famille** family (3)

fatigué, -e tired (10)

il **faut** *see* **falloir**

la **faute: faire une —** to make
a mistake (8)

faux, fausse false (11)

félicitations! congratulations! (14)

la **femme** woman (10); wife (12)

la **— d'affaires** businesswoman (13)

la **fenêtre** window (1)

la **ferme** farm (12)

fermer to close (6)

— à clef to lock (18)

le **festival,** *pl.* les **festivals** festival (P5)

la **fête** party, celebration (14)

la **Fête des Mères (des
Pères)** Mother's (Fa-
ther's) Day (11)

le **feu** fire (P17)

la **feuille** leaf (4)

la **— d'expédition**
packing list (P14)

février *m.* February (7)

fiancé, -e engaged (12)

le **fiancé,** la **fiancée** fiancé,
fiancée (12)

la **fille** daughter (3); girl (10)

la **jeune —** girl (3)

le **film** movie, film (6)

le **— policier** detective
film (6)

le **grand —** main feature
(P9)

le **fils** son (3)

la **fin** end (18)

finir to finish (7)

la **Finlande** Finland (P17)

flamand, -e Flemish (10)

le **flamand** Flemish *(language)*
(10)

la **fleur** flower (4)

le **fleuve** river (8)

la **flûte** flute (P14)

la **foire** fair (P8)

fois times *(in math)* (13)

la **fois** time (18)

deux — twice (18)

quelque— sometimes (7)

une — once (18)

fond: le ski de — cross-
country skiing (P8)

le **football** soccer (6)

le **— américain** football (6)

former to form (P5)

fort, -e: — en + *school
subjects* good in (11)

fou, folle crazy (P8)

le **foulard** scarf (14)

la **fourchette** fork (16)

frais: il fait — it's cool out (7)

le **franc** franc (10)

français, -e French (2;9)

le **français** French *(language)*
(9)

la **France** France (P1;17)

francophone French-
speaking (P18)

frapper (à) to knock (on) (12)

le **frère** brother (3)

frites: les pommes — *f.pl.*
French fries (15)

froid, -e cold (8)

avoir — to be cold (8)

il fait — it's cold out (7)

le **fromage** cheese (15)

la **frontière** border (P17)

les **fruits** *m.pl.* fruit (15)

les **— de mer** seafood
(P18)

la **fumée** smoke (P16)

le **gâchis** mess (P16)

gagner to win (P8)

le **gant** glove (14)

le garage garage (4)

le garagiste garage mechanic (P17)

le garçon boy (3); waiter (10)

la gare railroad station (2)

le gâteau cake (14)

   le — d'anniversaire birthday cake (14)

la gauche: à — (de) to the left (of) (P3;5)

   geler to freeze (9)

   il gèle it's freezing (7)

   généreux, -euse generous (6)

les gens *m.pl.* people (10)

   gentil, -le kind, nice (12)

la géographie geography (11)

la géométrie geometry (11)

le geste gesture (P11)

le gigot leg of lamb (15)

la girafe giraffe (12)

la glace ice (7); ice cream (10)

   le monument de — ice sculpture (P8)

le golfe du Mexique Gulf of Mexico (P17)

la gomme eraser (1)

le goût taste (P15)

le goûter afternoon snack (6)

   grand, -e big, large; tall (6)

   le — film main feature (P9)

   le — magasin department store (9)

la grand-mère grandmother (3)

le grand-père grandfather (3)

les grands-parents *m.pl.* grandparents (3)

   grasse: faire la — matinée to sleep late (11)

   grave serious (P17)

   l'accent — grave accent (`) (P2)

   grec, grecque Greek (10)

le grec Greek *(language)* (10)

la Grèce Greece (17)

la grenadine grenadine (10)

la grenouille frog (P9)

   gris, -e gray (6)

gros, grosse fat, large (9)

grossir to gain weight, to get fat (7)

la Guadeloupe Guadeloupe (P13)

le guide guidebook (18)

le Guignol Guignol *(French puppet character)* (P4)

la guitare guitar (14)

le gymnase gymnasium (9)

habiter to live, to live in (6)

les habits *m.pl.* clothes (3)

habitude: d'— usually (P13;18)

Haïti Haiti (17)

le*haricot: les*—s verts *m.pl.* green beans (15)

hein eh, huh (15)

l'herbe *f.* grass (4)

l'heure *f.* hour, o'clock (6)

   à l'— on time (17)

   à quelle —? (at) what time? (6)

   à une (deux) —(s) at 1:00 (2:00) (6)

   de bonne — early (17)

   quelle — est-il? what time is it? (6)

heureusement fortunately (12)

heureux, -euse happy (6)

hier yesterday (11)

   — soir last night, last evening (11)

l'hippopotame *m.* hippopotamus (12)

l'histoire *f.* story (9); history (11)

l'hiver *m.* winter (7)

   en — in winter (7)

le*hockey hockey (P8;9)

*hollandais, -e Dutch (10)

le*hollandais Dutch *(language)* (10)

l'homme *m.* man (10)

   l'— d'affaires businessman (13)

la*Hongrie Hungary (P17)

l'hôpital, *pl.* **les hôpitaux** *m.* hospital (2)

l'horaire *m.* timetable (18)

l'horreur *f.:* **quelle —!** how dreadful! (18)

les*hors-d'œuvre *m.pl.* appetizer, hors d'œuvres (15)

l'hôtel *m.* hotel (2)

l'hôtesse de l'air *f.* flight attendant (13)

l'huile *f.* oil (16)

huit eight (4)

   — jours a week (17)

huitième eighth (P8)

l'huître *f.* oyster (15)

ici here (5); this is *(on telephone)* (9)

l'idée *f.:* **bonne —!** good idea! (9)

identifier to identify (P1)

il he, it (2)

il y a there is, there are (5)

   ce qu'— what's wrong (P17)

   il n'y a pas de quoi you're welcome (14)

   — + *time* ago (17)

ils *m.pl.* they (2)

l'image *f.* picture (P1;2)

imaginer to imagine (P6)

l'immeuble *m.* apartment building (18)

impatient, -e impatient (10)

l'imperméable *m.* raincoat (14)

impoli, -e impolite, rude (10)

l'importance *f.* importance (P14)

important, -e important (11)

impossible impossible (5)

inconnu, -e unknown (9)

l'inconnu *m.,* **l'inconnue** *f.* stranger (12)

l'infirmier *m.,* **l'infirmière** *f.* nurse (13)

l'ingénieur *m.* engineer (13)

   l'— agronome agricultural engineer (P13)

*Words marked by an asterisk begin with aspirate *h*, so there is no liaison or elision.

l'ingrédient *m.* ingredient (P18)
inquiet, -iète worried (10)
s'installer to sit down (P10)
l'instrument *m.* (musical) instrument (P14)
intelligent, -e intelligent (11)
intéressant, -e interesting (14)
l'intérieur *m.*: à l'— inside, indoors (7)
international, -e; *pl.* internationaux, -nales international (P14)
l'interprète *m.&f.* interpreter (P14)
l'invité *m.*, l'invitée *f.* guest (14)
inviter to invite (14)
l'Italie *f.* Italy (17)
italien, -ienne Italian (9)
l'italien *m.* Italian *(language)* (9)
l'italique: en — in italics (P6)

jamais ever (P17)
ne . . . — never (P17;18)
le jambon ham (15)
janvier *m.* January (7)
le Japon Japan (17)
japonais, -e Japanese (9)
le japonais Japanese *(language)* (9)
le jardin garden (4)
jaune yellow (5)
jaunir to turn yellow (7)
je I (2)
le jean jeans (3)
le jeu, *pl.* les jeux game (P8)
jeudi *m.* Thursday (7)
jeune young (5)
la — fille girl (3)
la joie joy (P10)
joli, -e pretty (5)
jouer to play (6)
— à to play *(games, sports)* (P4;6)
— de to play *(musical instruments)* (14)

— faux to play out of tune (P14)
— un rôle to play a part (13)
— une pièce to put on a play (13)
le jour day (7)
huit —s a week (17)
il fait — it's daytime, it's light out (8)
quel — sommes-nous? what day is it? (7)
quinze —s two weeks (17)
tous les —s every day (18)
le journal, *pl.* les journaux newspaper (6)
le — télévisé TV news (6)
journaliste *m.&f.* journalist (P14)
la journée (the whole) day (11)
le juge judge (13)
juillet *m.* July (7)
juin *m.* June (7)
la jupe skirt (3)
jusqu'à until (11)

le kilomètre kilometer (P8)

la (l') *f.* the (1); her, it (13)
là there (5)
là-bas there, over there (3)
le laboratoire (le labo) laboratory (P11)
le lac lake (8)
laid, -e ugly (6)
laisser to leave (behind) (14)
le lait milk (15)
le café au — café au lait (16)
la langue language (10)
large wide (9)
le (l') *m.* the (1); him, it (13)
la leçon lesson (6)
la lecture reading (P8)
le légume vegetable (15)
lentement slowly (10)
le léopard leopard (12)
les *m.&f.pl.* the (2); them (13)

la lettre letter (13)
leur to (for, from) them (P13; 14)
leur, -s their (4)
se lever to get up (P16)
la librairie bookstore (11)
libre free (9); unoccupied (10)
le lion lion (12)
lire to read (14)
Lisbonne Lisbon (9)
le lit bed (P17)
le livre book (1)
le — de poche paperback (11)
la loi law (P11)
loin (de) far (from) (5)
les loisirs *m.pl.* leisure-time activities (P5)
Londres London (9)
long, longue long (9)
longtemps a long time (17)
lorsque when (P14)
louer to rent (P8)
la Louisiane Louisiana (P18)
le loup-garou werewolf (P9)
lu *past participle of* lire (16)
lui him (3); to (for, from) him, her (14)
lundi *m.* Monday (7)
la lune moon (8)
au clair de (la) — in the moonlight (P17)
le Luxembourg Luxembourg (P17)
le lycée high school (P1;5)
le lycéen, la lycéenne high-school student (11)

ma my (3)
madame, *pl.* mesdames Mrs., ma'am (1;3)
mademoiselle, *pl.* mesdemoiselles Miss (1;3)
le magasin store (P3;11)
le grand — department store (9)

le — d'appareils électro-
niques electronics
store (P6)
le **magnétophone** tape recorder (2)
le — **à cassettes** cassette
recorder (2)
mai *m.* May (7)
maigre thin, skinny (9)
maigrir to lose weight, to get
thin (7)
le **maillot** bathing suit (3)
la **main** hand (P16)
maintenant now (5)
mais but (3)
— **non** of course not, heck
no (2)
la **maison** house (2)
le **maître** teacher (P13)
mal bad (1); badly (10)
le **mal: avoir le — du pays** to
be homesick (P13)
malheureusement
unfortunately (9)
le **Mali** Mali (17)
malien, -ienne Malian (13)
la **malle** trunk (18)
maman *f.* mother, mom (5)
la **Manche** English Channel (17)
manger to eat (15)
la **salle à —** dining room
(16)
la **mangue** mango (P13)
le **manteau,** *pl.* **les manteaux**
coat, overcoat (14)
le **marchand, la marchande**
merchant, shop-
keeper (P15)
le **marché** market (P8;9)
mardi *m.* Tuesday (7)
le **mari** husband (12)
le **mariage** wedding (P3)
marié, -e married (12)
le **marin** sailor (13)
mars *m.* March (7)
la **Martinique** Martinique (P2)

le **match,** *pl.* **les matchs**
game, match (6)
les **mathématiques, les maths**
f.pl. mathematics,
math (11)
la **matière** subject (P11)
le **matin** morning, in the morning (6)
du — A.M. (6)
tous les —s every morning (18)
la **matinée** (the whole) morning
(11)
faire la grasse — to sleep
late (11)
mauvais, -e bad (9)
avoir —e mine to look ill
(16)
il fait — it's bad out, it's
nasty out (7)
me (m') to (for, from) me (14)
méchant, -e naughty; mean
(12)
le **médecin** doctor (13)
la **Méditerranée** Mediterranean (17)
même same (10); even (P14)
le **ménage: faire le —** to do
the housework (16)
la **ménagère** homemaker (13)
le **menu** menu (P15)
la **mer** sea (8)
les **fruits de —** seafood
(P18)
merci thank you, thanks (1)
mercredi *m.* Wednesday (7)
la **mère** mother (3)
mes *pl.* my (3)
messieurs-dames ladies
and gentlemen (15)
le **métro** subway (P4)
mettre to put, to place, to
put on (P9;16)
— **le couvert** to set the
table (16)
les **meubles** *m.pl.* furniture (P14)
mexicain, -e Mexican (9)
Mexico Mexico City (9)
le **Mexique** Mexico (17)

le **golfe du —** Gulf of
Mexico (P17)
midi noon (6)
mieux: aimer — to prefer (6)
mil thousand *(in dates)* (13)
le **milieu: au — de** in the
middle of (12)
militaire: faire son service
— to do one's military
service (13)
mille thousand (13)
la **mine: avoir bonne (mauvaise) —** to look
well (ill) (16)
minérale: l'eau — *f.* mineral
water (15)
minuit midnight (6)
la **minute** minute (17)
mis *past participle of* **mettre**
(16)
mixte coed (P11)
le **modèle** model (P1)
moderne modern (13)
moi me, I (3)
moins minus (8)
time + — **le quart** quarter
to (9)
le **mois** month (7)
la **moitié: la — de** half (P18)
mon my (3)
le **monde** world (17)
beaucoup de — a lot of
people (14)
tout le — everyone,
everybody (P11;15)
monsieur, *pl.* **messieurs**
Mr., sir (1;3)
le — man, gentleman (10)
la **montagne** mountain (2)
à la — to (in) the mountains (2)
monter to go up, to come
up, to climb (17)
— **dans** to get on (17)
la **montre** (wrist)watch (14)
Montréal Montreal (9)
montrer (à) to show (to) (6)
le **monument: le — de glace**
ice sculpture (P8)
le **morceau** bit, piece (P16)

mort *past participle of*
   mourir (17)
Moscou Moscow (10)
le mot word (P1;11)
le moteur motor (P17)
la moto motorcycle; motorbike (4)
le mouchoir handkerchief (14)
   mourir to die (17)
la mousse moss (P18)
   la — au chocolat choc-
      olate mousse (15)
le mouton sheep (12)
   mûr, -e ripe (P16)
le mur wall (P18)
le musée museum (5)
la musique music (14)

nager to swim (15)
naître to be born (17)
la nappe tablecloth (16)
la nationalité nationality (P9)
naturel, -le natural (P11)
nautique: *see* **ski**
ne:
   ca — va pas things are
      not so good (1)
   — . . . jamais never (18)
   — . . . pas not (4)
   — . . . personne nobody, no
      one, not anyone (18)
   — . . . plus no longer, not
      any more (P17;18)
   — . . . que only (18)
   — . . . rien nothing, not
      anything (P17;18)
né *past participle of* **naître** (17)
nécessaire necessary (P18)
négatif, -ve negative (P4)
la neige snow (7)
   neiger to snow (9)
   il neige it's snowing (7)
n'est-ce pas? *interrogative*
      tag aren't I? isn't it?
      don't we? etc. (5)
neuf nine (4)
neuvième ninth (P9)
le neveu, *pl.* **les neveux**
      nephew (3)
niçoise *see* **salade**
la nièce niece (3)

Noël *m.* Christmas (7)
   la bûche de — log cake (P16)
   la veille de — Christmas
      Eve (16)
noir, -e black (5)
le Noir, la Noire Black (P13)
le noir darkness (P18)
le nom noun (P2); name (P18)
le nombre number (P4)
non no (1)
le nord north (17)
   l'Amérique du Nord *f.*
      North America (17)
le nord-est northeast (17)
le nord-ouest northwest (17)
la Norvège Norway (17)
   norvégien, -ienne Norwe-
      gian (10)
le norvégien Norwegian *(lan-*
      guage) (10)
nos *pl.* our (4)
notre our (4)
nous we (2); us (3); to (for,
      from) us (14)
nouveau (nouvel), nouvelle,
      pl. **nouveaux, nou-**
      velles new (P1;8;12)
novembre *m.* November (7)
le nuage cloud (8)
la nuit night, the dark (8)
   il fait — it's nighttime, it's
      dark out (8)
nul, nulle: — en + *school*
      subjects no good in (11)
le numéro number *(of house,*
      ticket, etc.) (18)

objet *m.* object (P1)
occupé, -e busy, occupied (10)
l'océan *m.* ocean (17)
octobre *m.* October (7)
l'œil, *pl.* **les yeux** *m.* eye (P18)
l'œuf *m.* egg (15)
offert *past participle of*
      offrir (16)
officiel,-le official (P18)
offrir à to offer (to), to give
      (to) (11)

oh:
   — ça va, ça va! that's
      enough! (15)
   — là là oh dear! (12)
l'oie *f.* goose (P12)
l'oignon *m.* onion (15)
   la soupe à l'— onion soup
      (15)
l'oiseau, *pl.* **les oiseaux** *m.*
      bird (12)
   l'— -lyre *m.* lyre-bird (P13)
l'omelette *f.* omelette (15)
on we, they (2)
l'oncle *m.* uncle (3)
onze eleven (4)
onzième eleventh (P11)
l'opéra *m.* opera, opera house
      (5)
l'orange *f.* orange (P15)
l'orangeade *f.* orangeade (10)
organiser to organize (14)
l'orignal *m.* moose *(Fr. Can.)*
      (P8)
l'orthographe *f.* spelling (P12)
ou or (P2;5)
où where (1)
   d'— from where (17)
oublier to forget (14)
l'ouest *m.* west (17)
oui yes (1)
l'ours *m.* bear (12)
ouvert *past participle of*
      ouvrir (16)
l'ouvreuse *f.* usher (P9)
l'ouvrier *m.,* **l'ouvrière** *f.*
      worker, laborer (13)
ouvrir to open (6)

le Pacifique Pacific Ocean (17)
la page page (2)
   paie *see* **payer**
le pain bread (P3;15)
le pain grillé toast (16)
le palais palace (P4)
le panier basket (P15)
la panne breakdown *(of a car)*
      (P17)

(être) en — (to have a) breakdown (P17)

le pantalon pants, slacks (3)

papa *m.* father, dad (5)

le papier paper (1)

le paquet package (14)

par by (4)

　— exemple for example (11)

　regarder — to look out of (7)

le parapluie umbrella (14)

le parc park (4)

parce que because (4)

pardon excuse me, pardon me (5)

les parents *m.pl.* parents (3)

paresseux, -euse lazy (6)

parfait, -e perfect (14)

parler to talk, to speak (P4;6)

la parole word (P16)

partir (de) to leave (9)

pas not (1;8)

　ça ne va — things are not so good (1)

　ne . . . — not (4)

　— de + *noun* no (8)

　— du tout not at all (5)

le passé composé *past tense* (P11)

passer to spend *(time);* to go by (P9;11)

　— un examen to take a test (11)

　se —: qu'est-ce qui se passe? What's happening? (P1)

passionné, -e par enthusiastic about (13)

le pâté loaf or spread of chopped meat, liver; pâté (15)

patient, -e patient (10)

patiner to skate (P8)

la pâtisserie pastry (15)

le patron, la patronne boss (P14)

pauvre poor (5)

payer to pay (P16)

le pays country (P8;17)

　avoir le mal du — to be homesick (P13)

les Pays-Bas *m.pl.* the Netherlands (17)

la pêche: la cabane à — (ice) fishing shack (P8)

Pékin Peking (9)

pendant during (P8;12)

　— que while (6)

penser (à) to think (about) (12)

　je pense que oui (non) I (don't) think so (12)

　— de to think of (14)

perdre to lose (10)

le père father (3)

la permission: en — on (military) leave (P13)

le perroquet parrot (P12)

personne ne . . . no one, nobody (18)

petit, -e little, small; short (6)

　le — déjeuner breakfast (6)

　les —s pois *m.pl.* peas (15)

peu:

　coûter — to be inexpensive (10)

　— de few, little (18)

　un — (de) a little (P13;18)

la peur:

　avoir — (de) to be afraid (of) (8)

　faire — à to scare, to frighten (12)

peut-être perhaps, maybe (10)

la pharmacie pharmacy (13)

le pharmacien, la pharmacienne pharmacist (13)

la photo photo(graph) (11)

la phrase sentence (P3;11)

la physique physics (11)

le piano piano (14)

la pièce play (6)

　jouer une — to put on a play (13)

le pied: à — on foot (4)

le pilote pilot (13)

le pique-nique picnic (P3)

la piscine swimming pool (2)

la piste:

　la — de ski ski run (P8)

　la — de toboggan toboggan run (P8)

la place seat (P9)

la plage beach (2)

la plaine plain (P8)

plaît: s'il vous (te) — please (5)

le plat dish (P18)

plein: en — air outdoors (P8)

pleurer to cry (P16)

pleuvoir to rain (9)

　il pleut it's raining (7)

plonger to dive (15)

plu *past participle of* **pleuvoir** (16)

la pluie rain (7)

la plume quill pen (P17)

plus:

　ne . . . — no longer, not any more (18)

　— tard later (9)

plusieurs several (14)

plutôt instead (P17)

la poche: le livre de — paperback (11)

le poème poem (P8;9)

le poète poet (9)

le pois: les petits — *m.pl.* peas (15)

le poison poison (P16)

le poisson fish (15)

le poivre pepper (16)

poli, -e polite (10)

policier:

　le film — detective film (6)

　le roman — detective novel (10)

la Pologne Poland (P17)

la pomme apple (15)

　la — de terre potato (15)

　la tarte aux —s apple pie (15)

　les —s frites French fries (15)

le pont bridge (P17)

le porc: le rôti de — roast pork (15)

le port port (5)

la porte door (1)

le portefeuille wallet, billfold (14)
  porter to wear (6)
  portugais, -e Portuguese (9)
le portugais Portuguese (language) (9)
le Portugal Portugal (17)
  poser: — des questions to ask questions (P8;11)
  possible possible (5)
  postal, -e: la carte —e post card (P10;14)
la poste post office (2)
le pot: sourd comme un — deaf as a post (P14)
la poule hen (12)
  pour for, (in order) to (P8;9)
  en route — on the way to (11)
le pourboire tip, gratuity (P9;15)
  pourquoi why (4)
  pourtant however (P8)
  pouvoir can, to be able (11)
  premier, -ière first (P1;12)
  le premier + *month* the first of (7)
  prendre to take, to have (P10;12)
  — quelque chose to have something to eat (or drink) (12)
  préparer to prepare, to fix (6)
  près (de) near (P2;5)
  presque almost (7)
  pressé, -e in a hurry (18)
  le citron — lemonade, citron pressé (10)
  prêter (à) to lend (to) (14)
  prier: je vous (t')en prie you're welcome (5)
  principal, -e; pl. principaux, -pales principal (13)
  le rôle — the lead (in a play) (13)
le printemps spring (7)
  au — in the spring (7)
  pris *past participle of* **prendre** (16)
le problème problem (P14)
  prochain, -e next (11)
le professeur, le prof teacher (1)

la profession profession (13)
  comme — for a living (13)
les progrès *m.pl.* progress (13)
  faire des — to make progress (13)
les projets *m.pl.* plans (17)
le pronom pronoun (P1)
  prononcer to pronounce (15)
la prononciation pronunciation (P1)
  provençal, -e; pl. provencaux, -çales of (from) Provence (16)
le proverbe proverb (P7)
la province province (P8)
  pu *past participle of* **pouvoir** (16)
  puis then (12)
le pull-over sweater (3)
le pupitre student desk (2)

le quai quay, landing (P16)
  quand when (6)
la quantité quantity (P18)
  quarante forty (7)
le quart:
  time + **et —** quarter past (9)
  time + **moins le —** quarter to (9)
  quatorze fourteen (4)
  quatorzième fourteenth (P14)
  quatre four (4)
  quatre-vingt-dix ninety (13)
  quatre-vingts eighty (13)
  quatrième fourth (P4)
  que what (12); that (13)
  ne . . . — only (18)
  Québec Quebec (*city*) (8)
le Québec Quebec (*prov.*) (P1;17)
  québécois, -e of (from) Quebec, Quebecois (P8;10)
  quel, quelle what, which (P5;12)
  à —le heure? (at) what time? (6)
  de —le couleur? what color? (5)
  en —le saison? in what season? (7)
  quel...! what a...! (18)

— âge avez-vous? how old are you? (12)
—le est la date? what's the date? (7)
—le heure est-il? what time is it? (6)
— jour sommes-nous? what day is it? (7)
— temps fait-il? what's it like out? (7)
quelque chose something (12)
  prendre — to have something (to eat or drink) (12)
quelquefois sometimes (7)
quelques some, a few (14)
quelqu'un someone (18)
qu'est-ce que what? (6)
  — tu as? what's the matter with you? (8)
  — tu fais? what are you taking (*in school*)? (11)
qu'est-ce qui what? (5)
  — ne va pas? what's wrong? (16)
  — se passe? what's happening? (P1)
la question question (P2;11)
  poser des —s to ask questions (11)
le questionnaire questionnaire (P3)

qui who (2); which (P13)
  à — to whom? (13)
  — est-ce que whom? (12)
quinze fifteen (4)
  — jours two weeks (17)
quinzième fifteenth (P15)
quitter to leave (18)
quoi what (13)
  à — what? (13)
  de — what? about what? (P10;13)
  il n'y a pas de — you're welcome (14)

raconter to tell (P14;18)

la radio radio (6)

radoter to be "out of it" (P8)

le raisin grape (P16)

la raison: avoir — to be right (8)

rater: — un examen to fail a test (11)

recevoir to receive, to get (P18)

reconnaître to recognize (18)

reconnu *past participle of* **reconnaître** (18)

rédiger to write (P7)

refaire to redo (P4)

le réfrigérateur refrigerator (16)

regarder to watch, to look (at) (6)

— par to look out of (7)

le régime diet (15)

au — on a diet (15)

la région region (P18)

régler to solve (P14)

regretter to be sorry (18)

relire to re-read (P14)

remercier (pour) to thank (for) (14)

rencontrer to meet, to run into (P10;13)

les renseignements *m.pl.* information (18)

le bureau de — information desk (18)

rentrer:

— à to return, to go back (to) (6)

— de to come back from (6)

réparer to repair (P17)

le repas meal (16)

répéter to repeat (P13)

répondre à to answer (P1;10)

la réponse answer, response (11)

reposer to put back (P16)

ressembler à to resemble (P18)

le restaurant restaurant (5)

rester to stay, to remain (6)

retard: en — late (17)

retourner to go back (17)

réussir (à) + *infinitive* to succeed (in) (12)

— à un examen to pass a test (11)

le réveil alarm clock (14)

se réveiller to wake up (P18)

revenir to come back (17)

revenu *past participle of* **revenir** (17)

réviser to go over, to review (6)

la révision review (P1)

revoir: au — good-by (1)

la revue magazine (P14)

le rhinocéros rhinoceros (12)

riche rich (5)

rien ne . . . nothing (P17;18)

risquer to risk (P18)

la rivière (small) river (P18)

le riz rice (15)

la robe dress (3)

le rocher rock (P12)

le rock rock music (P9)

le rôle part, role (13)

jouer un — to play a part (13)

le — principal the lead *(in a play)* (13)

le roman novel (9)

le — policier detective novel (P10;11)

le rond smoke ring (P16)

en — in a circle (P17)

tout en — all around (P1)

la ronde circle (dance) (P10)

le roseau, *pl.* **les roseaux** reed (P18)

le rôti de porc roast pork (15)

rouge red (5)

rougir to become red, to blush (7)

la Roumanie Rumania (P17)

rousse *see* **roux**

la route road; way (11)

en — (pour) on the way (to) (11)

routière: la carte — road map (18)

roux, rousse redheaded, a redhead (9)

la rue street (5)

au coin de la — on the corner (5)

russe Russian (10)

le russe Russian *(language)* (10)

la Russie Russia (17)

sa his, her, its (3)

le sable sand (8)

le sac purse (14)

sage well-behaved (10)

sais *see* **savoir**

la saison season (7)

en quelle —? in what season? (7)

la salade salad (15)

la — niçoise Niçoise salad (15)

la salle:

la — à manger dining room (16)

la — de classe classroom (1)

la — de documentation school library (P14)

salut hello (hi); good-by (bye) (2)

samedi *m.* Saturday (7)

le sandwich, *pl.* **les sandwichs** sandwich (14)

sans without (18)

la santé: à votre (ta) — to your health (P15)

le saucisson sausage (15)

sauf except, but (18)

sauver to save (P13)

savoir to know, to know how (18)

je ne sais pas I don't know (12)

les sciences sociales *f.pl.* social studies (11)

scolaire: l'année — school year (P18)

la sculpture sculpture (P13)

secrétaire *m.&f.* secretary (13)

le secteur division (P14)

la Seine *river that flows through Paris* (P7)

seize sixteen (4)

seizième sixteenth (P16)

le sel salt (16)

la semaine week (7)

le Sénégal Senegal (17)

sénégalais, -e Senegalese (9)

le sens meaning (P)

sept seven

septembre *m.* September (7)

septième seventh (P7)

sérieux, -euse conscientious, serious (11)

la serveuse waitress (10)

le service:

    à votre — at your service (5)

    faire le — de to work the route of (P18)

    faire son — militaire to do one's military service (13)

    le — est compris the tip is included (15)

la serviette napkin (16)

servir to serve, to wait on (9)

ses *pl.* his, her, its (3)

seul, -e only (10); alone (12)

seulement only (12)

si if (9); yes (8); so (11)

    s'il vous (te) plaît please (5)

le silence silence (18)

le singe monkey (12)

la situation situation (P14)

six six (4)

sixième sixth (P6)

le ski ski; skiing (8)

    faire du — to ski (8)

    faire du — nautique to water-ski (8)

    le — de fond cross-country skiing (P8)

    la piste de — ski run (P8)

social, -e; *pl.* **sociaux, -ciales: les sciences sociales** *f.pl.* social studies (11)

la société company, business (14)

    la — de transport moving company (P14)

la sœur sister (3)

la soif: avoir — to be thirsty (8)

le soir evening, in the evening (6)

    ce — tonight (10)

    du — P.M. (6)

    hier — last night, last evening (11)

    tous les —s every night (18)

la soirée (the whole) evening (11)

soixante sixty (7)

soixante-dix seventy (13)

le soldat soldier (13)

le solde: en — on sale (P11)

le soleil sun (7)

    il fait du — it's sunny (7)

le sommeil: avoir — to be sleepy (8)

son his, her, its (3)

le son sound (P)

sortir (de) to go out (9)

sot, sotte silly, stupid (P14)

la soucoupe saucer (16)

la soupe soup (15)

    la — à l'oignon onion soup (15)

sourd, -e deaf (P14)

sourire to smile (P14)

la souris mouse (12)

sous under (3)

le souvenir souvenir (P18)

souvent often (7)

les spécialités *f.pl.* specialties (P15)

le sport: la chaussure de — gym shoe (3)

    les —s *m.pl.* sports (6)

le stade stadium (5)

le stage training period, internship (13)

    faire un — to train, to intern (13)

la station station, stop *(subway)* (P14)

le steward steward (13)

le stylo pen (1)

su *past participle of* **savoir** (18)

le sucre sugar (15)

le sud south (17)

    l'Amérique du Sud *f.* South America (17)

le sud-est southeast (17)

le sud-ouest southwest (17)

la Suède Sweden (17)

suédois, -e Swedish (10)

le suédois Swedish *(language)* (10)

la Suisse Switzerland (P3)

la suite: tout de — right away (12)

suivre to follow (P1)

le sujet subject (P12)

supérieur, -e: les études —es advanced studies (P13)

le supermarché supermarket (9)

sur on (P2;3)

sûr: bien — of course, certainly (9)

la surprise-party, *pl.* **les surprises-parties** informal party, get-together (14)

surtout especially (P9;14)

sympa likable, nice (14)

ta your (3)

la table table (2)

    débarrasser la — to clear the table (16)

le tableau, *pl.* **les tableaux** blackboard (2)

tant de so much, so many (18)

la tante aunt (3)

taper to hit, to strike (P14)

tard: plus — later (9)

    il se fait — it's getting late (P8)

la tarte pie (15)

    la — aux pommes apple pie (15)

la tasse cup (16)

la **Tchécoslovaquie** Czechoslo-
vakia (P17)

te (t') to (for, from) you (14)

le **tee-shirt** T-shirt (3)

la **télé** TV (6)

téléphoner à to telephone, to phone (9)

télévisé: le journal — TV news (6)

le **temps** weather (7)

quel — fait-il? what's it like out? what's the weather like? (7)

le **tennis** tennis (6)

la **terrasse d'un café** sidewalk café (10)

la **terre** land, earth (8)

la pomme de — potato (15)

tes pl. your (3)

la **tête** head (P16)

le **TGV** (train à grande vitesse) high-speed train (P17)

le **thé** tea (15)

le **théâtre** theater (P4;5)

le **thème** theme, composition (P1)

le **tigre** tiger (12)

le **timbre** stamp (14)

le **toboggan: la piste de** — toboggan run (P8)

toi you (1)

le **toit** roof (P6)

la **tomate** tomato (16)

tomber to fall (17)

ton your (3)

le **tort: avoir** — to be wrong (8)

tôt early (P8)

toucher à to border on (P17)

toujours always, still (6)

le **Tour de France** annual bicycle race (P4)

le **tourisme** tourism (13)

le bureau de — tourist office (13)

touriste m.&f. tourist (P10;18)

tout adv. entirely (P18)

— à coup suddenly (12)

— **de suite** right away (12)

tout pron. all, everything (P8;18)

après — after all (P17)

pas du — not at all (5)

— ce que everything that (P9)

— en rond all around (P2)

— va bien everything's fine (18)

tout, -e, pl. **tous, toutes** adj. all, every (18)

tous les goûts every taste (P15)

tous les jours every day (18)

tous les matins every morning (18)

tous les quatre ans every four years (P8)

tous les soirs every evening (18)

tout le monde everyone, everybody (P11;15)

traduire to translate (P14)

le **train** train (4)

le **traîneau: l'excursion en** — f. sleigh ride (P8)

tranquille tranquil, quiet (P18)

le **transport: la société de** — moving company (P14)

le **travail,** pl. **les travaux** work, job (13)

avoir du — to have work to do (4)

travailler to work (6)

treize thirteen (4)

treizième thirteenth (P13)

tréma diaeresis (¨) (P2)

trente thirty (7)

très very (1)

triste sad, unhappy (6)

trois three (4)

troisième third (P3)

la **trompette** trumpet (P14)

trop too (7)

— de too much, too many (16;18)

trouver to find (11)

se — to be, to be located (17)

tu you (2)

tunisien, -ienne Tunisian (P16)

typiquement typically (16)

un, une one (4); a, an (7)

unique only (12)

l'**université** f. university (11)

l'**usine** f. factory (2)

les **vacances** f.pl. vacation (7)

être (partir) en — to be (to leave) on vacation (17)

passer (prendre) des — to spend (to take) a vacation (P9;17)

la **vache** cow (12)

la **vaisselle** dishes (8)

faire la — to do the dishes (8)

la **valise** suitcase (18)

faire sa — to pack one's suitcase (18)

la **vallée** valley (P12)

la **vanille: une glace à la** — vanilla ice-cream cone (P15)

la **veille (de)** night before, eve (16)

la — de Noël Christmas Eve (16)

le **vélo** bike (4)

le **vendeur, la vendeuse** salesperson (11)

vendre to sell (10)

à — for sale (P12)

vendredi m. Friday (7)

venir to come (17)

— de + infinitive to have just (17)

le **vent** wind (7)

il fait du — it's windy (7)

venu past participle of **venir** (17)

le **verbe** verb (P2)

le **verre** glass (16)

vers around, about (7)

vert, -e green (6)

la **veste** jacket (14)

la **viande** meat (15)

vieux (vieil), vieille; *pl.* vieux,
vieilles old (8;12)
mon vieux, ma vieille old
buddy, old girl (16)
la villa villa (2)
la ville city, town (P8;9)
en — in(to) town, downtown
(9)
le vin wine (15)
le coq au — chicken
cooked in wine (15)
vingt twenty (4)
le violon violin (P14)
la visite: faire une — à to visit
(someone) (14)
visiter to visit *(a place)* (17)
vite quick! hurry! (4); quickly,
fast (10)
la vitrine store window (P14)
le vocabulaire vocabulary (P1)
le vœu, *pl.* les vœux: la carte
de —x greeting card (P11)
voici here is, here are (1)
voilà there is, there are (1)

la voile: le bateau à —s sailboat (4)
voir to see (13)
le voisin, la voisine neighbor (4)
la voiture car (4)
le volleyball volleyball (9)
vos *pl.* your (4)
votre your (4)
vouloir to want (P8;11)
ce que vous voulez what
you want (P11)
je veux bien I'd like that; I
don't mind (11)
je voudrais I'd like (11)
nous voudrions we'd like
(11)
— dire to mean (11)
voulu *past participle of* vouloir (16)
vous you (1;2); to (for, from)
you (14)
le voyage trip (17)
faire un — to take a trip
(8)

partir en — to leave on a
trip (17)
vrai, -e true (11)
vraiment really, truly (10)
vu *past participle of* voir (16)
la vue view (P17)

le week-end weekend (P13)
le western western *(movie)* (9)
le wolof Wolof *(a Senegalese
language)* (9)

y there; it (P10;15)
il y a there is, there are (5)
il y a + *time* ago (17)
les yeux *see* œil
la Yougoslavie Yugoslavia (P17)

zéro *m.* zero (7)
le zoo zoo (12)
zut! darn! (7)

English-French Vocabulary

The *English-French Vocabulary* contains active vocabulary only.

a, an un, une (7)
able: to be — pouvoir (11)
about de (6); vers (7)
— what de quoi (13)
above au-dessus de (12)
to accompany accompagner
(14)
acquainted: to be — with
connaître (18)
across from en face de (5)
actor l'acteur *m.* (13)
actress l'actrice *f.* (13)
afraid: to be — (of) avoir
peur (de) (8)
Africa l'Afrique *f.* (17)
after, afterward après (7)

afternoon l'après-midi *m.* (6)
in the — l'après-midi *m.*
(6); *time* + — de
l'après-midi (6)
ago il y a + *time* (17)
airplane l'avion *m.* (4)
airport l'aéroport *m.* (5)
alarm clock le réveil (14)
algebra l'algèbre *f.* (11)
all *adj.* tout, -e; tous, toutes
pron. tout
not at — pas du tout (5)
almost presque (7)
alone seul, -e (12)
already déjà (11)
also aussi (4)

always toujours (6)
a.m. du matin (6)
America l'Amérique *f.* (17)
Central — l'Amérique
centrale (17)
North — l'Amérique du
Nord (17)
South — l'Amérique du
Sud (17)
American américain, -e (2;9)
amusing amusant, -e (14)
and et (1)

animal l'animal, *pl.* les animaux *m.* (12)
to announce annoncer (15)
annoying embêtant, -e (18)
answer la réponse (11)
to answer répondre à (10)
any des (7); *(after negative)* de (7;15); en (15)
   not — more ne . . . plus (18)
   anybody, anyone; not — ne . . . personne (18)
   anything: not — ne . . . rien (18)
apartment l'appartement *m.* (2)
   — building l'immeuble *m.* (18)
appetizer les hors-d'œuvre *m.pl.* (15)
apple la pomme (15)
   — pie la tarte aux pommes (15)
April avril *m.* (7)
around vers (7)
to arrive arriver (6)
artist l'artiste *m.& f.* (13)
as comme (13)
Asia l'Asie *f.* (17)
to ask, to ask for demander (6)
   to — questions poser des questions (11)
   to — (someone), to — (someone) for demander à (6)
at à (3); chez (3)
   — last enfin (12)
Athens Athènes (10)
Atlantic Ocean l'Atlantique *m.* (17)
to attend assister à (11)
August août *m.* (7)
aunt la tante (3)
Australia l'Australie *f.* (17)
author l'auteur *m.* (9)
autumn l'automne *m.* (7)
   in — en automne (7)

aw! bof! (8)
awful affreux, -euse (18)

bad mal (1); mauvais, -e (9)
   that's too — c'est dommage (4)
   it's — out il fait mauvais (7)
badly mal (10)
baggage les bagages *m.pl.* (18)
bank la banque (2)
basketball le basketball (9)
   to play — jouer au basketball (9)
bathing suit le maillot (3)
to be être (3); se trouver (17)
beach la plage (2)
beans les haricots verts *m.pl.* (15)
bear l'ours *m.* (12)
beautiful beau (bel), belle, *pl.* beaux, belles (8;12)
because parce que (4)
to become devenir (17)
beer la bière (10)
before avant (7)
   the night — la veille (de) (16)
to begin commencer (15)
beginning le commencement (18)
behind derrière (4)
Belgian belge (10)
Belgium la Belgique (17)
to believe croire (13)
below au-dessous de (12)
belt la ceinture (14)
beside à côté de (5)
bet: you — en effet (18)
beverage la boisson (10)
big grand, -e (6)
bike le vélo (4)
bill l'addition *f.* (15)
billfold le portefeuille (14)
biology la biologie (11)
bird l'oiseau, *pl.* les oiseaux (12)
birthday l'anniversaire *m.* (14)

happy —! bon anniversaire! (14)
black noir, -e (5)
blackboard le tableau, *pl.* les tableaux (2)
blond, a blond(e) blond, -e (9)
blouse la blouse (3)
blue bleu, -e (5)
to blush rougir (7)
boat le bateau, *pl.* les bateaux (4)
   sail— le bateau à voiles (4)
book le livre (1)
bookstore la librairie (11)
boot la botte (14)
boring ennuyeux, -euse (14)
born né, -e (17)
   to be — naître (17)
to borrow (from) emprunter (à) (14)
bouillabaisse la bouillabaisse (16)
boutique la boutique (13)
bowl le bol (16)
box la boîte (18)
boy le garçon (3)
bracelet le bracelet (14)
bread le pain (15)
to break casser (16)
breakfast le petit déjeuner (6)
   to have — déjeuner (6)
to bring apporter (6)
brother le frère (3)
brown brun, -e (9)
brunette brun, -e (9)
Brussels Bruxelles (10)
buddy: old — mon vieux (16)
building: apartment — l'immeuble *m.* (18)
bus l'autobus *m.* (2)
business les affaires *f.pl.;* la société (14)
   to be in — être dans les affaires (14)
businessman l'homme d'affaires *m.* (13)

businesswoman la femme d'affaires (13)
busy occupé, -e (10)
  to be — avoir du travail (4)
but mais (3); sauf (18)
butter le beurre (15)
by en (4); par (4); au bord de (12)
bye (good-by) salut (2)

café le café (5)
  sidewalk — la terrasse d'un café (10)
café au lait le café au lait (16)
cake le gâteau (14)
  birthday — le gâteau d'anniversaire (14)
calendar le calendrier (2)
to camp out faire du camping (17)
camper la caravane (17)
can *see* **able**
Canada le Canada (17)
Canadian canadien, -ienne (2;9)
car la voiture (4)
caramel custard la crème caramel (15)
card la carte (6)
  to play —s jouer aux cartes (6)
  post — la carte postale (14)
cartoon: movie — le dessin animé (6)
cassette recorder le magnétophone à cassettes (2)
cassette tape la cassette (2)
castle le château (5)
cat le chat (12)
celebration la fête (14)
Central America l'Amérique centrale *f.* (17)
certainly bien sûr (9)
chair la chaise (2)
chalk la craie (2)
chapter le chapitre (11)
château le château, *pl.* les châteaux (5)

check l'addition *f.* (15)
cheese le fromage (15)
  grilled ham and — le croque-monsieur, *pl.* les croque-monsieur (15)
chemistry la chimie (11)
chess les échecs *m.pl.* (6)
  to play — jouer aux échecs (6)
chicken la poule (12)
  — cooked in wine le coq au vin (15)
child l'enfant *m.&f.* (3)
chin up! bon courage! (14)
China la Chine (17)
Chinese chinois, -e (9); le chinois (9)
chocolate le chocolat (15)
  — mousse la mousse au chocolat (15)
choice le choix (9)
to choose choisir (7)
Christmas Noël (7)
  — Eve la veille de Noël (16)
church l'église *f.* (2)
citron pressé le citron pressé, lemonade (10)
city la ville (9)
  to (in) the — en ville (9)
class la classe (1); le cours (11)
classmate camarade de classe *m&f.* (11)
classroom la salle de classe (1)
to clear (the table) débarrasser (la table) (16)
clerk l'employé *m.*, l'employée *f.* (de bureau) (13)
to climb monter (17)
climbing: to go mountain- — faire de l'alpinisme *m.* (8)
clock: alarm — le réveil (14)
to close fermer (6)
clothes les habits *m.pl.* (3)
cloud le nuage (8)
coat le manteau, *pl.* les manteaux (14)

rain — l'imperméable *m.* (14)
coffee le café (10)
  a cup of — un café (10)
Coke le Coca (10)
cold froid, -e (8)
  it's — out il fait froid (7)
  to be — *(of people)* avoir froid (8)
color la couleur (5)
  what —? de quelle couleur? (5)
to come venir (17)
  that comes to how much? ça fait combien? (15)
  to — back (from) rentrer (de) (6); revenir (17)
  to — down descendre (17)
  to — in entrer (dans) (6)
  to — up monter (17)
company la société (14)
concert le concert (9)
concierge le/la concierge (12)
congratulations! félicitations! (14)
conscientious sérieux, -euse (11)
continent le continent (17)
to cook faire la cuisine (16)
cooking la cuisine (16)
cool: it's — out il fait frais (7)
Copenhagen Copenhague (10)
coq au vin le coq au vin (15)
corner le coin (5)
  on the — au coin de la rue (5)
correct correct, -e (11)
to cost coûter (10)
to count compter (11)
country la campagne (2); le pays (17)
course:
  of — bien sûr (9)
  of — not mais non (2)

cousin le cousin, la cousine (3)
cow la vache (12)
cream la crème (15)
crescent roll le croissant (16)
cup la tasse (16)
   — **of coffee** un café (10)

dad papa *m.* (5)
dance la danse (14)
to dance danser (14)
   Danish danois, -e (10); le
      danois (10)
dark: it's — out il fait nuit (8)
date la date (7)
   what's the —? quelle est
      la date? (7)
daughter la fille (3)
day le jour (7); la journée (11)
   every — tous les jours (18)
   Father's (Mother's) Day la
      Fête des Pères (des
      Mères) (11)
   it's —time il fait jour (8)
   what — is it? quel jour
      sommes-nous? (7)
December décembre *m.* (7)
Denmark le Danemark (17)
dentist le/la dentiste (13)
department store le grand
   magasin (9)
desk le bureau, *pl.* les bureaux (2); le pupitre (2)
   information — le bureau
      de renseignements
      (18)
dessert le dessert (15)
detective:
   — **film** le film policier (6)
   — **novel** le roman policier
      (10)
to die mourir (17)
diet le régime (15)
   on a — au régime (15)
difficult difficile (5)
to dine dîner (6)
   dining room la salle à
      manger (16)

dinner le dîner (6)
   to have — dîner (6)
dishes la vaisselle (8)
   to do the — faire la
      vaisselle (8)
to dive plonger (15)
to do faire (6;8)
   doctor le médecin (13)
   documentary le docu-
      mentaire (6)
   dog le chien (12)
   door la porte (1)
   down: to come (go) —
      descendre (17)
   downtown en ville (9)
   dragon le dragon (8)
to draw dessiner (13)
   dreadful: how —! quelle
      horreur! (18)
   dress la robe (3)
   drink la boisson (10)
to drink: to have something to
   — prendre quelque
      chose (12)
   duck le canard (12)
   dull ennuyeux, -euse (14)
   dumb bête (10)
   during pendant (12)
   Dutch hollandais, -e (10); le
      hollandais (10)

each chaque (14)
early de bonne heure (17)
earth la terre (8)
east l'est *m.* (17)
easy facile (5)
to eat manger (15)
   to have something to —
      prendre quelque
      chose (12)
egg l'œuf *m.* (15)
eight huit (4)
eighteen dix-huit (4)
eighty quatre-vingts (13)
elephant l'éléphant *m.* (12)
eleven onze (4)
employee l'employé *m.,*
   l'employée *f.* (13)
end la fin (18)
energetic énergique (6)

engaged fiancé, -e (12)
engineer l'ingénieur *m.* (13)
England l'Angleterre *f.* (17)
English anglais, -e (9); l'anglais *m.* (9)
English Channel la Manche
   (17)
enjoyable amusant, -e (14)
enough assez (de) (16)
   that's —! oh ça va, ça va!
      (15)
to enter entrer (dans) (6)
enthusiastic (about) passionné, -e (par) (13)
envelope l'enveloppe *f.* (14)
eraser la gomme (1)
especially surtout (14)
Europe l'Europe *f.* (17)
eve la veille (de) (16)
   Christmas Eve la veille
      de Noël (16)
evening le soir (6); la soirée
   (11)
   every — tous les soirs
      (18)
   in the — le soir (6); *time*
      + **—** du soir (6)
   last — hier soir (11)
every chaque (14); tous les,
   toutes les (18)
everybody, everyone tout
   le monde (15)
everything tout (18)
   —'s fine tout va bien
      (18)
exam l'examen *m.* (11)
   to fail an — rater un exa-
      men (11)
   to pass an — réussir à un
      examen (11)
   to take an — passer un
      examen (11)
example: for — par exemple (11)
excellent excellent, -e (15)
except sauf (18)
excuse me pardon (5)
expensive cher, chère (11)
   to be — coûter cher (10)
   to be in— coûter peu (10)

factory l'usine *f.* (2)

to fail: — a test rater un examen (11)

fall l'automne *m.* (7)

    in the — en automne (7)

to fall tomber (17)

false faux, fausse (11)

family la famille (3)

famous célèbre (9)

far (from) loin (de) (5)

farm la ferme (12)

farmer l'agriculteur *m.* (12)

fast vite (10)

fat gros, grosse (9)

    to get — grossir (7)

father le père (3)

    Father's Day la Fête des Pères (11)

February février *m.* (7)

few peu de (18)

    a — quelques (14)

fiancé(e) le fiancé, la fiancée (12)

fifteen quinze (4)

    6:15 six heures et quart (9)

fifty cinquante (7)

film le film (6)

    detective — le film policier (6)

finally enfin (12)

to find trouver (11)

fine:

    things are — ça va bien (1)

    everything's — tout va bien (18)

to finish finir (7)

first premier, ière (12)

    (at) — d'abord (9)

    the — of le premier + *month* (7)

fish le poisson (15)

    — stew la bouillabaisse (16)

five cinq (4)

to fix *(food)* préparer (6)

flag le drapeau, *pl.* les drapeaux (2)

Flemish flamand, -e (10); le flamand (10)

flight attendant l'hôtesse de l'air *f.;* le steward (13)

flower la fleur (4)

foot: on — à pied (4)

football le football américain (6)

    to play — jouer au football américain (6)

for pour (9)

foreign étranger, -ère (10)

to forget oublier (14)

fork la fourchette (16)

former ancien, -ne (13)

fortunately heureusement (12)

forty quarante (7)

    — -five quarante-cinq (7)

    5:45 six heures moins le quart (9)

four quatre (4)

fourteen quatorze (4)

franc le franc (10)

France la France (17)

free libre (9)

to freeze geler (9)

    it's freezing il gèle (7)

French français, -e (2;9); le français (9)

French fries les pommes frites *f.pl.* (15)

Friday vendredi *m.* (7)

friend l'ami *m.,* l'amie *f.* (2); le copain, la copine (4)

to frighten faire peur à (12)

from de (6)

    across — en face de (5)

    front: in — of devant (4)

fruit les fruits *m.pl.* (15)

fun amusant, -e (14)

to gain weight grossir (7)

game le match, *pl.* les matchs (6)

garage le garage (4)

garden le jardin (4)

garlic l'ail *m.* (16)

generous généreux, -euse (6)

gentleman le monsieur, *pl.* les messieurs (10)

    ladies and gentlemen messieurs-dames (15)

geography la géographie (11)

geometry la géométrie (11)

German allemand, -e (9); l'allemand *m.* (9)

Germany l'Allemagne *f.* (17)

to get:

    — fat grossir (7)

    — off (out of) descendre (de) (17)

    — on (in) monter (dans) (17)

    let's — going! allons-y! (4)

gift le cadeau, *pl.* les cadeaux (11)

giraffe la girafe (12)

girl la jeune fille (3); la fille (10)

    old — ma vieille (16)

to give (to) donner (à) (6); offrir (à) (11)

glass le verre (16)

glove le gant (14)

to go aller (2)

    to — back (to) rentrer (à) (6); retourner (17)

    to — by passer (11)

    to — camping faire du camping (17)

    to — down descendre (17)

    to — in entrer (dans) (6)

    to — out sortir (de) (9)

    to — over réviser (6)

    to — shopping faire des achats (8)

    to — up monter (17)

    to — with accompagner (14)

good bon, bonne (9)

    — idea! bonne idée! (9)

— in (+ *school subjects*) fort, -e en (11)

— luck! bonne chance! (14)

no — in (+ *school subjects*) nul, nulle en (11)

that's — c'est bon, ça (16)

good-by au revoir (1); salut (2)

grandfather le grand-père (3)

grandmother la grand-mère (3)

grandparents les grands-parents *m.pl.* (3)

grass l'herbe *f.* (4)

gratuity le pourboire (15)

gray gris, -e (6)

great! chouette! (4); chic! (7)

Greece la Grèce (17)

greedy avare (6)

Greek grec, grecque (10); le grec (10)

green vert, -e (6)

— beans les haricots verts *m.pl.* (15)

grenadine la grenadine (10)

grilled ham and cheese le croque-monsieur (15)

guest l'invité *m.*, l'invitée *f.* (14)

guidebook le guide (18)

guitar la guitare (14)

to play the — jouer de la guitare (14)

gymnasium le gymnase (9)

Haiti Haïti (17)

half past *time* + et demie (9)

ham le jambon (15)

grilled — and cheese le croque-monsieur, *pl.* les croque-monsieur (15)

handkerchief le mouchoir (14)

handsome beau (bel), belle, *pl.* beaux, belles (8;12)

happy heureux, -euse (6); content, -e (18)

— birthday bon anniversaire (14)

hard difficile (5)

hat le chapeau, *pl.* les chapeaux (3)

to have avoir (4)

to — to il faut (9)

he il (2)

to hear entendre (10)

heck no mais non (2)

hello bonjour (1); salut (2); *(on telephone)* allô (9)

hen la poule (12)

her elle (3); sa, son, ses (3); la (l') (13)

to (for, from) — lui (14)

here ici (5)

— is, — are voici (1)

hi salut (2)

to hide cacher (16)

high school le lycée (5)

high-school student le lycéen, la lycéenne (11)

him lui (3); le (l') (13)

to (for, from) — lui (14)

hippopotamus l'hippopotame *m.* (12)

his sa, son, ses (3)

history l'histoire *f.* (11)

to hitchhike faire de l'auto-stop *m.* (8)

hockey le hockey (9)

to play — jouer au hockey (9)

home: at — chez + moi, toi, etc. (2)

homemaker la ménagère (13)

homework les devoirs *m.pl.* (6)

hors d'œuvres les hors-d'œuvre *m.pl.* (15)

horse le cheval, *pl.* les chevaux (12)

hospital l'hôpital, *pl.* les hôpitaux *m.* (2)

hot chaud, -e (8)

it's — out il fait chaud (7)

to be — *(of people)* avoir chaud (8)

hotel l'hôtel *m.* (2)

hour l'heure *f.* (6)

house la maison (2)

at (to) the — of chez (2)

housework: to do the — faire le ménage (16)

how comment (5)

— about that ça alors (13)

— are things? ça va? (1)

— many, — much combien de (5)

— much does that cost? combien est-ce que ça coûte? (10)

— much is? *(in math)* combien font? (8)

— old are you? quel âge avez-vous? (12)

that comes to — much? ça fait combien? (15)

to know — savoir (18)

however cependant (18)

hundred cent (13)

hungry: to be — avoir faim (8)

hurry! vite! (4)

in a — pressé, -e (18)

husband le mari (12)

I je (2); moi (3)

ice la glace (7)

ice cream la glace (10)

— bar l'esquimau, *pl.* les esquimaux *m.* (10)

idea: good —! bonne idée! (9)

if si (9)

ill: to look — avoir mauvaise mine (16)

impatient impatient, -e (10)

impolite impoli, -e (10)

important important, -e (10)

impossible impossible (5)

in à (3); dans (4); en (3)

included: tip — le service est compris (15)

indeed en effet (18)

indoors à l'intérieur (7)

inexpensive: to be — coûter peu (10)

information les renseignements *m.pl.* (18)

— desk le bureau de renseignements (18)

inside à l'intérieur (7)

intelligent intelligent, -e (11)

interesting intéressant, -e (14)

to intern faire un stage (13)

internship le stage (13)

into dans (4)

to invite inviter (14)

it elle, il (2); la, le, l' (13); y (15)

— is c'est (1); il (elle) est (3)

Italian italien, -ienne (9); l'italien *m.* (9)

Italy l'Italie *f.* (17)

its sa, son, ses (3)

jacket la veste (14)

ski — l'anorak *m.* (8)

jam la confiture (15)

janitor le/la concierge (12)

January janvier *m.* (7)

Japan le Japon (17)

Japanese japonais, -e (9); le japonais (9)

jeans le jean (3)

job l'emploi *m.* (13)

judge le juge (13)

July juillet *m.* (7)

June juin *m.* (7)

just: to have — venir de + *infinitive* (17)

key la clef (18)

kind aimable (10); gentil, -le (12)

kitchen la cuisine (16)

knife le couteau, *pl.* les couteaux (16)

to knock (on) frapper (à) (12)

to know connaître (18); savoir (18)

I don't — je ne sais pas (12)

to — how savoir (18)

laborer l'ouvrier *m.*, l'ouvrière *f.* (13)

ladies and gentlemen messieurs-dames (15)

lady la dame (10)

young — mademoiselle, *pl.* mesdemoiselles (1;3); la demoiselle (15)

lake le lac (8)

lamb: leg of — le gigot (15)

land la terre (8)

language la langue (10)

large grand, -e (6); gros, grosse (9)

last dernier, -ière (11)

at — enfin (12)

— evening hier soir (11)

— night hier soir (11)

late en retard (17)

to sleep — faire la grasse matinée (11)

later plus tard (9)

lawyer l'avocat *m.*, l'avocate *f.* (13)

lazy paresseux, -euse (6)

lead *(in a play)* le rôle principal, *pl.* les rôles principaux (13)

leaf la feuille (4)

to learn apprendre (12)

to — by heart apprendre par cœur (8)

to — how apprendre à + *infinitive* (12)

to leave partir (de) (9); quitter (18)

to — on a trip partir en voyage (17)

to — (something) behind laisser (14)

left: to the — (of) à gauche (de) (5)

leg of lamb le gigot (15)

lemonade le citron pressé (10)

to lend (to) prêter (à) (14)

leopard le léopard (12)

lesson la leçon (6)

let's *1 pl. form of any verb* (2)

letter la lettre (13)

letter carrier le facteur (13)

library la bibliothèque (9)

light: it's — out il fait jour (8)

likable sympa (14)

like: what's . . . —? comment est . . . ? (10)

to like aimer (6)

I'd — je voudrais (11)

we'd — nous voudrions (11)

lion le lion (12)

Lisbon Lisbonne (9)

to listen (to) écouter (6)

little petit, -e (6)

a — un peu (de) (18)

to live (in) habiter (6)

lively énergique (6)

located: to be — se trouver (17)

to lock fermer à clef (18)

London Londres (9)

long long, longue (9)

a — time longtemps (17)

longer: no — ne . . . plus (18)

to look (at) regarder (6)

to — for chercher (11)

to — out of regarder par (7)

to — well (ill) avoir bonne (mauvaise) mine (16)

to lose perdre (10)

to — weight maigrir (7)

lot:

a — beaucoup (5)

a — of beaucoup de (16)

a — of people beaucoup de monde (14)

to love aimer (6)

luck: good —! bonne chance! (14)

lucky: to be — (un—) (ne pas) avoir de la chance (14)

luggage les bagages *m.pl.* (18)

lunch le déjeuner (6)

  to have — déjeuner (6)

ma'am, madam madame, *pl.* mesdames (1;3)

to make faire (8)

Mali le Mali (17)

Malian malien, -ienne (13)

man l'homme *m.* (10); le monsieur, *pl.* les messieurs (10)

many beaucoup de (16)

  how — combien de (5)

  so — tant de (18)

  too — trop de (16)

map la carte (2)

  road — la carte routière (18)

March mars *m.* (7)

market le marché (9)

  super— le supermarché (9)

married marié, -e (12)

match le match, *pl.* les matchs (6)

math(ematics) les mathématiques, les maths *f.pl.* (11)

May mai *m.* (7)

maybe peut-être (10)

me moi (3); me (m') (14)

  to (for, from) — me (m') (14)

meal le repas (16)

mean méchant, -e (12)

to mean vouloir dire (11)

meat la viande (15)

Mediterranean la Méditerranée (17)

to meet rencontrer (13)

to memorize apprendre par cœur (12)

Mexican mexicain, -e (9)

Mexico le Mexique (17)

Mexico City Mexico (9)

middle: in the — of au milieu de (12)

midnight minuit (6)

military service: to do one's — faire son service militaire (13)

milk le lait (15)

mineral water l'eau minérale *f.* (15)

minus moins (8)

minute la minute (17)

Miss mademoiselle (1)

mistake: to make a — faire une faute (8)

modern moderne (13)

mom maman *f.* (5)

Monday lundi *m.* (7)

money l'argent *m.* (10)

monkey le singe (12)

month le mois (7)

Montreal Montréal (9)

moon la lune (8)

more: no — ne . . . plus (18)

morning le matin (6); la matinée (11)

  every — tous les matins (18)

  in the — le matin (6); *time + —* du matin (6)

Moscow Moscou (10)

mother la mère (3); maman *f.* (5)

  Mother's Day la Fête des Mères (11)

motorbike la moto (4)

motorcycle la moto (4)

mountain la montagne (2)

  to go — -climbing faire de l'alpinisme *m.* (8)

  to (in) the —s à la montagne (2)

mouse la souris (12)

mousse: chocolate — la mousse au chocolat (15)

movie le film (6)

  — cartoon le dessin animé (6)

  —s le cinéma (5)

  — theater le cinéma (5)

Mr. Monsieur (1)

Mrs. Madame (1)

much beaucoup de (16)

  how — combien (de) (5)

  so — tant (de) (18)

  too — trop (de) (16)

  very — beaucoup (5)

museum le musée (5)

music la musique (14)

must il faut (9)

my ma, mon, mes (3)

name: my — is je m'appelle (1)

napkin la serviette (16)

narrow étroit, -e (9)

naughty méchant, -e (12)

near près (de) (5)

nearby à côté (10)

neat! chic! (7)

necessary: it's — il faut (9)

necklace le collier (14)

necktie la cravate (14)

to need avoir besoin de (14)

neighbor le voisin, la voisine (4)

nephew le neveu, *pl.* les neveux (3)

the Netherlands les Pays-Bas *m.pl.* (17)

never ne . . . jamais (18)

new nouveau (nouvel), nouvelle, *pl.* nouveaux, nouvelles (8;12)

news: TV — le journal télévisé (6)

newspaper le journal, *pl.* les journaux (6)

next *(adj.)* prochain, -e (11); *(adv.)* ensuite (15)

  — to à côté de (5)

nice aimable (10); gentil, -le (12); sympa (14)

  it's — out il fait beau (7)

Niçoise salad la salade niçoise (15)

niece la nièce (3)

night la nuit (8)

  every — tous les soirs (18)

  it's —time il fait nuit (8)

  last — hier soir (11)

the — before la veille (de) (16)

nine neuf (4)

nineteen dix-neuf (4)

ninety quatre-vingt-dix (13)

no non (1); **pas de** + *noun* (8)

   heck — mais non (2)

   — good in + *school sub-jects* nul, nulle en (11)

   — longer ne . . . plus (18)

   — one personne ne . . . (18)

nobody personne ne . . . (18)

noise le bruit (18)

noon midi (6)

north le nord (17)

North America l'Amérique du Nord *f.* (17)

northeast le nord-est (17)

northwest le nord-ouest (17)

Norway la Norvège (17)

Norwegian norvégien, -ienne (10); le norvégien (10)

not pas (1;8); ne . . . pas (4)

   — any more ne . . . plus (18)

   — anyone ne . . . personne (18)

   — anything ne . . . rien (18)

   — at all pas du tout (5)

   of course — mais non (2)

   things are — so good ça ne va pas (1)

notebook le cahier (1)

nothing rien . . . ne (18)

novel le roman (9)

   detective — le roman policier (10)

November novembre *m.* (7)

now maintenant (5)

number *(of house, ticket, etc.)* le numéro (18)

nurse l'infirmier *m.*, l'infirmière *f. (13)*

occupation la profession (13)

occupied occupé, -e (10)

ocean l'océan *m.* (17)

o'clock une heure, deux heures, etc. (6)

October octobre *m.* (7)

of de (2;5)

off: to get — descendre (de) (17)

to offer (to) offrir à (11)

office le bureau, pl. les bureaux (5)

   — clerk l'employé *m.,* l'employée *f.* de bureau (13)

   post — la poste (2)

   tourist — le bureau de tourisme (13)

often souvent (7)

oh dear! oh là là! (12)

oil l'huile *f.* (16)

OK d'accord (3)

old vieux (vieil), vieille, pl. vieux, vieilles (8;12); ancien, -ne (13)

   how — are you? quel âge avez-vous? (12)

   — buddy, — girl mon vieux, ma vieille (16)

older aîné, -e (12)

omelette l'omelette *f.* (15)

on sur (3); à (4)

   to get — monter (dans) (17)

once une fois (18)

one un, une (4)

onion l'oignon — (15)

   — soup la soupe à l'oignon (15)

only *(adj.)* seul, -e (10); unique (12); *(adv.)* seulement (12); ne . . . que (18)

to open ouvrir (6)

opera (house) l'opéra *m.* (5)

opposite en face de (5)

or ou (5)

orangeade l'orangeade *f.* (10)

order: in — to pour (9)

to order commander (10)

to organize organiser (14)

other autre (10)

our notre, nos (4)

out:

   to get — of descendre (de) (17)

   to go — sortir (de) (9)

outdoors dehors (7)

outside dehors (7)

over:

   — there là-bas (3)

   to go — réviser (6)

overcoat le manteau, *pl.* les manteaux (14)

oyster l'huître *f.* (15)

Pacific Ocean le Pacifique (17)

to pack (one's bags) faire ses bagages *m.pl.* (18)

package le paquet (14)

page la page (2)

pants le pantalon (3)

paper le papier (1)

   news— le journal, *pl.* les journaux (6)

paperback le livre de poche (11)

pardon me pardon (5)

parents les parents *m.pl.* (3)

park le parc (4)

part *(in a play)* le rôle (13)

party la fête (14); la surprise-party, *pl.* les surprises-parties (14)

to pass (a test) réussir à (un examen) (11)

to pass by passer (11)

pastry la pâtisserie (15)

pâté le pâté (15)

patient patient, -e (10)

peas les petits pois *m.pl.* (15)

Peking Pékin (9)

pen le stylo (1)

pencil le crayon (1)

people les gens *m.pl.* (10)

   a lot of — beaucoup de monde (14)

pepper le poivre (16)

perfect parfait, -e (14)

perhaps peut-être (10)

pharmacist le pharmacien, la pharmacienne (13)

pharmacy la pharmacie (13)

to phone téléphoner à (9)

photo(graph) la photo (11)

physics la physique (11)

piano le piano (14)

  to play the — jouer du piano (14)

picture l'image f. (2); la photo (11)

pie la tarte (15)

  apple — la tarte aux pommes (15)

pig le cochon (12)

pilot le pilote (13)

to place mettre (16)

plane l'avion m. (4)

plans les projets m.pl. (17)

plate l'assiette f. (16)

play la pièce (6)

  to put on a — jouer une pièce (13)

to play jouer (6)

  to — (musical instruments) jouer de (14)

  to — (sports, games) jouer à (6)

  to — a part jouer un rôle (13)

pleasant agréable (12)

please s'il vous (te) plaît (5)

p.m. de l'après-midi (6); du soir (6)

poem le poème (9)

poet le poète (9)

policeman l'agent m. (5)

polite poli, -e (10)

pool: swimming — la piscine (2)

poor pauvre (5)

pork roast le rôti de porc (15)

port le port (5)

Portugal le Portugal (17)

Portuguese portugais, -e (9); le portugais (9)

possible possible (5)

post card la carte postale (14)

poster l'affiche f. (1)

postman le facteur (13)

post office la poste (2)

potato la pomme de terre (15)

to prefer aimer mieux (6)

to prepare préparer (6)

present le cadeau, pl. les cadeaux (11)

pretty joli, -e (5)

  — + adj. or adv. assez (12)

profession la profession (13)

progress: to make — faire des progrès m.pl. (13)

to pronounce prononcer (15)

Provence: of (from) — provençal, -e; pl. provençaux, -çales (16)

pupil l'élève m.&f. (1)

purse le sac (14)

to put (in, on) mettre (16)

  to — on a play jouer une pièce (13)

quarter:

  — past (six) (six) heures et quart (9)

  — to (six) (six) heures moins le quart (9)

quebecois québécois, -e (10)

question la question (11)

  to ask —s poser des questions (11)

quick! vite! (4)

quickly vite (10)

quite assez (12)

radio la radio (6)

railroad station la gare (2)

rain la pluie (7)

to rain pleuvoir (9)

  it's —ing il pleut (7)

raincoat l'imperméable m. (14)

rather assez + adj. or adv. (12)

to read lire (14)

really vraiment (10)

  — + adj. bien (8)

to recognize reconnaître (18)

record le disque (6)

  — player l'électrophone m. (14)

recorder:

  tape — le magnétophone (2)

  cassette — le magnétophone à cassettes (2)

red rouge (5)

  to turn — rougir (7)

redheaded, a redhead roux, rousse (9)

refrigerator le réfrigérateur (16)

to remain rester (6)

response la réponse (11)

restaurant le restaurant (5)

to return rentrer (à) (6)

to review réviser (6)

rhinoceros le rhinocéros (12)

rice le riz (15)

rich riche (5)

right:

  — away tout de suite (12)

  that's — c'est ça (3)

  to be — avoir raison (8)

  to the — (of) à droite (de) (5)

ring la bague (14)

river le fleuve (8)

road la route (11)

roast pork le rôti de porc (15)

role le rôle (13)

  lead — le rôle principal, pl. les rôles principaux (13)

room:

  class— la salle de classe (1)

  dining — la salle à manger (16)

rooster le coq (12)

rude impoli, -e (10)

to run into rencontrer (13)

Russia la Russie (17)

Russian russe (10); le russe (10)

sad triste (6)

sailboat le bateau à voiles (4)

sailor le marin (13)

salad la salade (15)

salesperson le vendeur, la vendeuse (11)

salt le sel (16)

same même (10)

sand le sable (8)

sandwich le sandwich, pl. les sandwichs (14)

Saturday samedi m. (7)

saucer la soucoupe (16)

sausage le saucisson (15)

to say (to) dire (à) (14)

to scare faire peur à (12)

scarf l'écharpe (8); le foulard (14)

school l'école f. (2)

  high — le lycée (5)

sea la mer (8)

season la saison (7)

  in what —? en quelle saison? (7)

secretary le/la secrétaire (13)

to see voir (13)

to sell vendre (10)

Senegal le Sénégal (17)

Senegalese sénégalais, -e (9)

sentence la phrase (11)

September septembre m. (7)

serious sérieux, -euse (11)

to serve servir (9)

service: at your — à votre service (5)

to set the table mettre le couvert (16)

seven sept (4)

seventeen dix-sept (4)

seventy soixante-dix (13)

several plusieurs (14)

she elle (2)

sheep le mouton (12)

shirt la chemise (3)

shoe la chaussure (3)

  gym — la chaussure de sport (3)

shop la boutique (13)

to shop faire des achats (8)

  short petit, -e (6); court, -e (9)

to show (to) montrer à (6)

sidewalk café la terrasse d'un café (10)

silence le silence (18)

to sing chanter (14)

  sink l'évier m. (16)

  sir monsieur, pl. messieurs (1;3)

sister la sœur (3)

six six (4)

sixteen seize (4)

sixty soixante (7)

ski le ski (8)

to ski faire du ski (8)

  to water-— faire du ski nautique (8)

ski jacket l'anorak m. (8)

skiing le ski (8)

skinny maigre (9)

skirt la jupe (3)

sky le ciel (8)

slacks le pantalon (3)

to sleep dormir (9)

  to — late faire la grasse matinée (11)

sleepy: to be — avoir sommeil (8)

slowly lentement (10)

small petit, -e (6)

smart calé, -e (10)

snack le goûter (6)

snail l'escargot m. (15)

snow la neige (7)

to snow neiger (9)

  it's —ing il neige (7)

so alors (3); si (11)

  — much, — many tant de (18)

soccer le football (6)

  to play — jouer au football (6)

social studies les sciences sociales f.pl. (11)

sock la chaussette (3)

soldier le soldat (13)

some des (7;15); quelques (14); de la (l'), du (15); en (15)

someone quelqu'un (18)

something quelque chose (12)

  to have — (to eat or drink) prendre quelque chose (12)

sometimes quelquefois (7)

son le fils (3)

song la chanson (14)

soon bientôt (12)

  see you —! à bientôt! (9)

sorry: to be — regretter (18)

so-so comme ci, comme ça (1)

soup la soupe (15)

  onion — la soupe à l'oignon (15)

south le sud (17)

South America l'Amérique du Sud f. (17)

southeast le sud-est (17)

southwest le sud-ouest (17)

Spain l'Espagne f. (17)

Spanish espagnol, -e (9); l'espagnol m. (9)

to speak parler (6)

to spend (time) passer (11)

spoon la cuillère (16)

sports les sports m.pl. (6)

spring le printemps (7)

  in the — au printemps (7)

stadium le stade (5)

stamp le timbre (14)

star l'étoile f. (8)

to start commencer (15)

station: railroad — la gare (2)

to stay rester (6)

steak le bifteck (15)

still toujours (6)

stingy avare (6)

stocking le bas (3)

store le magasin (11)

  book— la librairie (11)

  department — le grand magasin (9)

story l'histoire f. (11)

stove la cuisinière (16)

stranger l'inconnu m., l'inconnue f. (12)

street la rue (5)

student l'élève m.&f. (1)

  college — l'étudiant m., l'étudiante f. (11)

  high-school — le lycéen, la lycéenne (11)

studies: social — les sciences sociales f.pl. (11)

to study étudier (6)

stupid bête (10)

to succeed (in) réussir à + infinitive (12)

suddenly tout à coup (12)

sugar le sucre (15)

suit le complet (14)

  bathing — le maillot (3)

suitcase la valise (18)

   to pack one's — faire sa valise (18)

summer l'été *m.* (7)

   in — en été (7)

sun le soleil (7)

   it's sunny il fait du soleil (7)

Sunday dimanche *m.* (7)

supermarket le supermarché (9)

sweater le pull-over (3)

Sweden la Suède (17)

Swedish suédois, -e (10); le suédois (10)

to swim nager (15)

   swimming pool la piscine (2)

table la table (2)

   to set the — mettre le couvert (16)

   to clear the — débarrasser la table (16)

tablecloth la nappe (16)

to take prendre (12)

   to — *(courses)* faire de + course (11)

   to — a test passer un examen (11)

   to — a trip faire un voyage (8)

to talk parler (6)

   tall grand, -e (6)

   tanned bronzé, -e (8)

   tape la bande (2)

   — recorder le magnétophone (2)

   tea le thé (15)

to teach enseigner (11)

   teacher le professeur, le prof (1)

to telephone téléphoner à (9)

   television la télé (6)

to tell dire (à) (14)

   — about raconter (18)

   ten dix (4)

   tennis le tennis (6)

   to play — jouer au tennis (6)

   terrible affreux, -euse (18)

   test l'examen *m.* (11)

to fail a — rater un examen (11)

   to pass a — réussir à un examen (11)

   to take a — passer un examen (11)

to thank (for) remercier (pour) (14)

   thank you, thanks merci (1)

that ça (1); ce (cet), cette (10); que (13)

   — is c'est (1)

the le, la, l' (1); les (2)

theater le théâtre (5)

   movie — le cinéma (5)

their leur, -s (4)

them elles, eux (3); les (13)

   to (for, from) — leur (14)

then alors (3); puis (12); ensuite (15)

there là (5); y (15)

   over — là-bas (3)

   — is, — are voilà (1); il y a (5)

these ces (10)

   — are ce sont (2)

they elles, ils, on (2); eux (3)

   — are ce (ils, elles) sont (2;3)

thin maigre (9)

   to get — maigrir (7)

thing la chose (11)

   how are —s? ça va? (1)

   —s are fine ça va bien (1)

   —s are not so good ça ne va pas (1)

to think penser (12); croire (13)

   to — about penser à (12)

   to — of penser de (14)

thirsty: to be — avoir soif (8)

thirteen treize (4)

thirty trente (7)

   6:30 six heures et demie (9)

this ce (cet), cette (10)

   — is c'est (1); *(on telephone)* ici (9)

those ces (10)

   — are ce sont (2)

thousand mille (13); *(in dates)* mil (13)

three trois (4)

Thursday jeudi *m.* (7)

ticket le billet (10)

tie la cravate (14)

tiger le tigre (12)

time la fois (18)

   a long — longtemps (18)

   (at) what —? à quelle heure? (6)

   on — à l'heure (17)

   —s *(in math)* fois (13)

   what — is it? quelle heure est-il? (6)

timetable l'horaire *m.* (18)

tip le pourboire (15)

   — included le service est compris (15)

tired fatigué, -e (10)

to à (2;5); chez (2); en (9)

toast le pain grillé (16)

today aujourd'hui (7)

   — is c'est aujourd'hui (7); nous sommes (7)

together ensemble (5)

tomato la tomate (16)

tomorrow demain (9)

tonight ce soir (10)

too aussi (4); trop (7)

   — much, — many trop de (16)

tourism le tourisme (13)

tourist le/la touriste (18)

   — office le bureau de tourisme (13)

town la ville (9)

   to (in) — en ville (9)

traffic la circulation (18)

train le train (4)

   — station la gare (2)

to train faire un stage (13)

   training period le stage (13)

tree l'arbre *m.* (4)

trip le voyage (17)

   on a — en voyage (17)

   to take a — faire un voyage (8)

truck le camion (4)

true vrai, -e (11)

truly vraiment (10)

trunk la malle (18)

T-shirt le tee-shirt (3)

Tuesday mardi *m.* (7)

turkey le dindon (12)

to turn:

   — red rougir (7)

   — yellow jaunir (7)

TV la télé (6)

   — **news** le journal télévisé (6)

twelve douze (4)

twenty vingt (4)

twice deux fois (18)

two deux (4)

typically typiquement (16)

ugly laid, -e (6)

umbrella le parapluie (14)

uncle l'oncle *m.* (3)

under sous (3)

to understand comprendre (12)

unfortunately malheureuse-ment (9)

unhappy triste (6)

United States les Etats-Unis *m.pl.* (17)

university l'université *f.* (11)

unknown inconnu, -e (9)

unoccupied libre (10)

unpleasant désagréable (12)

until jusqu'à (11)

up: to go — monter (17)

us nous (3); nous (14)

   to (for, from) — nous (14)

vacation les vacances *f.pl.* (7)

   to be (to leave) on — être (partir) en vacances (17)

   to spend (to take) a — passer (prendre) des vacances (17)

van la caravane (17)

vegetable le légume (15)

very très (1)

   — **much** beaucoup (5)

villa la villa (2)

to visit *(someone)* faire une visite à (14); *(a place)* visiter (17)

volleyball le volleyball (9)

   to play — jouer au volley-ball (9)

to wait (for) attendre (10)

   to — on servir (9)

waiter le garçon (10)

waitress la serveuse (10)

wallet le portefeuille (14)

to want vouloir (11)

warm chaud, -e (8)

   it's — out il fait chaud (7)

   to be — *(of people)* avoir chaud (8)

wastebasket la corbeille (1)

watch la montre (14)

to watch regarder (6)

   — **out!** attention! (16)

water l'eau, *pl.* les eaux *f.* (8)

   mineral — l'eau minérale *f.* (15)

to water-ski faire du ski nauti-que (8)

way: on the — (to) en route (pour) (11)

we nous, on (2)

to wear porter (6)

weather le temps (7)

Wednesday mercredi *m.* (7)

week la semaine (7); huit jours (17)

   two —s quinze jours (17)

weight:

   to gain — grossir (7)

   to lose — maigrir (7)

welcome: you're — je vous (t')en prie (5); il n'y a pas de quoi (14)

well bien (1)

   to look — avoir bonne mine (16)

well . . . eh bien (1)

well-behaved sage (10)

west l'ouest *m.* (17)

western *(movie)* le western (9)

what? qu'est-ce qui? (5); qu'est-ce que? (6); quel? quelle? (6;7;12); que? (12); quoi? (13)

when quand (6)

where où (1)

   from — d'où (17)

which? quel? quelle? (12)

while pendant que (6)

white blanc, blanche (6)

who qui (2)

whom? qui est-ce que? (12)

   to — à qui (13)

why pourquoi (4)

wide large (9)

wife la femme (12)

wind le vent (7)

   it's windy il fait du vent (7)

window la fenêtre (1)

wine le vin (15)

winter l'hiver *m.* (7)

   in — en hiver (7)

with avec (3)

   to go — accompagner (14)

without sans (18)

Wolof le wolof (9)

woman la femme (10)

word le mot (11)

work le travail, *pl.* les travaux (13)

   to have — to do avoir du travail (4)

to work travailler (6)

worker l'ouvrier *m.,* l'ouvrière *f.* (13)

world le monde (17)

worried inquiet, -iète (10)

wristwatch la montre (14)

to write écrire (14)

wrong:

   to be — avoir tort (8)

   what's —? qu'est-ce qui ne va pas? (16)

year l'année *f.* (7); l'an *m.* (12)

   to be . . . —s old avoir . . . ans (12)

yellow jaune (5)

   to turn — jaunir (7)

yes oui (1); si (8)

yesterday hier (11)

you toi (1); tu (2); vous (1;2); te (t'), vous (14)

   to (for, from) — te (t'), vous (14)

young jeune (5)

   — **lady** mademoiselle, *pl.* mesdemoiselles (1;3); la demoiselle (15)

younger cadet, -ette (12)

your ta, ton, tes (3); votre, vos (4)

zero zéro (7)

zoo le zoo (12)

Index

à:
　+ determiner 72, 84, 343
　replaced by indirect object
　　　pronoun 271, 276, 319
　uses of 37, 84
　vs. **chez** 17
　with geographical terms 153,
　　　176, 330, 343
accents 25
adjectives 80, 104, 140, 160,
　　　180, 224, 249
　beau, nouveau, vieux 140,
　　　224
　ending in a nasal vowel 160,
　　　224
　interrogative **quel** 229
　of nationality 153, 176
　position of 80, 180, 224, 239,
　　　249
　possessive *see* determiners
adverbs, position of 202, 214
age 214
aller 21
　future formed with 165
articles *see* determiners
aspirate *h* 155, 176, 284
auxiliary verbs *see* passé
　　　composé and verb +
　　　infinitive
avoir 65
　expressions with 131; *see also*
　　　Vocabulaire
　in telling age 214
　passé composé formed with
　　　202
　past participle of 314

cher 193
chez 17
commands *see* imperative
conditional 198
connaître 356
　past participle of 356

croire 244
　past participle of 314

dates 115
　days of the week 115
　months 115
　seasons 115
　years 255
de:
　after negative 122, 144, 292,
　　　363
　before plural adjectives 249
　+ determiner 74, 84
　in expressions of quantity 363
　partitive 292, 363
　possessive 29
　used with **venir** 333
　uses of 84
　with geographical terms 343
determiners:
　definite 3, 27, 292
　demonstrative 185
　indefinite 122, 144, 249, 292,
　　　363
　partitive 292, 363
　possessive 34, 45–46, 58
　with aspirate *h* 155, 176, 284
　with languages 176
　with nonaspirate *h* 284
　with professions 194, 238
　with **unique** 214
dire 268
　past participle of 314
direct object pronouns *see*
　　　pronouns

écrire 268
　past participle of 314
elision:
　with definite determiner 3
　with **est-ce que** 77
　with indefinite determiner 172
　with **je** 65, 98
　with **ne** 67
　with nonaspirate *h* 155
　with object pronouns 252, 271,
　　　276, 298, 319

　with **si** 152
en:
　as object pronoun 298, 319,
　　　359
　with articles of clothing 37
　with geographical terms 343
　with passé composé 272
　with vehicles 54
-er verbs 98
　passé composé of 202
est-ce que 77, 229
être 41
　passé composé formed with
　　　336
　past participle of 314

faire 137
　expressions with 112, 137–138;
　　　see also Vocabulaire
　past participle of 314
falloir (il faut) 152
future formed with **aller** 165

gender 3, 22, 238
geographical terms:
　cities 153, 176, 343
　continents 328–329, 343
　countries 328–329, 330, 343

il y a *vs.* **voilà** 75
immediate future 165
immediate past 333
imperative 22, 98
　negative 144
　see also individual verb
　　　listings
indirect object pronouns *see*
　　　pronouns
infinitive 98, 198; *see also* verb
　　　+ infinitive
interrogative:
　adjective **quel** 80, 107, 112,
　　　113, 115, 214, 229
　adverbs:
　　combien 77, 229

comment 77, 229
où 5, 77, 229
pourquoi 77, 229
est-ce que 77, 229
inversion 229
negative 144, 229
pronouns:
    qu'est-ce que 96
    qu'est-ce qui 73, 75, 77, 96
    qui 16, 75, 77, 246
    quoi 246
raised pitch 77, 229
intonation 24
inversion 229, 246
-ir verbs 158
    passé composé of 208
-ir/-iss- verbs 118
    passé composé of 208

liaison:
    adjective/noun 180, 249
    definite determiner/noun 27
    demonstrative determiner/
        noun 185
    indefinite determiner/noun
        122
    number/noun 82, 119, 120
    object pronoun/verb 252
    possessive determiner/noun
        45, 58, 120
    singular vs. plural 98, 120
    subject pronoun/verb 21–22,
        41, 62, 65, 98, 120
    use of 62, 120
    with aux, des 84
    with en 120
    with inversion 229
    with nonaspirate h 120, 284
    with y 62, 298
    see also pronunciation
lire 268
    past participle of 314

mettre 312
    past participle of 314
mourir, past participle of 336

naître, past participle of 336
negation:
    followed by de 122, 144, 292,
        363
    ne...jamais (personne, plus,
        rien) 358
    ne...pas 67
    ne...que 358
    use of pas without ne 77, 113,
        144, 152
    with immediate future 165
    with imperative 144
    with inversion 229
    with object pronouns 253, 271,
        276, 298, 320
    with partitive and expressions
        of quantity 292, 363
    with passé composé 202, 229,
        320
    with verb + infinitive 165, 198
n'est-ce pas 77
nonaspirate h 16, 155, 284
nouns:
    compound 27
    gender of 3, 22, 238
    plural of 27
    plural of family names 53
numbers 64, 82, 107, 115, 119,
    138, 167, 221, 255
    in addition 138
    in dates 115, 255
    in multiplication 255
    in subtraction 138
    in telling time 107, 167
    pronunciation of 82, 107, 119,
        221, 255

offrir 193
    past participle of 314
on 22, 65, 298
ouvrir 98–99
    past participle of 314

partitive 292, 298, 363
passé composé:
    formed with être 336

negative 202, 229, 358
    of -er verbs 202
    of -ir verbs 208
    of -ir/-iss- verbs 208
    of irregular verbs 314
    of -re verbs 208
    position of adverbs in 202
    use of 202
    with inversion 229
    with object pronouns 319
past participles:
    agreement with preceding
        direct object 319
    agreement with subject 336
    irregular 314, 333, 356
    regular 202, 208
pleuvoir (il pleut) 112
    past participle of 314
possessive:
    de 29
    determiners 34, 45–46, 58
pouvoir 198
    past participle of 314
prendre 222
    past participle of 314
prendre-type verbs 222
prepositions:
    à and de 84, 343; see also à
        and de
    implicit in certain verbs 99
    replaced by y 298
    used with disjunctive pronouns
        40
    used with geographical terms
        153, 176, 328, 330, 343
present tense 22; see also
        individual verb listings
pronouns:
    compound subject 22
    direct object 252–253, 276, 319
    disjunctive 8, 40
    en 298, 319, 359
    indirect object 271, 276, 319
    interrogative 246
    subject 21–22, 40
    y 298, 319, 359

pronunciation:
    aspirate *vs.* nonaspirate *h* 155,
        284
    liaison *see* liaison
    of final consonants 62, 104
    of numbers 82, 107, 119, 221,
        255
    rhythm and intonation 24
    [a] 10, 296; [e] 102, 338; [ɛ]
        338; [ɛn] 162; [ə] 273; [i]
        10, 162; [in] 162; [o] 205;
        [ɔ] 205; [ø] 226; [œ] 226;
        [u] 10, 360; [y] 122, 141, 316;
        [ɑ] 296; [ɛ̃] 162; [ɔ̃] 43;
        [œ̃] 64, 122; [j] 250; [w] 316,
        360; [ɥ] 316; [r] 182.

quantity, expressions of 363
que:
    after **ne** 358
    compared with English *that*
        244
quel 229
questions *see* interrogative

-re verbs 179
    passé composé of 208
rhythm 24

savoir 356
    past participle of 356
si in response to negative
    questions 144

telling time 107, 164, 167

venir 333
    + **de** + infinitive 333
    past participle of 333
verbs:
    ending in **-cer** and **-ger** 290
    in negative phrases 67
    irregular *see* individual listings
    prendre-type 222
    regular **-er** 98
    regular **-ir/-iss-** 118
    regular **-re** 179
    simple **-ir** 158

verb + infinitive:
    aller (immediate future) 165
    falloir (il faut) 152
    in negative phrases 165, 198
    pouvoir 198
    savoir 356
    venir de (immediate past) 333
    vouloir 198
    with object pronouns 253, 271,
        276, 298
voilà *vs.* **il y a** 75
voir 244
    past participle of 314
vouloir 198
    past participle of 314

weather expressions 112, 130

y:
    used as object pronoun 298,
        319, 359
    with passé composé 319

Cartes

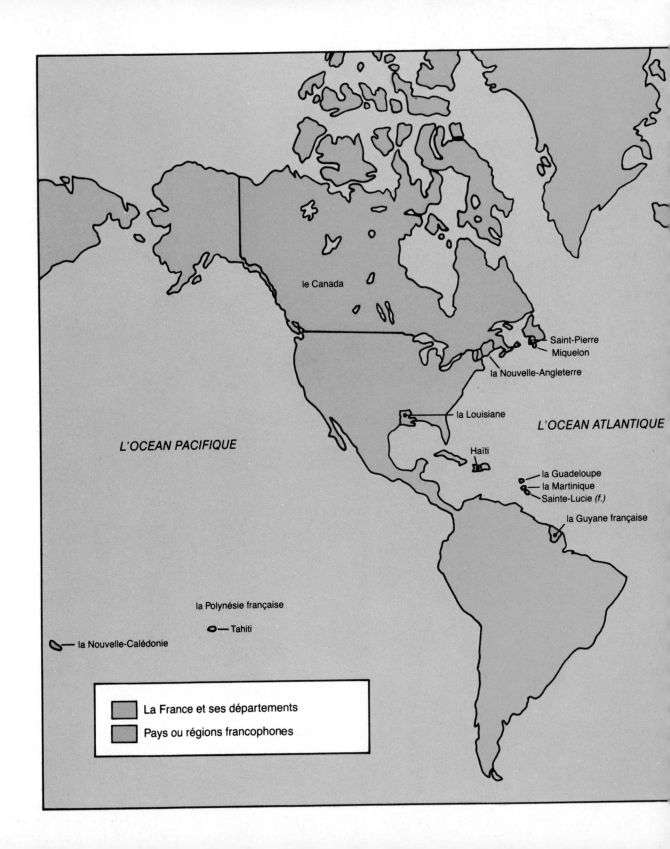

le Canada

Saint-Pierre
Miquelon

la Nouvelle-Angleterre

la Louisiane

L'OCEAN ATLANTIQUE

Haïti

la Guadeloupe
la Martinique
Sainte-Lucie *(f.)*

la Guyane française

L'OCEAN PACIFIQUE

la Polynésie française

Tahiti

la Nouvelle-Calédonie

La France et ses départements

Pays ou régions francophones